元宇宙文化产业丛书

丛书主编　陈少峰　于小涵　周博文

机器人与数字人产业发展报告（2023）

陈少峰　宋　菲　周博文 主编

李　微　邱晓丽　张楚琦 执行主编

浙江工商大学 出版社

ZHEJIANG GONGSHANG UNIVERSITY PRESS

·杭州·

图书在版编目（CIP）数据

机器人与数字人产业发展报告. 2023 / 陈少峰, 宋菲, 周博文主编. — 杭州：浙江工商大学出版社, 2024.7
（元宇宙文化产业丛书）

ISBN 978-7-5178-5833-1

Ⅰ. ①机… Ⅱ. ①陈… ②宋… ③周… Ⅲ. ①机器人—产业发展—研究报告—中国—2023 Ⅳ. ①F426.67

中国国家版本馆 CIP 数据核字（2023）第 234290 号

机器人与数字人产业发展报告（2023）

JIQIREN YU SHUZIREN CHANYE FAZHAN BAOGAO(2023)

陈少峰　宋　菲　周博文　主　编

李　微　邱晓丽　张楚琦　执行主编

策划编辑	任晓燕
责任编辑	刘志远　刘　焕
责任校对	沈黎鹏
封面设计	朱嘉怡
责任印制	祝希茜
出版发行	浙江工商大学出版社
	（杭州市教工路198号　邮政编码310012）
	（E-mail:zjgsupress@163.com）
	（网址:http://www.zjgsupress.com）
	电话:0571-88904980,88831806（传真）
排　版	杭州朝曦图文设计有限公司
印　刷	浙江全能工艺美术印刷有限公司
开　本	710mm×1000mm　1/16
印　张	25.5
字　数	340千
版印次	2024年7月第1版　2024年7月第1次印刷
书　号	ISBN 978-7-5178-5833-1
定　价	78.00元

　　本书系研究阐释党的十九届五中全会精神国家社科基金重大课题项目"文化产业数字化战略实施路径和协同机制研究"(项目编号:21ZDA082)的阶段性成果。

本书编委会

参编者：（按姓氏笔画排序）

于小涵　　田　郭　　朱梦雪　　刘　丹

刘树森　　李　微　　邱晓丽　　宋　菲

张云飞　　张青青　　张楚琦　　陈少峰

苑　新　　周博文　　顾　焱　　黄　文

常　青　　崔宏将　　祭立怀　　冀　静

主持单位：

石家庄学院中国元宇宙文化产业研究中心

河北传媒学院信息技术与文化管理学院

浙江工商大学中国互联网文化产业研究院

中国文化产业促进会元宇宙文化产业分会

厦门城市职业学院中国微电影研究中心

目　录

第一章　全球机器人产业发展概况

随着科技的不断发展,机器人在人们的生产和生活中起到越来越大的作用。机器人技术成为衡量一个国家综合科技发展实力的重要指标之一,机器人拥有量也是衡量一个国家高端制造业水平的重要标准之一。

第一节　全球机器人产业发展规模

随着全球经济的回暖,机器人制造商不断增加资金投入,利用数字技术和人工智能来提高机器人的各项功能,并将其广泛地应用于仓储、物流、医疗等非工业领域。同时,机器人的易用性、直观性、软件兼容性及智能编程功能的提高,都促进了工业机器人和服务机器人的发展,也吸引了小型企业乃至全球原始设备制造商等许多新的机器人用户。

1987年,15个国家的机器人机构联合成立了国际机器人联合会(IFR)。国际机器人联合会将机器人分为工业机器人和服务机器人两类,每年发布国际机器人的各项数据。本节内容也将按照工业机器人和服务机器人的分类展开介绍。引用的各项数据均来自国际机器人联合会于2022年发布的

"Executive Summary World Robotics 2022 Industrial Robots"和"Executive Summary World Robotics 2022 Service Robots"等报告。

一、全球工业机器人市场规模

国际机器人联合会（IFR）发布的报告显示，2021年工业机器人的安装量在所有行业中表现强劲，工业机器人安装量飙升至50多万台，比2020年增长31%；甚至超过创历史纪录的2018年，比2018年（历史峰值）增长22%，近5年年均增长率为11%，创下历史新高。

（一）全球工业机器人主要行业分析

自2020年起，电气/电子行业的工业机器人安装量超过了汽车行业，位列第一。2021年继续保持第一的势头，安装量为136670台，占全球总量的26%。汽车行业紧随其后，排在第二位，安装量为119405台，占全球总安装量的23%。金属和机械行业排在第三位，安装量占全球总量的12%。第四位是塑料和化工产品行业，占全球总量的5%。食品及饮料行业的工业机器人安装量占比为3%。

（二）全球工业机器人地区数据统计

2021年，全球工业机器人的运营存量为3477127台，年增长率为15%。自2016年以来，全球工业机器人的运营存量一直以平均每年14%的速度增长。中国工业机器人的运营存量令人瞩目，平均每年增长28%。同时，截至2021年，中国的工业机器人总安装量为1224236台，比2020年增长27%，首次突破百万台大关。日本的工业机器人运营存量增加了5%，达到393326台。欧洲的工业机器人运营存量为678706台，美国为451400台。

亚洲是全球最大的工业机器人市场。2021年新部署的工业机器人有

74%安装在亚洲（2020年为70%），共安装了380911台，与2020年的276651台相比，增长了38%。2016—2021年，工业机器人安装量平均每年增长14%。全球排名前五的工业机器人市场有3个在亚洲。中国的工业机器人安装量自2013年始就稳居全球第一，2021年的工业机器人安装量为268195台，比上年增长51%，约占全球安装总量的52%。2021年日本的安装量增长了22%，达到了47182台。韩国市场则保持在31083台左右的稳定水平。

欧洲是全球第二大工业机器人市场。2021年安装量增长了24%，达到84302台，2016—2021年的年均增长率为8%。欧洲最大的工业机器人市场在德国，也是全球前五名中唯一在欧洲的市场，与2020年相比增长了6%，达23777台；欧洲第二大工业机器人市场在意大利，相比2020年暴涨65%，达到14083台；欧洲第三大工业机器人市场在法国，与2020年相比增长了11%，安装量为5945台。

在美洲，相比2020年，2021年安装量激增31%，达到50712台。其中，美国安装量约占美洲市场的69%，达到34987台，同比增长14%；墨西哥的安装量为5401台，同比增长61%；加拿大的安装量为4257台，同比增长66%。

二、全球服务机器人市场规模

与工业机器人行业相比，服务机器人行业更为多样化，也更贴近生活。据国际机器人联合会在"Executive Summary World Robotics 2022 Service Robots"中的统计，2021年全球共有1010家服务机器人生产商，专业服务机器人的全球销售额增长了37%，销售量超过12.1万台；RaaS模式的服务机器人销量翻了一番以上，约5200台，增长了125%。

移动机器人已经应用到了运输和物流领域，其2021年的销售量增加了45%，已售出的专业服务机器人有1/3以上被用于货物运输。手术机器人、康复和无创治疗机器人以及诊断机器人的销售额增长了23%。全球对专业清洁机器人的需求量增长了31%。机器人技术是农业数字化的重要组成部分，2021年共计销售8000多台，需求量增长了6%。虽然全球在使用机器人种植植物和作物方面有很多研究，但由于技术的复杂性，这些机器人的实际用途和经济效益仍然有限。有些机器人设备可用于检查和维护，但具有自主执行检查和维护任务的机器人组合仍然有限，此类机器人的需求量仍在增长，2021年销售额增长了21%。用于建筑或拆除任务的机器人构成了一个小型但不断增长的需求市场，用于搜索、救援的安全机器人也构成了另一个不断增长的市场。

与2020年相比，2021年专业清洁机器人的销量增长了31%，销量超过12600台，主要用于各种场所的杀菌工作，喷洒消毒液以及用紫外线消灭病毒的机器人需求量大增。另外，窗户玻璃、游泳池、太阳能电池板等场景的清洁工作也逐渐被机器人所代替。

与2020年相比，2021年新型消费服务机器人的销量增长了9%。销量最多的是用于家务的服务机器人，共计销售近1900万台，同比增长12%。其中最常见的是地板清洁机器人。这种服务机器人在人们的日常生活中已经普及，购买也很便捷。

虽然，机器人销售以传统模式为主，但RaaS的商业模式越来越受欢迎，销售规模正在快速增长，2021年与2020年相比销售额增长了86%。

第二节　全球机器人产业发展政策

距离美国研制出世界第一台机器人已经过去了60多年，机器人的功能也随着人工智能和数字技术的发展变得越来越丰富，机器人在生产和生活中占据了越来越重要的地位，这使得全球范围内的机器人产业竞争越来越激烈。近年来，各国都非常重视机器人的技术研发和人才培养，将发展机器人产业放在了国家经济发展的重要位置。

自机器人应用到生产线以来,美国、日本、德国、韩国等国家相继出台了一系列的相关政策,对机器人产业展开了不同程度的政策扶持,包括知识产权保护、税收减免、创新激励、人才培养、产学研结合等,推动机器人产业实现技术创新,促进机器人及其相关产业的发展。

一、美国

由于美国前期对机器人产业不够重视,20世纪70年代美国的机器人产业被日本超越。对此,美国后期出台了一系列政策,加快机器人的技术研发和产业升级步伐。20世纪八九十年代,美国出台了一系列资金支持和技术授权的政策,加快了中小企业在工业机器人领域的科技研发速度;制定了一系列加快产学研一体化的政策,推动高校与企业的合作,加快技术转化的步伐。同时,美国重视对高端技术人才的培养,为机器人产业输送了大量的人才,鼓励学术界、企业界、政府、非营利组织和其他组织之间进行合作。

美国机器人的产业政策主要以市场需求为导向,根据市场机制和产业规律来制定政策,以培养高端人才、推动技术转化、保护知识产权、改善营商环境,为机器人产业的发展营造了良好的环境。

表1-1 美国的机器人发展政策

发布时间	政策名称	政策内容
1980年	《史蒂文森-威德勒技术创新法》	建立研究和技术应用办公室,定额财政预算用于支持技术转让、创新活动
1983年	《战略计算倡议》	政府投资10亿美元支持机器智能项目,包括芯片制造、计算机体系结构和人工智能软件
2011年	《先进制造伙伴计划》	明确通过发展工业机器人重振制造业,开发新一代智能机器人
2011年	《国家机器人计划》	目标是奠定美国在下一代机器人技术及应用方面的领先地位,助力美国制造业回归

发布时间	政策名称	政策内容
2013年	《美国机器人技术路线图：从互联网到机器人》	强调机器人技术在美国制造业和卫生保健领域的重要作用，描绘了机器人技术在创造新市场、新就业岗位和改善人们生活方面的潜力
2016年	《为未来人工智能做好准备》《美国国家人工智能研究与发展策略规划》	制定了美国在人工智能领域的7项长期战略，具体包括：长期投资人工智能研发领域；开发人机协作的有效方法；理解和应对人工智能带来的伦理、法律和社会影响；确保人工智能系统的安全性；开发人工智能共享数据集和测试环境平台；建立标准和基准评估人工智能技术；更好地把握国家人工智能研发人才需求
2016年	《人工智能、自动化和经济》	如何应对人工智能驱动的自动化经济将是政府后续要面临的重大政策挑战，应该通过政策激励释放企业和工人的创造潜力，确保美国在人工智能领域研发和应用的领先地位
2017年	《国家机器人计划2.0》	该计划的目标是支持基础研究，加快美国在协作型机器人开发和实际应用方面的进程
2017年	《人工智能政策原则》	从人工智能发展和创新的角度回应舆论关于失业、责任等的担忧，呼吁加强公私合作，共同促进人工智能益处的最大化，同时将其潜在风险最小化
2019年	《美国人工智能倡议》	提出通过共享更多的联邦数据、算法等，加快新技术的形成

二、欧盟

2014年，欧盟启动了《欧盟机器人研发计划》，目标是为欧洲各项应用提供机器人。2015年，欧盟成立了研究机器人和人工智能发展的相关法律问题的专门工作小组，之后发布了《欧洲机器人技术民事法律规则》，其中涉及阐明人工智能的发展风险、制订伦理指导框架、成立监管机构、明确责任、建立保险制度、建立赔偿基金、创设"电子人"的法律地位等内容，同时设计了《机器人技术宪章》《机器人技术工程师伦理行为准则》《研究伦理委员会准则》等附件作为具体参照。2022年，法国发布了《人工智能战略》，推动人工智能技术的研发,促进人工智能技术向其他领域转化。英国发布了《在英国发展人工智能产业》,提出了"提高数据获取、促进技能供给、最大化 AI 研发、支持 AI 传播和渗透"4 个主要层面下的 18 条公共政策建议。欧盟制定了《欧盟机器人研发计划》,为欧洲机器人技术的发展提供了一份通用框架。

欧盟的机器人产业政策具有协调作用,协调欧盟各成员国的行动,从而提高欧盟在全球机器人产业中的领导地位。

德国一直是制造业强国。"二战"之后,德国加快了科研的脚步,加大研发资金投入,建设高校、科研机构和研究中心,为机器人技术的发展打下了技术基础。20 世纪 70 年代,德国出台了《改善劳动计划》,以改善工人的工作环境;之后又出台了一系列推动高新技术和民用技术发展的政策。2013 年,德国开始关注智能化技术与其他领域的融合,注重人机协作的发展。2019 年,德国出台了《国家工业战略 2030》,在人工智能、机器人领域设立了创新技术目录,对部分领域进行补贴,加强对中小企业的支持。

德国的机器人产业政策主要对政府权力和区域分布进行了协调,通过加大投资力度、缩小技术差距等手段,实现整个国家机器人产业的协调发展。同时,随着机器人产业的发展对政策做出实时调整,从开始强制规定机器人替换人工,到后来增加投入解决企业难题,再到提出保护新型产业的政策,德国的机器人政策变得越来越成熟。

表 1-2　欧盟的机器人发展政策

发布时间	发布国家/组织	政策名称	政策内容
2012 年	德国	《德国工业 4.0》	德国政府发布 10 项未来高科技战略计划,以"智能工厂"为中心的"工业 4.0"是其中的重要计划之一,包括人工智能、工业机器人、物联网、云计算、大数据、3D 打印等

发布时间	发布国家/组织	政策名称	政策内容
2013年	欧盟	《人脑计划》	为期10年，分启动、运作、稳定3个阶段，旨在通过计算机技术模拟大脑，建立一个全新的、革命性的生产、分析、整合、模拟数据的信息通信技术平台，以促进相应研究成果的应用性转化
2014年	欧盟	民用机器人研发计划	该计划是目前全球最大的民用机器人研发计划。计划到2020年投入28亿欧元，为增强欧洲工业竞争力添砖加瓦
2014年	英国	《机器人技术及自动化系统的2020年国家发展战略》	制定其发展目标，希望在2025年获得估值约1200亿美元的全球机器人市场10%的份额
2015年	欧盟	《SPARC机器人技术发展路线图》	为促进欧洲机器人技术发展提供一套通用框架，并为市场相关的技术开发设定一套目标
2016年	欧盟	"2020地平线"机器人项目	在机器人领域将资助21个新项目，主要面向工业机器人和服务机器人的开发和应用，投资总额近1亿欧元，执行期为2—5年
2016年	英国	《人工智能对未来决策的机会和影响》	将利用独特的人工智能优势，增强英国国力
2016年	英国	《机器人和人工智能》	呼吁政府介入监管和建立领导体制
2017年	英国	《在英国发展人工智能产业》	提出18条公共政策建议，涉及"提高数据获取、促进技能供给、最大化AI研发、支持AI传播和渗透"等4个主要方面
2017年	法国	《人工智能战略》	主要内容包括引导人工智能前沿技术研发，培育后备力量；促进人工智能技术向其他经济领域转化，充分创造经济价值；结合经济、社会与国家安全问题考虑人工智能发展

发布时间	发布国家/组织	政策名称	政策内容
2017年	欧盟	《机器人民事法律规则》	提出具体建议,并要求欧盟委员会提交关于机器人和人工智能民事责任的法律提案
2019年	德国	《国家工业战略2030》	在人工智能、机器人领域设立了创新技术目录,对部分领域进行补贴,加强对中小企业的支持

三、日本

"二战"后,日本出台了一系列政策来推动科技的发展。1971年和1978年,日本分别出台了《机电法》和《机情法》,为日本机器人产业初期的发展打下了基础。之后又出台一系列贷款政策、减免税收政策,用于鼓励科技创新,缓解中小企业的资金压力。

随着机器人技术的不断发展,部分工作已经可以由机器人来替代。2015年,日本发布《机器人新战略》,制定了未来5年内机器人产业的发展目标。2016年日本发布的《第五期科学技术基本计划(2016—2020)》提出了"社会5.0"的概念,明确了人工智能的地位。之后又推出《日本下一代人工智能促进战略》,提出加强机器人平台建设,拓展科研活动,推动机器人标准化和机器人产业链的发展。近几年日本又制定了对机器人的规范和限制的相关政策,同时对人类的行为进行了约束,推动了机器人与人类的和平共处,促进了人工智能的研发,成立了人工智能研究和促进机构。

日本通过税收、金融等政策,间接引导企业参与机器人的技术研发和生产;通过政策支持扩大机器人的市场需求,促进机器人企业的产业发展。日本政府的最新政策开始关注机器人产业的质量,从宏观层面促进机器人产业发展。

表1-3　日本的机器人发展政策

发布时间	政策名称	政策内容
2014年	《机器人白皮书》	总结了机器人开发的前沿科学技术，探讨了今后机器人的利用和普及。为解决社会老龄化等重大课题，政府大力推广机器人技术的应用
2015年	《机器人新战略》	提出了三大核心目标，即创造世界机器人创新基地，成为世界第一的机器人应用国家，迈向世界领先的机器人新时代
2016年	《第五期科学技术基本计划（2016—2020）》《科学技术创新综合战略2016》	就相关研究政策的推进对三省的职能进行了分工
2016年	《下一代人工智能促进战略》	成立了3个国家级人工智能研究和应用促进机构，分别是信息通信技术研究所（NICT）、先进集成智能平台（AIP）、人工智能研究中心（AIRC）
2016年	《日本再兴战略2016》	明确提出实现第四次产业革命的具体措施，通过设立"人工智能战略会议"，从产学官相结合的战略高度来推进人工智能的研发和应用
2016年	《第五期科学技术基本计划（2016—2020）》	提出"超智能社会5.0"战略，同时将人工智能作为实现超智能社会5.0的核心
2017年	《新产业构造蓝图》	提出利用人工智能及物联网等技术，普及自动驾驶汽车，建立新医疗系统
2017年	《人工智能（AI）产业化路线图》	分3个阶段推进利用AI技术大幅提高制造业、物流业、医疗和护理行业效率的构想
2017年	《"交互系统"2017年战略目标》	强调实现以下战略目标：进行交互界面开发，支持交互系统发展；阐明交互系统的结构和原理，进一步深化对交互系统的理解；开发应用环境设计技术，以利用交互系统促进社会结构及优化人类行为

四、韩国

韩国的机器人产业起步较晚。为了追赶世界机器人产业的发展速度，韩国先后出台了大量机器人产业政策。20世纪90年代，韩国先后出台了《先导技术开发计划》和《科学技术革新特别法》，促进了高端技术的产业发展，同时加强了对科研工作的监管评估力度。

21世纪以来，韩国出台了IT839计划，促进了智能服务机器人的发展。2012年颁布了《机器人未来战略2022》，促进了机器人与其他产业的融合，推动了机器人功能的向外扩展。2014年出台了《第六次产业技术创新计划（2014—2018）》，加大了定制型人才的培养力度，推动了服务型智能机器人的技术发展。

韩国将发展机器人产业放在国家发展的重要战略位置，对机器人的发展进行多方面的管制，通过政策拉动将国家的各类资源向机器人产业倾斜，使得韩国机器人的使用密度和技术水平领先于世界。

表1-4　韩国的机器人发展政策

发布时间	政策名称	政策内容
1991年	《先导技术开发计划》	制订系统开发计划（包括人工智能计算机、全自动化制造系统），以及基础技术开发计划，政府每年以固定比例的营业额进行科研资助
1999年	《科学技术革新特别法》	设立国家科学技术委员会和科学技术评价院，强化对科研工作的监管、评估
2005年	《21项"国家有望技术"计划》	将人工智能技术纳入国家今后重点发展的技术，调拨经费支持重点技术研发、人才培养以及中小企业的发展
2008年	《智能机器人开发与普及促进法》	制订智能机器人开发与普及的基本计划，实施机器人产品质量认证制度，创办智能机器人投资公司，成立智能机器人专门研究院等
2009年	《第一次智能机器人基本计划》	韩国政府投入1万亿韩元用于机器人相关技术研发与产业扶持，把工业机器人确定为机器人研究的主要方向之一
2012年	《机器人未来战略2022》	韩国政府投入1万亿韩元用于机器人相关技术研发与产业扶持，把工业机器人确定为机器人研究的主要方向之一
2014年	《第二次智能机器人行动计划》	明确要求在2018年，韩国机器人国内生产总值达到20万亿韩元，出口额到70亿美元，占据全球20%的市场份额，成为"世界机器人三大强国"之一

发布时间	政策名称	政策内容
2017年	《机器人基本法》	明确机器人相关伦理和责任，以应对机器人和机器人技术发展带来的社会变化，建立机器人和机器人技术的推进体系

第三节　全球机器人产业发展特征

随着机器人技术和全球经济的不断发展，全球工业机器人市场规模持续扩大，服务机器人市场也迎来了新的格局。伴随着人工智能的规范化发展，机器人的应用场景持续拓宽。

一、全球工业机器人市场规模稳步增长

工业机器人在电子、汽车、机械、塑料化工、食品饮料等行业应用广泛。自2016年以来，全球工业机器人的运营存量以平均每年14%的速度增长。2021年全球工业机器人销量持续增长，工业机器人安装量比2020年增长31%，创历史新高。亚洲是全球最大的工业机器人市场，2021年亚洲工业机器人安装量比2020年增长了38%。中国工业机器人安装量自2013年开始稳居全球第一，2021年占全球安装量的52%。[①]

工业机器人的重要企业主要分布在日本和欧洲，例如日本的发那科、安川电机、川崎重工，德国库卡，瑞士ABB公司，等等。它们在工业机器人技术领域的积累非常深厚，并且有极强的创新能力，在机器人本体制造、相关技

[①] 国际机器人联合会：*Executive Summary World Robotics 2022 Industrial Robots*，2022年10月。

术和服务、系统集成、核心零部件等多方面拥有显著优势,逐渐形成了具有自身特色的创新路线和产品,构建了自身的核心竞争力,具备很强的盈利能力。它们在亚洲的市场也很大,占中国机器人市场的70%以上,几乎垄断了机器人制造和焊接等高级领域。

二、机器人应用场景持续拓宽

随着机器人技术的不断发展,机器人不仅在纵向上向智能化、科技化的方向发展,而且在横向上,其应用场景也越来越广。

机器人从原来的工业应用,向着更广阔的方向拓展,协作机器人、建筑机器人、医疗机器人、复合机器人等发展势头强劲。

协作机器人轻便、高效、灵活,可以代替人工进行包装盒的拆垛、码垛等工作,减少了重复性的人力劳动,提高了工作的有序性及生产效率。协作机器人可以用于各类器件的打磨抛光,根据工艺的要求,恒定、精准、高效地控制打磨表面的接触力,改变打磨轨迹,控制打磨的精度和力度;还可以用于汽车的齿轮装配、高精度焊接、螺丝锁付、质量检测、设备看护、远程监控等方面。中国是机器人销售市场最大的国家,协作机器人在中国的销量尤为可观。

由于建筑行业工作环境的污染性和危险性,机器人应用于建筑行业不仅可以减轻环境和各类危险对工人造成的不利影响,还可以解决用工难、用工荒的问题。如今的建筑机器人种类不断增多,应用领域也非常宽广,从生产混凝土预制板,到大型容器的组装,再到焊接喷漆、地面压光清扫等工作,都有建筑机器人的身影。有机构预计,到2025年,机器人取代人工的建筑工程价值将达到2.26亿美元。

医疗机器人在欧美的应用比较广泛,欧美市场占医疗机器人总销售量的80%以上。近年来,医疗机器人的发展势头不减,医疗机器人受到资本的青睐。手术机器人可以通过高精度的机械臂和视觉系统，帮助医生完成外科手术，降低手术风险，提高手术安全性；康复机器人可以通过各种传感器和控制系统，帮助患者恢复肢体运动和语言能力等功能；诊断和治疗机器人可以对患者进行检测和诊断，并进行相应治疗；智能导航机器人可以通过语音交互和视觉引导，帮助患者准确找到要去的地方；病房机器人可以通过传感器和各种控制系统，帮助医护人员对患者进行数据监测和诊断。

三、服务机器人市场迎来全新的机遇

新冠疫情后，我们的个人生活和工作已经基本恢复正常，但在一些领域，疫情的影响依然存在，对服务机器人的认知和市场发展产生了巨大影响。

服务机器人在部分劳动力短缺或者需要无接触服务领域的需求越来越旺盛。例如，在餐馆、机场、宾馆等场景，智能服务机器人可以为客户端盘子、送外卖。目前物流领域约有300家服务机器人供应商，家庭服务机器人也成为当今一个重要的话题。伴随服务机器人应用领域的扩展，人们对机器人技术和数字化的接受程度越来越高，服务机器人在各种服务领域的渗透率持续增长。

随着科技的发展和人们需求的日益多样化，服务机器人开发出了各种创新性功能，在多种因素的推动下，服务机器人的市场不断扩大。消毒机器人的市场正在不断发展，可以远程使用的四足机器人设备开始复兴，两足机器人正在重新开发中，农业机器人也有了新的发展……总之，服务机器人市场正在加速增长，为许多公司创造了全新的机会。2021年，超过170亿美元的风险资本投资于机器人技术（不仅是服务机器人），几乎是2020年的3倍，这反映出对服务机器人市场的旺盛需求。

与前几年的情况一样，大型增长型市场与小型高度专业化的利益市场

形成鲜明对比,许多初创公司也加入了竞争。

全球1000多家公司提供服务机器人解决方案(其中约12%是初创公司)。服务机器人领域受益于最近的技术创新,包括数字化、云技术、5G和人工智能领域的基本发展,特别是机器学习领域的发展正在推动服务机器人技术的发展。免费的机器人操作系统ROS仍然非常受欢迎,这个系统可以帮助公司在资源很少的情况下,也能快速启动服务机器人应用程序的开发。如同在一些重要贸易博览会上所展示的一样,新的虚拟技术让机器人的部署和使用变得更加容易,也更加标准化。

另外,专业服务机器人有着强大的市场吸引力。在动荡的机器人市场中,新的商业模式减轻了企业使用服务机器人的资金压力。如RaaS(机器人即服务)模式,用户只需为服务机器人所完成的任务付费,而不用在前期投入和后期维护中投入大量的资金。

四、人工智能开始规范化发展

随着信息技术的快速发展,人工智能迎来了高速发展时代。2021年欧盟发布了《人工智能法》,美国政府推出了《人工智能问责框架》,中国发布了《新一代人工智能伦理规范》,联合国教科文组织发布了《人工智能伦理建议书》,等等。以上各项措施都标志着全球的人工智能进入规范化发展阶段。

人工智能为机器人自动化开辟了新的可能。定制生产的增长,产品、订单和库存的频繁变化,电子商务的迅速兴起,使可变性和不可预测性成为制造业和物流业的共同特征。例如,在医疗或辅助机器人工作的公共环境中,不确定性也是固有的。人工智能有可能减少对机器人进行编程和重新分配任务时所需的时间和资源,编程和集成占机器人应用程序成本的50%—70%,再加上根据新生产运行的要求重新分配机器人的时间和成本,这使得许多中小型公司或产品差异较大的大型制造商和批发商在经济上无法实现自动化。专家估计，人工智能最终可以将机器人编程所需的时间减半，并大幅降低重新设定任务所需的费用。

在机器人技术中使用人工智能的主要目的在于，无论是实时还是离线都能更好地管理外部环境中的可变性和不可预测性。人工智能在机器人领域具有巨大潜力，为制造业带来了一系列好处。例如，优化流程、预测性维护、基于视觉的抓取等，有助于制造商、物流供应商和零售商处理频繁变化的产品、订单和库存。环境的可变性和不可预测性越大，人工智能算法就越有可能提供快速解决的方案。例如，为制造商或批发商处理数百万种定期变化的不同产品，移动机器人需要区分遇到的物体或人并做出不同反应。

第四节　全球机器人产业发展格局

近年来，全球机器人的年安装量涨了1倍多，虽然由于各种因素阻碍了生产，但是机器人在各行业领域的应用仍在飞速增长。

一、市场格局

从全球机器人产业分布来看，亚洲市场依然是全球发展最强劲的工业机器人市场，2021年机器人新安装量继续增长，占全球总量的74%。中国是全球增长最快的机器人市场，而全球专业服务机器人销售额增长最快的是欧洲市场。

（一）全球工业机器人的主要市场

国际机器人联合会发布的 *Executive Summary World Robotics 2022 Industrial Robots* 数据显示，2021年工业机器人的五大市场是中国、日本、美国、韩国和德国,这些国家的工业机器人安装量占全球工业机器人总安装量的78%。

2013年以来,中国一直是世界上最大的工业机器人市场,2021年总安装量为268195台,占全球机器人安装总量的52%。日本的机器人市场正从2019年和2020年的下降中恢复,2021年安装量回到2017年的水平,占全球机器人安装总量的9%。2021年,美国工业机器人安装总量占全球机器人安装总量的7%。美国2018年的安装量为40373台,以创纪录的安装量超越韩国位居第三,此后一直保持这一地位。2021年韩国的安装量占全球安装总量的6%。德国是世界第五大机器人市场,2021年机器人安装量占全球总量的5%。

(二)全球工业机器人的其他重要市场

2021年,印度的安装量激增54%,达到4945台;泰国的安装量增长36%,达到3914台。新加坡的机器人安装量在很大程度上取决于电子行业的发展,2020年达到了新加坡机器人安装量的峰值。当时该国安装的机器人数量几乎是上年的4倍,但是在2021年又大幅削减了机器人的安装量。2021年,其他亚洲市场如越南和马来西亚安装了1000多台工业机器人。

西班牙是世界第十四大机器人市场,也是欧洲第四大机器人市场。2021年,西班牙安装量稳定在3423台。北欧国家的安装量较2020年增加了31%,达到3472台,其中中欧和东欧的安装量激增47%,达到12210台。

2021年,巴西的机器人安装量增加了7%,达到1702台,年均复合增长率为7%。

(三)全球服务机器人市场

据国际机器人联合会统计,2021年全球共计1010家服务机器人生产商,其中828家公司(82.0%)被列为专业服务机器人生产商。这些公司中有400家(39.6%)在欧洲,其次北美有211家(20.9%),亚洲有206家(20.4%)。其中240家公司(23.8%)被列为消费者服务机器人生产商,当中37.9%在亚洲（91家公司），35.8%在欧洲（86家公司），26.3%在北美（63家公司）。

二、行业格局

随着机器人技术的飞速发展，机器人在各行业中的应用面越来越广。工业机器人在电气电子行业的安装量逐渐领先，服务机器人在家庭生活中的使用也越来越普及。

（一）工业机器人

电气电子行业于2020年成为工业机器人的主要客户。2021年，136670台机器人被安装在家用电器、电机、半导体、太阳能电池板、计算机、电信设备以及电子娱乐产品中。这比前一年的使用量增加了24%，达到有记录以来的最高水平。自2016年以来，该行业的机器人需求量平均每年增长8%。2018年和2019年，受中美贸易冲突的影响，全球对电子设备和组件的需求量大幅下降。在新冠疫情期间，电子产品的消费需求量激增，但由于生产能力有限，导致供应链中断。

2020年，汽车行业失去了工业机器人最大客户的地位。但2021年该行业的工业机器人使用量强劲增长42%，机器人使用量达到119405台，仍位居第二。汽车行业从内燃机转向替代驱动，需要投资，但需求量的减少限制了产能扩张。2016—2021年，汽车行业的工业机器人安装量平均每年增长3%。汽车行业在总安装量中的份额从2016年的34%持续下降至2021年的23%。

近年来机器人安装量越来越大，亚洲的机器人平均密度自2016年以来以18%的复合年增长率增长，2021年达到每10000名员工拥有156台的水平。2016年以来，欧洲机器人密度仅以8%的复合年增长率增长，2021年为每10000名员工拥有129台。在美洲，自2016年以来复合年增长率为8%，

2021年为每10000名员工拥有117台。

国际机器人联合会预计,2022—2025年,全球工业机器人年均增长率将在个位数范围内。预计2023年全球安装量为60万台,2025年将达到70万台。考虑到通货膨胀和紧缩的货币政策,北美市场预计每年平均增长6%。欧洲受经济不景气的影响,工业机器人市场整体情况不太理想。亚洲市场将保持强劲的增长趋势,中国的工业机器人需求量将继续以高个位数的速度增长。日本的机器人安装量将略微增加,并以高个位数的速度增长。预计韩国市场的增长率为中等个位数。

(二)服务机器人

2021年销售量最大的专业服务机器人有五类,分别是移动机器人、接待机器人、医疗机器人、清洁机器人和农业机器人。全球专业服务机器人销售额增长最快的市场是欧洲市场,占总市场份额的38%;其次是北美市场,占总市场份额的32%;最后是亚洲市场,占总市场份额的30%。

服务机器人行业正在高速发展,每年都有许多初创公司出现,这些公司致力于开发新的服务机器人应用程序并改进现有概念。由于初创公司的发展时间不是很长,其中一些被现有公司收购,另一些则被其他行业的公司收购。有些初创公司因为无法开发出适销对路的产品,或者市场对特定产品的需求量不足而倒闭。这些都说明服务机器人行业是一个年轻且不断发展的行业,其技术发展速度非常迅速。

尽管服务机器人行业是一个年轻且不断发展的行业,但87%的供应商是原有供应商,成立时间都在2017年之前,包括成熟的服务机器人供应商,以及将服务机器人添加到其产品组合中的其他行业公司。国际机器人联合会的市场观察表明,近年来初创企业的市场份额下降的原因有两个:其一,一些细分市场达到了一定的饱和程度,初创企业实力不足;其二,行业重点已从机器人硬件的开发转移到其他领域,许多服务机器人供应商从工业机器人制造商处购买协作工业机器人。因此，服务机器人供应商不被视为机器人制造商，因为机器人是从第三方购买的，这些公司就像系统集成商，组合不同的组件并开发软件来创建解决方案。

第五节　全球机器人产业发展趋势

机器人作为生产工具及生活帮手，已经逐渐渗透到人类生产和生活的方方面面，极大地改变了人类的生产和生活方式。工业机器人在各行各业发挥着重要的作用，从传统行业到高端制造业，再到各类高风险行业，都有着它们的身影。服务机器人作为人类生活的帮手，极大地改善了人类的生活条件。随着各类技术的高速发展，机器人行业开始向着技术融合和人工智能方向发展。

机器人在满足世界各地制造商不断变化的需求方面发挥着重要作用。

一、机器人即服务（RaaS）模式快速发展

RaaS 的全称是"Robot-as-a-Service"，也就是"机器人即服务"，目前主要服务于仓储领域，可以用来降低人工成本，提高物流效率。对小型企业来说，企业创建初期，购买机器人需要花费大量的资金，企业建设中期又需要花费大量的精力对机器人进行维护。这些都给小型企业带来了沉重的负担，阻碍了小型企业的发展。在传统的采购模式里，企业需要花费大量资金进行软硬件的采购和维护。而 RaaS 提供了一种新的商业模式，即按需使用机器人，让企业能够快速拓展业务来适应不断变化的市场条件。RaaS 的模式，是通过"租赁＋维护"的服务方式，帮企业降低了前期高昂的设备购买成本，也降低了后期的维护和设备升级成本。RaaS 服务以机器人租赁的方式，帮助

企业快速实现自动化,同时提供企业运营期间的各项维护服务,还可以提供"仓储+配送"等上下游协同服务,帮助企业提高运营效率。根据预测,RaaS模式的全球市场到2026年将增长20亿美元,2021—2026年复合年均增长率将达到18.12%。例如,GRS镖普公司和极智嘉公司都推出了RaaS服务。GRS镖普公司的主要客户有顺丰、法国乔达、巴黎欧莱雅、安踏等20多家大型物流和商贸企业,拥有超过1000台设备,主要面向仓储、分拨提供"仓库+RaaS"方案,帮助企业提升效率。极智嘉公司主要为客户提供仓内自动化方案,包括设备租赁、仓内代运营以及仓配一体化服务等,为客户提供机器人"租赁+软件"的服务,实现仓内自动化部署和升级,让客户能按期付费,减轻资金压力。

二、自主移动机器人的需求不断增加

随着全球电子商务的复苏,全球各国将放缓移动机器人的制造速度,自主移动机器人的需求量将会增加,尤其是配备传感器、人工智能和计算机视觉的AMR机器人。自主移动机器人正在进入更多行业,尤其是物流领域,许多公司采用自主移动机器人来提高他们在仓库和其他工业环境中的物流运营效率。传统的AGV机器人智能化程度较低,且受轨道的限制,只能走固定路线,如果扩展或更换使用区域,需要重新铺设电线或磁条,部署成本高且耗时长,且轨道可能会受到外部干扰,不能满足生产需求。而AMR机器人由于配备了摄像头和各类传感器,可以在运行途中实现减速、避障、停车、改变路线等功能,突破了对外部设施的依赖,不需要铺设轨道,工作区域的扩展和更换方便及时,更加智能灵活。2022年,AMR机器人开始向更多元的场景渗透。在工业领域,AMR机器人可以帮助企业实现工业流程的自动化,例如货物运输、库存监控、物料处理、重物托运等。在服务领域,AMR机器人被用于酒店、饭店、医院等场所。根据LogisticsIQ的预测,AMR机器人在未来5年与美国通用汽车在美国俄亥俄州建立第二家合资电动汽车电池厂，未来5年还将在美国生产新能源汽车。美国 Reshoring Initiative 的报告显示，2022年有近35万份制造业工作岗位被带回美国，远高于2021年的26.5万份。制造业的回流，需要大量的工业机器人以实现产业自动化，这促进了机器人产业的发展。同时，机器人技术也是美国制造业回流的基础之一，两者相辅相成。

（张青青，河北传媒学院）

第二章　我国机器人产业发展概况

随着机械和自动化技术的不断发展,机器人已经深入工业、服务业等多个领域。国家先后出台多项政策支持机器人行业的发展,对国内机器人发展做出积极战略部署,引导并推动机器人产业逐步成熟。国家高度重视机器人科技和产业的发展,机器人市场规模持续快速增长,工业机器人、服务机器人和特种机器人呈现出不同的发展特征,我国机器人产业发展的未来趋势也日益显现。

第一节　我国机器人产业发展政策

近年来,机器人技术迅速崛起,并逐渐渗透进社会生产生活的各个领域,尤其在制造业数字化、智能化转型中扮演着重要角色。国家发布了多项推动机器人发展的相关政策,可以将这些政策分为国家支持性产业政策和省市支持性产业政策。在国家层面,国务院、科技部、工业和信息化部、税务总局、财政部等是制定机器人产业政策的主体,主要负责从宏观上的不同侧面规划机器人产业蓝图;在地方省市机器人产业政策上延续国家政策精神,结合不同省市的经济水平和机器人产业发展情况,制定本地化的机器人产业政策。

一、国家支持性产业政策

国家对机器人产业发展的扶持政策,最早可追溯到2006年国务院发布的《国家中长期科学和技术发展规划纲要（2006—2020年）》。2013年左右,我国机器人产业政策开始密集出台。在目标上,机器人的综合性战略规划具有一致的目的,明确提出要把机器人作为重点科技项目推进;在顶层设计上,制定了机器人产业发展的阶段性目标。

近年来,随着我国科技的进步、产业的发展以及劳动成本的提升,机器人产业开始受到我国政府的高度重视,现已成为国家政策中的重点支持领域,机器人主要制造商纷纷抓紧布局,抢占技术和市场制高点。中国作为未来全球最大的机器人市场,不仅致力于提高机器人水平,而且致力于提高市场占有率。因此,国家提出了一系列相关的发展战略与规划。国家支持性产业政策如表2-1所示。

表2-1　国家支持性产业政策

发布时间	政策名称	主要内容
2006年2月	《国家中长期科学和技术发展规划纲要（2006—2020年）》	首次将机器人技术纳入前沿制造业的先进制造技术,将智能机器人作为重点发展领域,主要突破智能控制和应用系统集成等共性基础技术
2008年4月	《国家重点支持的高新技术领域》	将新一代工业机器人纳入先进制造业领域
2010年10月	《关于加快培育和发展战略性新兴产业的决定》	加快对高端装备制造产业、新一代信息技术产业等新兴产业的培育
2011年6月	《产业结构调整指导目录（2011年本）》	将机器人以及工业机器人成套系统纳入鼓励类发展产业

续表

发布时间	政策名称	主要内容
2011年7月	《国家"十二五"科学和技术发展规划》	将机器人纳入我国的重点发展规划,提出重点发展工业机器人及其模块化核心技术、功能部件等技术装备
2011年9月	《关于促进战略性新兴产业国际化发展的指导意见》	明确机器人产业的重要战略地位,推动机器人产业通过中外合资等方式逐步学习国外先进技术
2011年12月	《工业转型升级规划(2011—2015年)》	加快机器人在工业领域的应用
2012年1月	《关于印发高新技术产业化及其环境建设"十二五"专项规划的通知》	重点研发工业机器人的模块化核心技术和功能部件、控制系统的安全防范
2012年1月	《重大技术装备自主创新指导目录》	对工业机器人减速器技术创新进行指导,重点提升可靠性与机器人寿命
2012年5月	《高端装备制造业"十二五"发展规划》	发展以工业机器人为代表的智能装置,实现技术突破并达到国际先进水平
2012年7月	《关于印发"十二五"国家战略性新兴产业发展规划的通知》	提高工业机器人等产品的自主创新能力,实现技术水平的突破,提高国内市场占有率
2013年3月	《关于组织实施2014年智能制造装备发展专项的通知》	将工业机器人及其关键部件纳入重点专项支持
2013年12月	《关于推进工业机器人产业发展的指导意见》	突破机器人核心技术,培育机器人龙头企业,优化产业布局,形成规模化示范应用
2015年3月	《中国制造2025》	加快机器人在生产过程中的应用,扩大市场应用;促进机器人标准化、模块化发展;加快研制机器人关键零部件及系统集成设计
2015年7月	《关于积极推进"互联网＋"行动的指导意见》	依托互联网平台,推广机器人应用,发展智能化机器人
2015年10月	《首台(套)重大技术装备推广应用指导目录(2015年第二版)》	对工业机器人及其关键零部件等技术指标做出明确规定
2015年12月	《关于印发国家标准化体系建设发展规划(2016—2020年)的通知》	促进工业机器人、智能机器人、服务机器人等的标准化工作

续表

发布时间	政策名称	主要内容
2015年12月	《智能制造发展规划（2016—2020年）》	推动工业机器人等领域的智能化转型
2016年3月	《"十三五"规划纲要》	机器人被列为重大科技项目，成为提高我国综合竞争力的支撑
2016年4月	《机器人产业发展规划（2016—2020年）》	落实《中国制造2025》，促进产业规模增长，重点关注关键零部件、集成应用突破
2016年5月	《"互联网＋"人工智能三年行动实施方案》	推动人工智能与机器人技术的深度融合，加快智能机器人研制
2016年7月	《国务院关于印发"十三五"国家科技创新规划的通知》	将智能机器人作为技术发展重点定位
2016年12月	《关于印发"十三五"国家信息化规划的通知》	针对机器人的应用，调节社会就业结构，加快构建良好的机器人政策环境
2016年12月	《关于促进机器人产业健康发展的通知》	对2016—2020年机器人产业发展做出10个未来规划，主要包括推动机器人技术发展以及扩大应用
2017年4月	《关于推进供给侧结构性改革加快制造业转型升级工作情况的报告》	培育机器人创新中心，启动机器人重大科技专项
2017年7月	《工业机器人行业规范管理实施办法》	规范机器人申报流程，鼓励成立并申报工业机器人企业，并对其进行规范
2017年7月	《新一代人工智能发展规划》	对智能化发展做出"三步走"规划，重点攻克智能机器人核心零部件等技术
2018年5月	《"十三五"国家战略性新兴产业发展规划》	构建工业机器人产业体系，重点发展高精度、高可靠性工业机器人，发展融资租赁和金融租赁
2018年7月	《关于发布国家重点研发计划"智能机器人"等重点专项2018年度项目申报指南的通知》	申报项目围绕机器人等7个专项展开
2019年7月	《关于发布国家重点研发计划"智能机器人"重点专项2019年度定向项目申报指南的通知》	推动智能机器人技术重点专项申请，围绕智能机器人等6个专项进行

续表

发布时间	政策名称	主要内容
2019年10月	《制造业设计能力提升专项行动计划(2019—2022年)》	重点突破系统开发平台、伺服机构设计,多功能工业机器人、服务机器人、特种机器人设计等技术
2019年10月	《产业结构调整指导目录》	重点鼓励发展人机协作机器人、双臂机器人、弧焊机器人、重载AGV、专用检测与装配机器人集成系统等产品,以满足我国量大面广的制造业转型升级的需求
2019年12月	《关于促进劳动力和人才社会性流动体制机制改革的意见》	应对机器人应用对就业产生的影响
2020年1月	《关于促进养老托育服务健康发展的意见》	推进智能服务机器人后发赶超,启动康复辅助器具应用推广工程,实施智慧老龄化技术推广应用工程
2020年4月	《关于促进快递业与制造业深度融合发展的意见》	支持制造企业联合快递企业研发智能物流机器人等技术设备,加快推进制造业物流技术装备智慧化
2021年3月	《2021年政府工作报告》	大力促进科技创新,加快产业转型升级步伐。加强关键核心技术攻关。加大知识产权保护力度,支持科技成果转化应用,促进大中小企业融通创新,推广全面创新改革试验相关举措。推动产业数字化、智能化改革,战略性新兴产业保持快速发展势头
2021年3月	《关于实施专利转化专项计划助力中小企业创新发展的通知》	拓宽中小企业包括机器人技术在内的专利技术供给渠道,推进专利供需精准对接,提高实施能力
2021年3月	《中华人民共和国国民经济和社会发展第十四个五年规划和2035年远景目标纲要》	培育先进制造业集群,推动集成电路、航空航天、船舶与海洋工程装备、机器人、先进轨道交通装备、先进电力装备、工程机械、高端数控机床、医药及医疗设备等产业创新发展。加强矿山深部开采与重大灾害防治等领域先进技术装备创新应用,推进危险岗位由机器人替代。在重点领域推进安全生产责任保险全覆盖。发展智能家电、智能照明、智能安防监控、智能音箱、新型穿戴设备、服务机器人等

发布时间	政策名称	主要内容
2021年4月	《"十四五"智能制造发展规划》	实施智能制造装备创新发展行动，研发智能焊接机器人、智能移动机器人、半导体(洁净)机器人等工业机器人
2021年7月	《5G应用"扬帆"行动计划(2021—2023年)》	推进5G与智慧家居融合，深化应用感应控制、语音控制、远程控制等技术手段，发展基于5G技术的智能家电、智能照明、智能安防监控、智能音箱、新型穿戴设备、服务机器人等，不断丰富5G应用载体。加快云AR/VR头显、5G+4K摄像头、5G全景VR相机等智能产品推广，拉动新型产品和新型内容消费，促进新型体验类消费发展
2021年12月	《"十四五"机器人产业发展规划》	推进工业机器人向中高端迈进，促进服务机器人向更广领域发展，加强共性关键技术研究，建立健全机器人创新平台，加强机器人标准体系建设，建立机器人检测认证体系。加强品牌质量建设，积极开展机器人应用示范
2022年2月	《"十四五"国家老龄事业发展和养老服务体系规划》	提升家庭服务机器人等适老产品的智能性、实用性和安全性，开展家庭、社区、机构等多场景的试点试用工作，强化老年用品的科技支撑
2022年5月	《"十四五"国民健康规划》	推进智能服务机器人发展，实施康复辅助器具、智慧老龄化技术推广应用工程
2022年6月	《"十四五"应急救援力量建设规划》	开展高智能救援机器人、水下抢险机器人等技术与装备研发，建设完善地震和地质灾害救援队伍

二、省市支持性产业政策

在国家政策对机器人产业的大力助推下，各省市结合当地优势产业，纷纷发布对机器人的扶持和引导政策。北京先后发布了《关于促进北京市智能机器人科技创新与成果转化工作的意见》《关于促进中关村智能机器人产业创新发展的若干措施》《北京市机器人产业创新发展路线图》，来引导当地机器人产业的发展。上海发布了《关于加快推进机器人产业技术创新的扶持政策》，聚焦机器人系统集成及应用示范，在教育、科技、金融、娱乐、家政、护理、医疗、卫生、汽车等多个领域进行推广。我国已有30余个省市出台了机器人产业支持性政策，各省市制定的机器人产业政策结合了本地区域优势，在落实国家机器人战略规划的同时，因地制宜地提出了区域化建设规划。各省市支持性产业政策如表2-2所示。

表2-2 各省市支持性产业政策

省/市	发布时间	政策名称	主要内容
北京	2015年6月	《关于促进北京市智能机器人科技创新与成果转化工作的意见》	重点推广服务机器人(包括专用服务机器人和家用服务机器人)在物流、救援、监护以及医疗、养老、康复等领域的应用,形成3—5个机器人行业应用示范基地
	2016年4月	《关于促进中关村智能机器人产业创新发展的若干措施》	大力发展智能驾驶、教育娱乐、医疗健康等服务机器人,以及公共安全、应急救援、特种作业等特种机器人
	2017年9月	《北京市机器人产业创新发展路线图》	到2025年,预计北京机器人产业收入达600亿元,基本建成全球领先的机器人创新应用基地
	2019年12月	《北京市机器人产业创新发展行动方案(2019—2022年)》	到2022年,机器人产业配套体系逐步完善,形成机器人产业链分工合作的发展生态。在医疗健康、特种、协作、仓储物流等机器人领域培育2—3家国际领先企业、10家国内细分领域领军企业,打造1—2个特色产业基地。全市机器人产业收入超过120亿元

省/市	发布时间	政策名称	主要内容
天津	2018年7月	《天津市机器人产业发展三年行动方案（2018—2020年）》	到2020年，天津机器人产业规模达到300亿—500亿元，取得重大科技成果（省部级及以上）3—5项，实现机器人换人、智能工厂项目30—50项
	2021年5月	《天津市产业链高质量发展三年行动方案（2021—2023年）》	夯实机器人生产、机床制造领域基础，着力引进智能化高端数控系统、高性能伺服驱动器、数控装备智能系统等高端项目和先进技术，重点推动机器人系统集成、机床制造等重大科技成果产业化和自主品牌建设，打造更为广泛的机器人应用场景
河北	2017年1月	《河北省工业转型升级"十三五"规划》	加快香河智能机器人产业孵化基地、唐山特种机器人基地等建设
	2021年3月	《河北省制造业技术改造投资导向目录（2021—2022年）》	将机器人产业链列为重点投资对象，包含智能公共服务机器人、智能教育机器人等
	2022年1月	《河北省制造业高质量发展"十四五"规划》	完善医疗康复护理机器人、家庭服务机器人等产品研发，培育一批在国内国际市场上有竞争力的拳头产品
广东	2015年7月	《广东省智能制造发展规划（2015—2025年）》	到2020年，机器人及相关配套产业值达到1000亿元，万人机器人数量达到100台，超10亿元的机器人制造及集成企业达到10家，建成5个国内领先的机器人制造产业基地
	2015年12月	《广东省机器人产业发展专项行动计划（2015—2017年）》	2017年智能服务机器人和特种机器人实现发展水平和规模双提升，进入国内领先行列，销售额达到200亿元以上
	2020年9月	《广东省培育智能机器人战略性新兴产业集群行动计划（2021—2025年）》	到2025年，智能机器人产业营业收入达到800亿元，其中服务机器人行业营业收入达到200亿元，无人机（船）行业营业收入达到500亿元，工业机器人年产量超过10万台，年均增长率约15%

续表

省/市	发布时间	政策名称	主要内容
广东	2021年4月	《广东省国民经济和社会发展第十四个五年规划和2035年远景目标纲要》	重点发展工业机器人、服务机器人、特种机器人、无人机、无人船等产业,集中力量突破减速器、机器人用伺服电机和系统、控制器等关键零部件和集成应用技术。创新开发智慧健康产品,围绕助老助残及家庭生活需求,开发残障辅助、家务、情感陪护、娱乐休闲、安防监控等智能服务型机器人产品
	2022年3月	《广州市现代高端装备产业链高质量发展三年行动计划》	重点发展具有核心自主知识产权的各类工业机器人、服务机器人、无人机以及各细分领域智能专用设备,聚焦突破减速器、伺服电机和系统、控制器等关键零部件与集成应用技术
	2022年6月	《深圳市人民政府关于发展壮大战略性新兴产业集群和培育发展未来产业的意见》	重点发展工业机器人、服务机器人、特种机器人、无人机(船)等领域,以及突破减速器、控制器、伺服系统等关键零部件和集成应用技术,扩展智能机器人在电子信息制造、汽车、航空航天等高端制造场景的应用,依托福田、南山、宝安、深汕等区及前海建设集聚区,打造智能机器人产业技术创新、高端制造、集成应用示范高地
浙江	2015年7月	《浙江省高端装备制造业发展规划(2014—2020年)》	努力形成工业行业用机器人、服务业机器人、消防安全特种机器人等各具特色、差异化布局的机器人生产基地
	2017年7月	《浙江省"机器人＋"行动计划》	在制造、物流、生活服务、农业、健康、特种环境等领域形成一批机器人应用示范,并在部分领域得到较为普及的应用
	2020年1月	《浙江省打造智能机器人产业高地行动计划(2020—2025年)》	到2025年,智能消费服务、公共服务等机器人领域创新应用不断涌现,军用、消防、反恐、防暴等特种服务机器人研发与应用加速推进,建成3—5个特定应用场景的智能机器人云平台(工业互联网平台)

省/市	发布时间	政策名称	主要内容
上海	2014年11月	《关于上海加快发展和应用机器人促进产业转型提质增效的实施意见》	支持国际龙头企业在沪发展壮大,培育和引进2—3家国内本体骨干企业,培育5家左右核心功能部件企业,以及10家左右具备整体设计能力和解决方案提供能力的专业机器人系统集成企业。2015年全市机器人产业规模力争达到200亿元,2020年达到600亿—800亿元
	2017年10月	《关于本市推动新一代人工智能发展的实施意见》	积极推动人工智能技术与机器人技术深度融合,重点支持人机共融特性的机器人研发及产业化。抢占智能服务机器人发展制高点,以智能感知、模式识别、智能分析和智能决策为重点,大力推进教育娱乐、医疗康复、养老陪护、安防救援等特定应用场景的智能服务机器人研发及产业化。到2020年,智能机器人产业规模达200亿元
	2019年7月	《上海市智能制造行动计划(2019—2021年)》	智能制造装备产业规模超过1300亿元,其中机器人及系统集成产业规模突破600亿元,产业规模位居全国前列。重点发展工业机器人、服务机器人以及智能制造装备关键部件和系统解决方案等
	2020年3月	《关于加快推进农业机械化和农机装备产业转型升级的实施意见》	大力支持以北斗导航为技术支撑的无人驾驶系统,采摘、除草机器人,农用无人机,等等先进农机装备
	2021年4月	《关于加快建设上海国际消费中心城市持续促进消费扩容提质的若干措施》	扩大中高端移动通信终端、智能家居、服务机器人等信息产品消费
	2021年7月	《上海市战略性新兴产业和先导产业发展"十四五"规划》	推动智能服务机器人的研发与产业化,突破模态情感计算和语义识别技术,研制服务机器人分布式操作系统,推动类人教育机器人实现产业化;布局研发微尺度手术机器人、单孔内窥镜手术机器人、康复干预与辅助机器人等智能医疗机器人

省/市	发布时间	政策名称	主要内容
上海	2022年7月	《上海市数字经济发展"十四五"规划》	重点突破服务机器人关键核心技术,加速服务机器人行为类人化,提升服务机器人高端产品供给。加强核心技术攻关,集中攻克智能芯片、伺服电机、智能控制器、智能一体化关节、新型传感器等关键零部件核心技术,加快研发仿生感知与认知、生机电融合、人机自然交互等前沿技术。提升高端产品供给,重点发展手术机器人、陪伴机器人、智能护理机器人、智能型公共服务机器人等,在智慧教育、智慧医疗、智慧社区等场景率先开展服务机器人试点,在银行、商场、酒店、展馆等垂直行业拓展应用,助力实现高品质生活
江苏	2018年11月	《江苏省机器人产业发展三年行动计划（2018—2020年)》	全省机器人产业产值达1000亿元,年均增长35%以上,形成一批机器人重点领军企业、知名品牌和特色产业基地。促进服务机器人在家政服务、养老助残、医疗康复、教育娱乐等领域实现批量应用
江苏	2020年4月	《江苏省政府办公厅关于促进平台经济规范健康发展的实施意见》	促进互联网平台与制造业深度融合,推动智能机器人、高端智能传感器、生物芯片等产业加速发展,建立人工智能重点企业培育库
江苏	2021年11月	《扬州市工业互联网标识解析创新发展行动方案(2021—2022年)》	通过标识对人工智能语言进行标注,设计机器深度学习环境,推动人工智能与机器人技术的深度融合,提升工业机器人、特种机器人、服务机器人等智能机器人的技术与应用水平
山东	2018年8月	《加快发展康复辅助器具产业的实施意见》	加快发展家庭服务机器人、残障辅助机器人、康复机器人、外骨骼机器人、医用服务机器人、虚拟现实康复训练设备等产品的研发及产业化
山东	2021年7月	《山东省"十四五"战略性新兴产业发展规划》	面向商业、医疗、教育、体育、生活等领域,重点发展服务机器人、护理机器人、康复机器人;面向安全生产和消防等领域,重点开发消防救援机器人、特种作业机器人。加快培育济南、青岛、烟台、淄博、济宁、日照等地的机器人产业聚集区,打造全国智能机器人创新发展高地

续表

省/市	发布时间	政策名称	主要内容
山东	2022年1月	《山东省新型城镇化规划（2021—2035年）》	推广智能服务机器人等楼宇智能产品，设置健康、舒适、节能类智能家居产品，加快发展数字家庭
河南	2016年8月	《构建现代产业体系促进机器人及智能装备产业发展实施方案》	加快实现智能代步、安防监控、家政服务、智能清洁等服务机器人产业化，突破服务机器人操作系统、人机交互识别等共性关键技术
	2017年9月	《关于进一步促进机器人及智能装备产业发展的意见》	将重点发展工业机器人、特种机器人、服务机器人、智能装备等领域，2020年机器人及智能装备产业主营业务收入超2000亿元，年均增长25%以上
	2021年12月	《河南省"十四五"战略性新兴产业和未来发展规划》	集中突破智能数控系统、高精度新型传感器、关键功能部件、网络化系统集成等一批智能成套装备关键共性技术，增强智能机器人、高档数控机床和新型增材制造等智能装备供给保障能力。推进机器人本体技术、控制技术、系统集成技术等研发及产业化，加快发展新一代工业机器人、服务机器人、特种机器人和行业用无人机，构建新一代智能机器人创新生态和发展体系
陕西	2018年9月	《西安市机器人产业发展规划（2018—2021年）》	到2021年，实现服务机器人产量9500台，总产值60亿元的目标

　　由于地区经济发展情况、机器人起步时间和产业侧重点不同，地方政府的机器人产业政策也存在区域性差异，其中京津冀、长三角、珠三角集群效应明显。在政策工具上，地方政府更倾向于使用金融贷款、减税、补贴等手段来完成政策目标。多地对机器人产业收入规模、机器人使用密度、机器人应用率及示范基地建设提出具体指标要求，对国家产业政策的目标更加细化。为了应对制造业转型升级，地方政府通过制定多个"机器换人"政策，鼓励企业进行机器换人。由于在产业政策的传导过程中面临更大的地区竞争压力和指标压力，地方政府更倾向于培育本地机器人龙头企业，建设机器人产业示范基地。

第二节　我国机器人产业发展规模

当前,数字经济发展速度之快、辐射范围之广、影响程度之深是前所未有的,数字经济为世界经济发展增添新动能、注入新活力。机器人作为数字经济时代最具标志性的工具,在促进科技创新、推动产业升级、保障国家安全、守护人民健康等方面发挥着重要的作用,机器人的发展水平已成为衡量一个国家创新能力和产业竞争力的重要指标。我国高度重视机器人科技和产业的发展,机器人市场规模持续快速增长,机器人企业逐步发展壮大,已经初步形成了完整的机器人产业链;同时,"机器人＋"应用不断拓展深入,产业整体呈现欣欣向荣的良好发展态势。

一、中国高校机器人相关专业及研究机构

教育部、人力资源和社会保障部和工业和信息化部共同编制的《制造业人才发展规划指南》指出,到2025年,我国"高档数控机床和机器人"领域的人才缺口预计达到450万。2022年6月14日,人力资源和社会保障部向社会公示了"机器人工程技术人员"等18个新职业。

自2015年以来,中国高校开设的机器人相关专业已通过7批次审批,其中包括机器人工程专业与海洋机器人专业。据零壹智库不完全统计,迄今全国开设机器人相关专业的高校总计323所,全国前100名大学中,有44所开设了机器人相关专业,有281所普通本科院校开设了相关专业,而双一流高校较少。全国前100名的大学中,有46所设立了机器人研究机构,涵盖自动化、编程、电气的交叉领域。随着人工智能概念的兴起,不少院校开始研发"智能机器人",将机器人与人工智能相融合,整合相关学科领域,迎合数字

经济的时代发展。①

二、技术专利

技术专利数量体现了机器人产业的创新能力，同时能够反映出机器人产业发展的情况。《中国机器人产业发展报告（2022年）》的数据显示：长三角地区的机器人产业技术专利累计达79844件，其中，江苏的技术专利数最多，浙江和上海紧随其后，产业创新能力位于国内领先水平；珠三角地区的机器人产业技术专利累计达57192件，以深圳、广州、佛山、东莞为代表的产业集群在创新能力与影响力上位于全国前列；京津冀地区的机器人产业技术专利数量累计36200余件，其中，北京的技术专利数量最多，天津和河北紧随其后；东北地区的机器人产业技术专利累计达13383件，中国科学院沈阳自动化研究所、哈尔滨工业大学、哈尔滨工程大学、沈阳新松机器人自动化股份有限公司、哈尔滨理工大学等高校、科研机构与企业均拥有一定数量的自主技术专利；中部地区的机器人产业技术专利累计34880件，在全国处于中游水平；西部地区的机器人产业技术专利累计达25600件，其中，四川的技术专利申请数量最多。全国各地的机器人产业技术专利数量增长迅速，机器人产业技术不断提高，为机器人产业发展提供了强大的技术支持。②

三、产业集聚情况

目前，众多全球机器人巨头企业及国内龙头品牌在长三角地区设有总部基地或研发中心，该地区的机器人产业集聚度较高。根据《中国机器人产

---

① 《中国高校机器人相关专业及研究机构大全》，2022年7月1日，https://baijiahao.baidu.com/s?id=1737107273439893812&wfr=spider&for=pc。

② 中国电子学会：《中国机器人产业发展报告（2022年）》，2022年8月。

业发展报告（2022年）》的数据，长三角地区的机器人相关企业多达4547家，其中上海1118家、江苏2254家、浙江1175家。珠三角地区的机器人相关企业多达2643家。珠三角地区以广州、深圳、佛山、东莞等地为核心，不断推动工业机器人在高端制造及传统支柱产业上的示范应用，多聚焦在核心零部件、系统集成、机器人本体等细分领域，深耕商用服务机器人赛道，在全国机器人产业重点集聚区中位居前列。京津冀地区的机器人相关企业达995家，其中北京466家、天津235家、河北294家。京津冀协同发展战略实施以来，形成了以高端工业机器人、服务机器人和特种机器人为主要方向的产业链，凸显了"链"式集群优势。东北地区的机器人相关企业达915家，其中黑龙江255家、吉林194家、辽宁466家。东北地区作为老工业基地，具有较为完整的装备制造业体系，在汽车、高端机床、数控设备等领域集聚了一批龙头企业，为机器人发展提供了良好沃土。中部地区的机器人相关企业达2014家，产业集聚度较2021年有所提高。引进的头部企业对资源的集聚吸引作用渐显，武汉、合肥、芜湖、长沙、湘潭、洛阳等地已形成机器人产业的集聚发展态势，围绕餐饮、纺织、装备、制造、生物医药等领域，重点布局机器人系统集成、本体制造与解决方案创新，有力带动当地制造业实现换挡升级、提质增效。西部地区的机器人企业共1422家，其中四川313家、重庆232家。西部地区的机器人产业起步较晚，虽然总体上仍落后于其他集聚区，但相比往年已有明显提升。由于各地的工业发展基础不尽相同，产业聚集情况呈现多样化，机器人相关企业的数量存在差异，各地发展机器人产业的速度和市场规模存在差异。

四、市场规模

近年来，我国服务机器人的智能化、个性化水平快速提升，特种机器人需求领域不断扩展，将我国机器人产业再次推上发展新高度。中国服务机器人需求潜力巨大,未来市场空间将持续拓展。中国电子学会的数据显示,预计到2024年,我国工业机器人市场规模将超过110亿美元,服务机器人市场规模将达到100亿美元,特种机器人市场规模将达到34亿美元。多方驱动下,中国机器人行业市场规模快速扩大。观研天下数据中心的数据显示,2027年中国机器人行业市场规模有望接近3289.5亿元。2022—2029年中国机器人行业市场规模预测如图2-1所示。

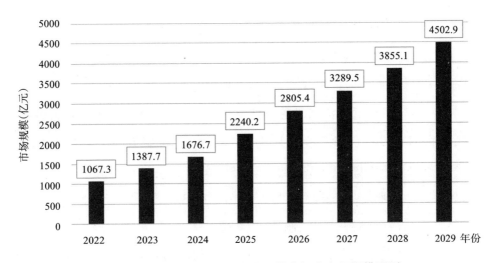

图2-1　2022—2029年中国机器人行业市场规模预测

资料来源:观研天下数据中心。

（一）工业机器人

目前,在国内密集出台的政策和不断成熟的市场等多重因素驱动下,工业机器人市场规模增长迅猛,除了汽车、3C电子两大需求最为旺盛的行业外,化工、石油等应用市场逐步打开。根据国际机器人联合会测算,近5年中国工业机器人的市场规模始终保持增长态势,2022年市场规模继续保持增长。2017—2022年中国工业机器人的销售额及增长率如图2-2所示。

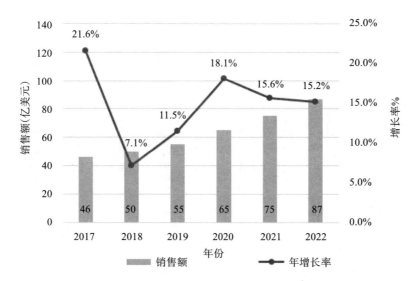

图 2-2 2017—2022 年中国工业机器人销售额及增长率

资料来源:《中国机器人产业发展报告(2022 年)》。

在制造业、采矿业等行业快速复苏的环境中,未来两年内,中国工业机器人市场规模增长将会进一步提速。观研天下数据中心的数据显示,2027 年中国机器人行业的市场规模有望接近 3289.5 亿元,其中工业机器人市场规模占比为 35.63%,将达到 1172 亿元。2022—2029 年中国机器人行业市场结构预测如图 2-3 所示。

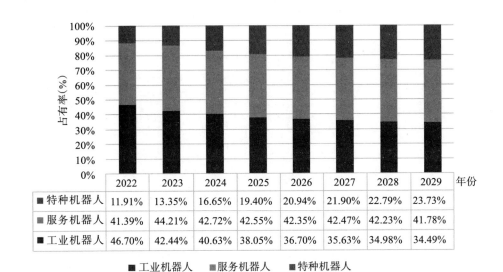

年份	2022	2023	2024	2025	2026	2027	2028	2029
■ 特种机器人	11.91%	13.35%	16.65%	19.40%	20.94%	21.90%	22.79%	23.73%
■ 服务机器人	41.39%	44.21%	42.72%	42.55%	42.35%	42.47%	42.23%	41.78%
■ 工业机器人	46.70%	42.44%	40.63%	38.05%	36.70%	35.63%	34.98%	34.49%

■ 工业机器人　■ 服务机器人　■ 特种机器人

图2-3　2022—2029年中国机器人行业市场结构预测

资料来源：观研天下数据中心。

(二)服务机器人

人口老龄化趋势加快,建筑、教育领域的需求持续旺盛,使得中国的服务机器人领域存在巨大市场潜力和发展空间。2022年,中国服务机器人市场快速增长,教育、公共服务等领域的需求成为主要推动力。在技术引领和社会需求驱动下,服务机器人的应用场景不断拓宽。随着视觉引导机器人、陪伴服务机器人等新兴场景和产品的快速发展,我国服务机器人市场规模快速增长。观研天下数据中心的数据显示,2027年中国机器人行业市场规模有望接近3289.5亿元,其中服务机器人市场规模占比为42.47%(见图2-3),将达1397亿元。

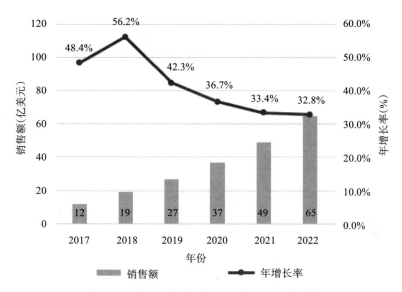

图2-4　2017—2022年中国服务机器人销售额及增长率

资料来源:《中国机器人产业发展报告(2022年)》。

(三)特种机器人

　　全球地区局势复杂、极端天气频发等问题日益凸显,在军事应用、治安维护、抢险救灾、水下勘探、高空作业等高危场景中,特种机器人可以部分替代甚至全部替代人工作业,在安全性、时效性、保质性等方面能有效满足工作需求。此外,激光传感器、低速无人驾驶、卫星遥感、5G等技术的应用显著提升了特种机器人的性能,使之充分具备高鲁棒性、强灵活性、多操作性等功能特征,也使全球特种机器人市场高速发展。[1]

　　当前,国内特种机器人市场保持较快的发展速度,由于我国地域广阔、气候多变、地质情况复杂,社会发展多元化特征明显,在应对地震、洪涝、极

---

[1]《中国特种机器人市场规模及发展前景分析》,2022年4月25日,https://mp.weixin.qq.com/s?__biz=MzI5MTc5OTA5MQ==&mid=2247493981&idx=1&sn=c1648c8676fb32a802877ced9ff2946f&chksm=ec098001db7e0917be5d16aae9aec70227f130b8de85905633d538432bfd818e97f634eb2aa0&scene=27。

端天气,以及矿难、火灾等公共安全事件中,对特种机器人有着突出的需求,这使得近年来我国特种机器人市场规模快速增长,各种类型的产品不断问世。特种机器人的商业化非常依赖场景需求,对产品的可用性要求较高,面向场景提供高效且可复制的标准化产品,是特种机器人实现商业化的标准路径。观研天下数据中心的数据显示,2027年中国机器人行业市场规模有望接近3289.5亿元,其中特种机器人市场规模占比为21.90%(见图2-3),将达720亿元。

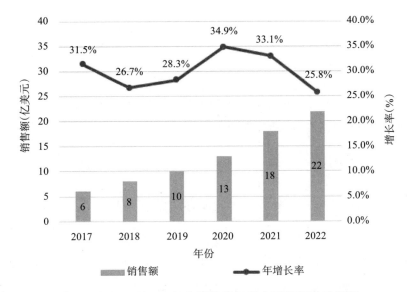

图2-5　2017—2022年中国特种机器人销售额及增长率

资料来源:《中国机器人产业发展报告(2022年)》。

第三节　我国机器人产业发展特征

当前,我国机器人产业已经产生了集群效应,形成了东北、中部、西部、长三角、珠三角、京津冀六大集聚区。由于经济发展水平、工业基础、市场成熟度、人才环境等关键因素的差别,各区域形成了各自的独特优势。具体来说,长三角地区形成了相对完备的产业链,珠三角地区打造了多领域的细分行业应用,京津冀地区营造了一定的创新生态,东北地区在工业和特种机器人上获得了优势,中部地区建设了规模化的生产基地,西部地区引进了海内外众多龙头企业。随着语音识别、视觉检测、人机交互等人工智能技术的发展,工业机器人、服务机器人和特种机器人均展现了不同的发展特征。

一、工业机器人的发展特征

现阶段,中国工业机器人的应用主要集中在汽车行业和电子电气行业,弧焊机器人、点焊机器人、搬运机器人等在生产中被大量使用。

(一)应用领域不断扩大

截至2020年,受机器人行业应用需求增加导致市场回暖的影响,机器人市场融资活动频繁,大量头部投资机构涌入,使得机器人领域的资本热度上升。工业机器人最早应用于汽车行业。经历长期的积累,汽车行业是目前工业机器人应用范围最广、应用标准与应用成熟度最高的行业。不过,在通用工业的智能制造需求增加,以及汽车行业整体下行的背景下,工业机器人应用也在向通用工业拓展,应用场景不断深化。在应用行业上,工业机器人已从汽车行业迅速拓展到3C电子、金属加工、化工、橡胶、塑料、食品加工等行业;在具体应用场景上,工业机器人的应用已包括焊接、喷涂、抛光打磨、涂胶、上下料、去毛刺、搬运、码垛、装配、分拣、包装、检测等。工业机器人厂商也在探索工业机器人在特定行业与场景中的应用,并推出专用工业机器人。此外,在新冠疫情的驱动下,工业机器人厂商也纷纷探索工业机器人在医疗行业的应用:ABB公司在中国推出了首套柔性机器人药房自动化系统;库卡推出了会按摩的理疗机器人;哈工智能旗下子公司磅策科技研发出了采血穿刺机器人。

（二）在关键部件领域进行专利布局

在未来，为促进工业机器人的全面发展，机器人制造商将在工业机器人的关键部件领域进行专利布局，及时掌握行业发展动态，取得发展先机。目前，工业机器人最为关键的零部件主要有减速机、伺服电机、控制器三部分，如果针对这三部分的研究没有取得突破性进展，那么工业机器人将无法得到进一步发展。所以，要在研究过程中把控各关键部件的技术，提取核心成分，构建严密的专利布局网络，有意识地保护专利成果。当前，各地围绕本体制造、系统集成、零部件生产等机器人产业链的核心环节，主导建设各具特色、优势互补的机器人产业园区与特色小镇。通过政企合作和企业强强联合，推动产业的集聚化，这种趋势已经成为我国机器人产业发展的重要特征之一。

二、服务机器人的发展特征

技术进步、全球老龄化进程加快、劳动力不足等因素正在推动服务机器人产业快速进入持续增长期。虽然我国的机器人研究起步较晚，但由于服务机器人在全球是新兴产业，相关研发与制造依然处在探索阶段，因此我国同样有许多培育世界前列的服务机器人企业的机会。与工业机器人不同，服务机器人主要面向广大消费者，有着十分广阔的市场前景。

（一）家庭服务机器人细分品类多，产品价格逐渐平民化

家庭服务机器人兴起于中国市场的两大热潮，是服务机器人率先实现产业化的细分领域。根据智能化的程度和用途，家庭服务机器人可分为初级小家电类机器人、幼儿教育娱乐类机器人和人机互动式机器人。因其契合市场需求，在早期便迅速打开市场并实现大规模量产，目前已成为服务机器人

中产业化程度最高的细分品类。清洁类机器人具有智能除尘功能;安防类机器人可以检测家中煤气、水龙头是否关闭,并将检测结果以邮件的形式发送给主人;教育类机器人可以代替忙碌的父母辅导孩子学习;娱乐类机器人可以缓解成年人因上班造成的疲劳,成为人类生活中的灵魂伴侣。我国通过自主研发,严格控制家庭服务机器人的成本,以逐渐平民化的价格推广至千家万户。

（二）医疗和公共服务机器人发展迅速,需求大幅提高

目前,医疗机器人在政策、人口结构、医疗需求等因素的共同推动下,迎来了爆发式增长。随着技术端的医学、工程学、机器人学不断取得突破,新材料、大数据、人工智能等技术与医疗领域的结合日益紧密,人们对高端医疗服务的需求不断提升,医疗机器人的行业应用已成为大势所趋。医疗机器人的市场增速向好,各类医疗机器人市场呈现差异化发展的趋势。中国医疗机器人的市场规模持续增长,应用效果良好,市场渗透率不断提升。当前公共服务机器人的应用主要集中在餐厅、酒店、银行、医院以及部分娱乐场所。从商业用途和商业价值角度考虑,目前落地规模较大、真正体现应用价值的机器人类型主要有引导接待机器人、末端配送机器人和智能安防机器人,其各自的价值定位存在很大差别。[①]

三、特种机器人的发展特征

科技的快速发展,为特种机器人注入了新的活力,极大地提高了特种机器人的作业能力,丰富了特种机器人的应用场景。在未来,特种机器人企业将不断提升自主研发能力,面向共性需求,研发通用型产品,持续在新兴应

---

① 亿欧智库:《2020 中国服务机器人产业发展研究报告》,2020 年 5 月 29 日。

用领域不断探索。目前,我国特种无人机、水下机器人、搜救/排爆机器人等系列产品的应用取得新进展,并已在一些领域形成应用优势。

（一）以自主研发为核心实现多点突破

近年来,我国特种机器人产业发展趋势良好,创新型企业加快自主研发进程,特种机器人产品的功能性与可靠性大幅提升。特种机器人在安防巡逻、电力巡检、防爆灭火、管道检测、采矿挖掘、水下作业、军事作战等场景中得到进一步应用。我国特种机器人从无到有,品种不断丰富,智能化水平及环境适应能力不断提升,应用领域逐渐广泛。特种机器人的商业化非常依赖场景需求,相对垂直的应用领域对产品的可用性要求较高,面向特定场景提供高效且可复制的标准化产品,是特种机器人实现商业化的标准路径。

（二）持续在新兴应用领域探索布局

随着我国人口红利的逐渐消失,特种机器人的需求也从专业密集型领域向劳动密集型领域迁移。作为典型的劳动密集型产业,建筑、煤矿等行业有望成为特种机器人发展的新方向。国家矿山安全监察局聚焦关键岗位和危险岗位,重点推进掘进、采煤、运输、安控、救援5类共38种煤矿机器人的研发应用,合理规范市场发展。中国矿业大学主持的掘进工作面机器人研究项目聚焦煤矿安全生产隐患难题,采用了新工艺和新设计方案,突破了支护时间过长的技术瓶颈,实现编进、支护、锚固并行作业的无人化操作,使得掘支时间比例从原来的1:2或1:3缩减到1:1.04,掘支总效率提高约25倍。

第四节　我国机器人产业发展趋势

目前,中国已经进入机器人产业高质量发展阶段。中国现在的战略指向是智能制造,机器人正是智能制造的典型代表。习近平总书记高度重视机器人产业的发展,并提出多项举措,为机器人产业高质量发展提供了行动指南。

一、机器人产业发展保持长期向好态势

根据国际机器人联合会报告数据,2012—2021年,中国的工业机器人消费量由2.6万台快速增长至27.1万台,累计增长9.4倍,年均增长率为30%。2021年,中国工业机器人消费量占全球总消费量的50%以上,成为推动全球机器人产业稳步发展的重要支撑力量。[①]

我国已成为全球第一机器人生产大国。2021年,我国工业机器人产量达36.6万台,比2015年增长10倍。2021年,我国服务机器人产量达921.4万台,是2019年的2.7倍。随着医疗、养老、教育等行业智能化需求的持续释放,服务机器人的产业规模仍在快速扩张。

2022年,工业机器人产销下降势头明显扭转。2022年4月以来,受零部件涨价、下游需求萎缩等多重因素影响,工业机器人产销量同比增速下滑明显。受益于"确定专项再贷款与财政贴息配套支持部分领域设备更新改造"政策,以及制造业数字化转型的长期趋势,我国工业机器人产销量从10月开始大幅回升,产销量同比增长14.4%,11月产销量同比增长0.3%。预计到2023年,工业机器人产销情况有望持续向好,保持较快增速。

二、应用场景逐渐向新兴、细分领域延伸

[①] 工业和信息化部赛迪研究院,产业政策研究所(先进制造业研究中心):《机器人产业发展趋势展望》,2022年12月30日。

从发展最为突出的工业机器人应用来看，其领域已经从汽车、电子、食品包装等传统领域逐渐向新能源电池、环保设备、高端装备、生活用品、仓储物流、线路巡检等新兴领域布局。同时，各地机器人企业解决方案也从传统的汽车、3C设备制造逐步向新兴领域延伸，大幅提升了产品生产质量与服务管理水平，加速了"机器换人"进程。在疫情防控过程中，智能机器人在消杀、测温、室内配送、巡检、陪护、导诊、清扫等方面发挥了较大作用，极大地降低了各区域疫情感染风险，并有效降低了工作人员的工作强度。钛米智能消毒机器人通过多种消毒模式的结合，达到自动、高效、定时、精准的高水平消毒要求，在满足国内需求的同时也远销海外。

目前，在新兴领域下的细分市场逐渐涌现出一批业务水平较高、贴合行业实际、应用方案成熟的中小型机器人企业。它们凭借专业化和精品化的产品服务在市场竞争中脱颖而出，建立了较为成熟的产品体系与供应体系，迅速占领相当部分的市场份额。这些企业未来将对产业发展起到何种拉动作用，值得期待。

智能制造深入发展使得制造业的机器人密度快速提升。制造业的机器人密度从2012年的23台/万人快速提升至2021年的322台/万人，累计增长13倍，是全球平均水平的2倍以上。工业机器人应用从2013年的25个行业大类、52个行业中类扩展到2021年的60个行业大类、168个行业中类。[1]

机器人突破传统作业边界，成为实现人民对美好生活向往的"好帮手"。以扫地机器人、烹饪机器人、陪伴机器人、康复机器人等为代表的服务机器人走进家庭，在教育娱乐、清洁服务、医疗康复等领域实现规模应用，提高人类的生活质量。空间机器人、水下机器人等特种机器人在空间探索、海洋资源勘查开采、极地科考等多个国家重大工程领域中实现创新应用，帮助人类

---

[1] 工业和信息化部赛迪研究院，产业政策研究所（先进制造研究中心）：《机器人产业发展趋势展望》，2022年12月30日。

征服"星辰大海"。

三、新兴技术融合机器人将成未来发展方向

现阶段,机器人在灵活性和智能决策能力方面仍显不足,这主要是因为当下机器人的感知能力较弱,只能在结构化环境中执行各类确定性任务。因此,可以实现机器人与环境的共融、机器人与人之间的协同、机器人与机器人之间的共融,自主适应复杂动态环境并协同作业的"共融机器人"应运而生。传统工业机器人通过与机器视觉、力觉、触觉等传感器的协同应用,向着智能化和"人机共融"的方向迈进。

集成设计技术、运动管理控制技术、传感器感知技术等关键技术的不断突破,以及人工智能、5G等新一代信息技术融合应用的持续深入,使得特种机器人加速应用于煤矿、深海、极地等场景,并释放出巨大的生产和科研价值。随着语音识别、机器视觉、自主导航、人机交互等智能技术的发展,传统机器人行业快速进入智能化转型期。2020年,中国智能机器人市场规模达到168亿元,尽管整体经济形势相对低迷,受疫情等外生因素影响的机器人行业仍然表现出较为强劲的增长力。2021年智能机器人市场规模已突破250亿元。艾瑞咨询预测,2025年中国智能机器人市场规模接近千亿元。[1]由此可见,随着机器视觉、智能传感、云计算等技术的发展,以及与机器人技术的结合,新兴技术融合机器人将成为机器人未来的发展方向。

(苑新,河北传媒学院)

---

[1] 艾瑞咨询:《2022年中国智能机器人行业研究报告》,2022年11月。

第三章 机器人产业技术发展概况

机器人技术是由综合计算机、控制论、机构学、信息和传感技术、人工智能、仿生学等多学科形成的高新技术,是当代研究活跃且应用广泛的领域。全球机器人产业顺应时代发展方向,坚持不懈地攻克核心技术,实现技术突破。技术的飞速发展使得机器人技术的应用领域日益扩大,呈现出多样化和智能化的发展趋势。

第一节 机器人产业技术发展历程

机器人是综合人的特长和机器特长的一种拟人的电子机械装置,拥有对环境的快速反应和分析判断能力,可长时间持续工作,且精确度高,抗恶劣环境能力强。从某种意义上来说,机器人既是机器进化的产物,是工业以及非产业界的重要生产和服务性设备,也是先进制造技术领域不可缺少的自动化设备。

1920年,捷克斯洛伐克作家卡雷尔·恰佩克在科幻小说《罗萨姆的机器人万能公司》中创造出"机器人"一词。1939年,美国纽约世博会上展出了西屋电气公司制造的家用机器人 Elektro。1942 年,美国科幻巨匠阿西莫夫提出了"机器人三定律",这个定律后来成为学术界默认的研发原则。目前"机器人三定律"已经衍生为"机器人五定律"。现代意义上的机器人出现于 20 世纪中期,当时数字计算机已经出现,电子技术有了长足的发展,在产业领域出现了受计算机控制的可编程的数控机床,与机器人技术相关的控制技术和零部件加工技术也有了扎实的基础。另外,人类需要开发自动机械,用来替代人类在一些恶劣环境中的作业。正是在这样的复杂背景下,机器人技术的研究与应用得到了快速发展。[①]

一、机器人各时期技术发展历程

作为高新技术,机器人的技术发展历程反映出国家社会需求、技术积累和企业创新之间的关系,各时期的机器人技术发展与产业政策密不可分。

(一)机器人的诞生

世界上第一台工业机器人诞生于美国。经过多年的发展,美国现已成为世界机器人强国之一,美国的机器人产业基础雄厚且技术先进。美国机器人的发展道路是曲折的。1954 年,美国人戴沃尔制造出世界上第一台可编程的机械手,并注册了专利。这种机械手能按照不同的程序从事不同的工作,因此具备通用性和灵活性。1959 年,戴沃尔与美国发明家英格伯格联手制造出第一台工业机器人。该机器人重达 2000kg,由磁鼓上的程序控制,使用了液压执行器,并在关节坐标系中进行了编程,即在教学阶段存储了各个关节的

[①]《一文带你看懂机器人技术的发展史》,2022 年 10 月 16 日, https://mp.weixin.qq.com/s?__biz=MzIwNzg5MzY0NA==&mid=2247513249&idx=1&sn=06ada587bd6177a1e653f8c92275d012&chksm=97099142a07e1854073329c81ce14ad552e835540cf985e9f07d70bf93a03fd95c248121ba85&scene=27。

角度，并在操作中进行了回放。英格伯格成立了世界上第一家机器人制造公司 Unimation。由于他对工业机器人研发和宣传富有成效，因此被称为"工业机器人之父"。

（二）20世纪60年代机器人技术的发展

随着工业自动化技术和传感技术的不断发展，工业机器人在20世纪60年代进入成长期，并逐渐被应用于喷涂和焊接作业中，开始向实用化的方向迈进。1962年，美国 AMF 公司生产出万能搬运机器人 Verstran，与 Unimation 公司生产的机器人 Unimate 一样，成为真正商业化的工业机器人。该机器被出口到世界各国，掀起了全世界对机器人研究的热潮。1967年，日本率先引进美国的工业机器人技术，日本川崎重工公司和丰田公司分别从美国购买了工业机器人 Unimate 和 Verstran 的生产许可证，日本从此开始了对机器人的研究和制造。1967年，英国 Hall Automation 公司研制出自己的机器人 RAMP。1968年，美国斯坦福研究所公布了已研发成功的机器人 Shakey。Shakey 带有视觉传感功能，能根据人的指令发现并抓取积木，控制它的计算机有一间房间那么大。Shakey 被称为世界上第一台智能机器人，拉开了第三代机器人研发的序幕。苏联从理论和实践上探讨机器人技术，并于1968年成功试制出一台深水作业机器人。20世纪60年代后期，喷漆弧焊机器人问世，并逐步应用于工业生产中。1969年，日本早稻田大学的加藤一郎实验室研发出世界第一台以双脚走路的机器人。加藤一郎长期致力于研究仿人机器人，被誉为"仿人机器人之父"。日本专家一向以研发仿人机器人和娱乐机器人见长，后来进一步催生出本田公司的 ASIMO 机器人和索尼公司的 QRIO 机器人。①

---

① 《一文带你看懂机器人技术的发展史》，2022 年 10 月 16 日，https://mp.weixin.qq.com/s?__biz=MzIwNzg5MzY0NA==&mid=2247513249&idx=1&sn=06ada587bd6177a1e653f8c92275d012&chksm=97099142a07e1854073329c81ce14ad552e835540cf985e9f07d70bf93a03fd95c248121ba85&scene=27。

（三）20世纪70年代机器人技术的发展

苏联在1971年研制出工厂用的万能机器人。1973年，机器人和小型计算机第一次携手，研制出美国Cincinnati Milacron公司的机器人T3，即"明天工具"。1973年，日本日立公司开发了用于混凝土桩杆工作的自动锚固机器人，这是第一台带有用于移动物体的动态视觉传感器的工业机器人，该机器人可以在移动模具时识别模具上的螺栓，并与模具运动同步，进行紧固和松开螺栓。1974年，川崎公司基于Unimate的设计，创建了弧焊机器人，用于制造摩托车车架；同年，日本日立公司开发了一台精密插入控制机器人"HI-T-HAND Expert"，该机器人具有灵活的腕部结构和力反馈控制系统。1979年，日本山梨大学的牧野洋发明了平面关节型SCARA机器人，该机器人在此后的装配作业中得到了广泛应用。1979年，美国Unimation公司推出了通用工业机器人PUMA，这标志着工业机器人技术已经完全成熟。PUMA至今仍工作在生产一线，许多机器人技术的研究都以该机器人为基础模型。

（四）20世纪80年代机器人技术的发展

1980年，工业机器人在日本开始普及，随后得到巨大发展，日本也因此赢得了"机器人王国"的美称。1984年，英格伯格再次推出了机器人Helpmate，这种机器人能在医院里为患者送饭、送药、送邮件。同年，英格伯格还预言，机器人能具备擦地板、做饭、洗车、检查安全的功能。我国机器人技术起步较晚。1987年北京首届国际机器人展览会上，我国展出了10余台自行研制或仿制的工业机器人。

（五）20世纪90年代至今机器人技术的发展

20世纪90年代是机器人的普及时代，各类不同功能、不同作用的机器人开始大量应用于电子、汽车、服务等领域。为了满足人们的个性化需求，工业机器人生产日益趋于多品种、多批次、小批量。市场的巨大需求量在很大程度上刺激了机器人的加工和生产，并为机器人制造业带来了巨额的经济效益，使其能够将更多资金投入新技术的研发和现有技术的完善中，为机器人行业的进一步发展打下了坚实的基础。20世纪90年代，我国机器人的商品化基本实现，一批具有自主知识产权的点焊、弧焊、装配等机器人产品相继问世。1996年，日本本田公司推出仿人型机器人P2，使双足行走机器人的研究达到了一个新的水平。随后，许多国际著名企业争相研制代表自己公司形象的仿人型机器人，以展示公司的科研实力。1998年，丹麦乐高公司推出机器人Mindstorms套件，让机器人制造变得跟搭积木一样，既相对简单又能任意拼装，使机器人开始走入个人世界。1999年，日本索尼公司推出机器人ALBO，随即销售一空，从此娱乐机器人开始进入普通家庭。进入20世纪90年代后，在计算机技术、网络技术等新技术发展的推动下，机器人技术从传统的工业制造领域向医疗服务、教育娱乐等领域迅速扩展。2002年，美国iRobot公司推出吸尘器机器人Roomba，它是目前世界上销量最大、商业化最成功的家用机器人。2006年，美国微软公司推出Microsoft Robotics Studio平台，从此，机器人模块化、平台统一化的趋势越来越明显。进入21世纪后，我国机器人技术及产业得到迅猛发展。"十五"期间，国家对机器人发展做出了战略调整，从单纯的机器人技术研发向机器技术与自动化工业装备发展；"十一五"期间重点开展了机器人共性技术的研究；"十二五"期间，将发展重点放在促进机器人产业链的逐步形成上；"十三五"期间，主要是加强顶层设计。《中国制造2025》把机器人作为重点发展领域，并专门出台《机器人产业发展规划（2016—2020年）》，机器人技术的发展成为实现《中国制造2025》的关键。2015年在北京举办的首届世界机器人大会，大大提升了我国机器人产业的国际影响力。当前我国机器人核心技术仍受制于人，相关产品的质量、性能、可靠性等方面也与国外产品有较大差距，总体技术水平仍处于前沿跟踪阶段，仅在部分特种机器人领域实现了与国际并跑。

二、机器人产业相关技术发展历程

机器人产业相关技术众多,其中核心零部件、感知技术和交互技术等都经历了长时间的发展。随着技术的不断更新与发展,机器人的性能实现了巨大进步。

(一)核心零部件技术发展历程

机器人核心零部件主要包括减速器、伺服系统、控制器。在机器人的核心零部件中,减速器尤为重要。应用最多的减速器为 RV 减速器与谐波减速器。1926 年,德国人劳伦兹·勃朗创造性地提出 RV 减速机原理,并于 1931 年在德国慕尼黑创建了赛古乐股份有限公司,最先开始了摆线减速器的制造和销售。1939 年,日本住友公司和赛古乐公司签订了技术合作协议,并进行生产销售。1944 年,日本帝人精机公司成立,这个未来的 RV 减速器霸主在飞机制造、纺织机械、机床等多个行业硕果累累。1950—1960 年,摆线磨床的出现解决了摆线齿形精度不高的难题,使摆线传动得到了进一步发展。1956年,日本纳博特斯克公司发售了全球第一个自动门,在市场上崭露头角。1980 年左右,日本帝人精机公司提出 RV 传动理论,并将其应用于机器人行业。1986 年,日本帝人精机公司的 RV 减速器正式开始大规模生产,并在市场上取得成功。

2003 年,帝人精机和纳博特斯克合并组成纳博特斯克(Nabtesco)公司,并取得快速发展,现在已成为 RV 减速器行业的领头羊,占据了 60% 以上的市场份额。谐波减速器也同样经历了漫长的发展。20 世纪 50 年代中期,随着全球科学技术的发展,美国人马瑟在薄壳弹性变形理论的基础上应用金属的挠性和弹性力学原理,发明出一种新型谐波传动技术。这项新型技术一经出现便引起了各国的重视。1970 年,该技术被引入日本,随之诞生了日本第一家整体运动控制的领军企业 Harmonic Drive Systems Inc.（简称 HDSI）。HDSI 公司生产的 Harmonic Drive 谐波减速器，具有轻量、小型、传动效率高、减速范围广、精度高等特点，被广泛应用于各种传动系统中。近年来，中国工业机器人产业进入新的历史机遇期，以 ABB、KUKA、安川、发那科为代表的国际机器人企业纷纷进入中国，在中国设立工厂，抢占市场份额。据国际机器人联合会统计，2012 年中国共进口工业机器人约 2.2 万台，是全球增长最快的工业机器人市场。HDSI 公司的谐波减速器是小型工业机器人（20kg 以下）或者关节臂不可取代的部件，这为其拓展中国市场带来了新的契机。[①]

控制器是机器人的核心。在最早的时候，机器人以机械结构为控制手段，以基地式仪表、水库水位测量等为代表，如果实际转速降到期望值以下，调速器的离心力下降，控制阀会上升，进入蒸汽量增加，蒸汽机转速随之增大，从而达到控制转速的目的。以继电器和调节器控制技术为代表，机器人发展出了模拟控制技术，以电气元件、气动元件、液压元件等为主要执行机构，依靠继电器与主开关进行控制。可编程逻辑控制器 PLC 是在继电器的基础上发展起来的，并迅速简化了电气连接，丰富了控制手段。20 世纪 70 年代后，随着计算机的发展，采用单一计算机控制整个工业系统（即直接数字控制）的是第三代控制系统，主要技术包括用于流程工业的集散控制系统、用于离散工业的可编程控制器、现场总线控制系统等。[②]

（二）感知技术发展历程

传感器技术是机器人控制、交互和智能化的前提，是机器人感知环境和完成任务的基础。机器人传感器作为模仿人类感知功能的核心基础元件，一

---

① 《工业机器人谐波减速器的发展与应用》，2021 年 9 月 24 日，https://mp.weixin.qq.com/s/8zL00JQZk19KfhDv0a1stA。

② 《机器人硬件之控制器概述》，2022 年 4 月 7 日，https://mp.weixin.qq.com/s/7aQ3XD5JTlt20oJ4dA-Pfg。

般可以分为视觉传感器、听觉传感器、力觉传感器、触觉传感器等。机器人触觉传感器的研究始于20世纪70年代,随着机器人技术的发展而发展。其近50年的发展历程可分为3个阶段。首先,20世纪20年代,机器人技术的研究已成为热点,但关于触觉传感器技术的研究才开始,当时对触觉传感器的研究仅限于机器人与对象接触压力大小的检测、接触形状的识别。其次,20世纪80—90年代是机器人触觉传感器技术的快速发展期,研究界提出了基于电阻式、电容式、压电式等工作原理的触觉测量方法,并开始研究可对接触目标进行多种参数测量的触觉阵列。这一阶段主要是面向工业机器人和智能机器人的应用,研制基于各种原理的触觉传感器装置,最活跃的研究依然是新型触觉传感器的结构设计。最后,2000年至今,随着MEMS技术、新材料和新工艺的发展,触觉传感器开始向柔性化、轻量化、高阵列、高灵敏度的方向发展。特别是随着触觉传感器从传统机器人领域应用到康复、假肢、人机交互、消费电子学等领域,以柔性化、轻量化、可扩展、多功能的电子触觉皮肤为代表的新型柔性触觉传感器的研究成为当前的研究热点。①

　　人工智能赋予机器人思考问题的能力,使得机器人能够独立思考和学习,从而完成工作。在1956年的达特茅斯学院会议上,"人工智能"这个词正式面世,科学家也是从这个时候开始真正踏上智能研究的道路,相继取得了一批令人瞩目的研究成果,如机器定理证明、跳棋程序等,掀起了人工智能发展的第一个高潮。20世纪60—70年代初期,人工智能发展初期的突破性进展大大提升了人们对人工智能的期望,人们开始尝试更具挑战性的任务,并提出了一些不切实际的研发目标。随后,接二连三的失败和预期目标的落空,使人工智能的发展走入低谷。20世纪70年代出现了专家系统,该系统可模拟人类专家的知识和经验,解决特定领域的问题,实现了人工智能从理论

---

① 《机器人触觉传感器发展概述》,2021年3月10日,https://mp.weixin.qq.com/s/QQq8Abv6WRipB1Me_K2iZQ。

研究走向实际应用，从一般推理策略探讨转向运用专门知识的重大突破。专家系统在医疗、化学、地质等领域取得的成功，推动人工智能走向应用发展的新高潮。20世纪80年代中期至90年代中期，随着人工智能应用规模的不断扩大，专家系统存在的应用领域狭窄、常识性知识缺乏、知识获取困难等问题逐渐暴露出来。20世纪90年代中期，网络技术（特别是互联网技术）的发展加速了人工智能的创新研究，促使人工智能技术进一步走向实用化。2011年至今，随着大数据、云计算、互联网、物联网等信息技术的发展，以深度神经网络为代表的人工智能技术飞速发展，诸如图像分类、语音识别、知识问答、人机对弈、无人驾驶等人工智能实现了技术突破，迎来了爆发式增长的新高潮。

（三）交互技术发展历程

人机交互技术进一步提高了人与机器的沟通效率，并且给人类生活带来了极大的便利。人机交互技术最开始是简单的人机交互。由于受到制造技术、成本等限制，早期的人机交互在设计上较少考虑人的因素，强调输入输出信息的精确性，使用过程不够自然和高效。计算机的主要使用者可采用处理作业语言或交互命令语言的方式和计算机打交道，这就需要使用者熟练记忆许多命令。图形用户界面的出现使不懂计算机的普通用户也可以很快上手，用户人群得到进一步扩大。图形用户界面具有简明易学的特点，减少了敲键盘的动作，实现了"事实上的标准化"。随着网络的普及和无线通信技术的发展，人机交互领域同时面临着巨大的挑战和机遇，传统的图形界面交互已经产生了本质的变化，用户的需求不再局限于界面美学形式的创新，而更多希望设计出使用更便捷、更符合使用习惯，又更美观的操作界面。在与机器人交流时，利用人的多种感觉通道和动作通道（如语音、手写、姿势、视线、表情等输入），将人们从传统交互方式的束缚中解脱出来，使人们进入自然和谐的人机交互时期。

（四）芯片技术发展历程

机器人是芯片技术研究的载体，芯片是机器人功能实现的保障。机器人核心芯片是一种专门用于实现感知、控制、导航、决策、规划等机器人计算功能的高性能处理器，是机器人在复杂环境完成各类作业任务的关键。芯片技术加速了机器人的创新升级和市场发展，是人类智慧长期积累的结果。为了满足实际的应用需求，需要不断对芯片进行技术攻关和技术创新。1833—1947年是芯片技术的萌芽期，在此期间，晶体管问世；1947—1971年是芯片技术的初创期，这期间推出了微处理器i4004；1971—2007年是桌面互联网推动芯片技术发展的成长期，这期间苹果公司推出了iPhone；2007年至今是移动互联网推动芯片技术发展的成熟期，在这期间，新技术层出不穷。2000年以来，物联网、5G通信和人工智能为芯片技术注入了新动能，应用、创新和竞争是芯片技术发展的不竭动力。芯片与底层智能平台已成为提升机器人价值的关键环节，全球各半导体企业正在通过构建更高性能的机器人底层软硬件平台，为机器人行业带来新变革。[①]

（五）操作系统技术发展历程

机器人操作系统是一个机器人软件平台，它能为异质计算机集群提供类似操作系统的功能。全球主流的机器人操作系统为Robot Operating System（ROS）。ROS与Windows和Linux等操作系统不同，它实际上是一套软件库和工具，可以帮助用户快速建立机器人应用程序。在软件层面上，ROS是一种介于底层操作系统（如Linux）和上层业务应用软件（如OpenCV）之间的中间件。ROS有ROS1和ROS2两个大分支，一般ROS都指ROS1。

---

① 《图说芯片技术60多年的发展史》，2021年8月14日，https://mp.weixin.qq.com/s/FdqQn35BAam63At__eY7rg。

ROS 由来已久,在其进化过程中发现,已有架构必须革新才能满足更多需求,于是就开辟了 ROS2,并把之前的版本统称为 ROS1。ROS 系统最早起源于 2007 年斯坦福大学人工智能实验室的 STAIR 项目与机器人技术公司 Willow Garage 的个人机器人项目之间的合作。2008 年之后,由 Willow Garage 公司推动发展。2008—2013 年,ROS 主要由 Willow Garage 公司管理维护,并由众多高校及科研机构联合开发及维护,这种联合开发模式也为 ROS 系统生态的构建与壮大带来有力的促进力量。2013 年,Willow Garage 公司被 Suitable Technologies 公司收购,此前几个月,ROS 的开发和维护管理工作被移交给了新成立的开源基金会。随着 ROS 操作系统的优化和丰富,对 ROS 的要求也越来越多,一些原始架构和设计已经不能满足当下需求,于是催生了 ROS2。经历几个测试版本后,2017 年,ROS2 正式发布了 Ardent Apalone 版本。目前,ROS 已经被广泛应用于多种类型的机器人。

第二节　机器人产业核心技术分析

随着互联网、计算机技术的不断发展,机器人从机械自动化发展到了人工智能化,未来将融合 5G、云计算等技术向自主服务化发展。机器人产业中的减速器、伺服系统、控制器、传感器、芯片等核心硬件技术,以及人工智能机器视觉、交互、系统应用等软件技术,决定着机器人产业发展的规模和速度。

一、核心硬件技术

核心硬件技术是机器人产业的核心竞争力,是机器人价值最大的部分。减速器、伺服系统、控制器组成核心零部件,是机器人的重要组成部分。传感器技术使得机器人能够精确感知,芯片则负责机器人作业的数据计算和指令下达(见图3-1)。

```
┌─────────────────────────────┐   ┌──────────────┐   ┌──────────────┐
│        核心零部件            │   │   传感器     │   │     芯片     │
│                             │   │              │   │              │
│ 减速器:精确控制机器人动作,传 │   │ 提供感知,赋 │   │ 数据计算和   │
│   输力矩                    │   │ 予机器人行动 │   │ 指令下达     │
│ 控制器:传递动作指令,控制机器 │   │ 和思维能力   │   │              │
│   人行动                    │   │              │   │              │
│ 伺服系统:驱动机器人关节,控制 │   │              │   │              │
│   速度和转矩                │   │              │   │              │
└─────────────────────────────┘   └──────────────┘   └──────────────┘
```

图3-1　机器人核心硬件技术

(一)传感器技术

机器人是指在传感器、执行器和信息处理的基础上实现与物理世界交互的装置。机器人的传感系统包括视觉系统、听觉系统、触觉系统、嗅觉系统、味觉系统等。这些传感系统由一系列对图像、光线、声音、压力、气味、味道敏感的交换器及传感器组成。

借助集成的传感器,机器人可以感知物理或化学影响,并将其转化为脉冲。机器人还可以通过传感器识别环境中的其他重要因素,如温度、运动、压力、光线、湿度等。内部传感器提供有关速度或负载状态的信息;外部传感器有助于交互和导航。力/扭矩传感器是最常用的传感器类型之一,可以记录力和扭矩;数字信号处理器用于在变形情况下捕获和过滤传感器数据,计算测得的数据并通过通信接口发送;电感式传感器也被称为接近式传感器,在不接触的情况下会识别出在其测量范围内的金属部件,适用于无磨损记录;电容传感器由彼此分离的两个金属部件组成,可以识别金属和非金属材料,通过电容器容量的变化实现非接触式测量;磁性传感器用于非接触式精确位置检测,甚至可以通过不锈钢、塑料和木质结构识别磁体;触觉传感器能感知物体的机械触摸,并获得随后发送的信号,一个抓手可以通过触觉传感器来确定一个物体的形状和位置，即使传感器还不能与人类感官相匹配，但创新的触觉传感器也能模仿人类指尖的机械特性和触觉感受。这使得机器人可以根据物体状况自动调整抓握强度，尤其在人机交互中，这更是一个重要特性。在机器人技术中，光学或视觉传感器的任务是从图像或图像序列中获取、分析这些信息，并在分析的基础上采取行动或做出反应。光学传感器在机器人导航及环境定位中起着重要作用。①

传感器技术是影响机器人环境感知技术模块发展进程的核心因素，系统内的单个传感器通常仅能获得环境的信息段或测量对象物的部分信息。而机器人为整合多渠道数据信息并处理复杂情况，需从视觉、触觉、听觉等多角度配置相应的传感器来采集环境信息，因此，传感器种类繁杂、成本高但使用率低。受技术限制，目前市场上大多数机器人的服务功能缺乏复合性，感知技术的逻辑性较弱，因此，行业需加强对融合型感知技术的应用研究。

（二）芯片技术

机器人在定位导航、视觉识别、处理传输、规划执行等环节都需要用到不同类型的芯片，因此，芯片对机器人来说有至关重要的作用。一般在机器人中，几个支持芯片会将接口集合起来，再统一连接到微处理器上，这些支持芯片能够实现对信号的预处理，从而减少控制中枢的工作负载量，实现机器人的快速反应。从应用范围看，机器人所应用的芯片可分为通用芯片和专用芯片两类。对通用芯片和专用芯片的探索研发具有重要意义。

不同应用场景的机器人，其芯片选型和方案千差万别。在主控芯片上，有传统厂商、AI芯片Fabless、终端自研等各种模式。小型的服务机器人对主控芯片的要求不高，更看重主控芯片的成本与功耗；传统的码垛、上下料机

---

① 《工业机器人的触觉传感器有哪些作用》，2021年12月14日，https://baijiahao.baidu. com/s?id=1719109662467359584&wfr=spider&for=pc。

器人则相当依赖于MCU提供的精准的电机控制；更智能的机器人则需要主控芯片兼顾算力要求与拓展性要求。中国的通用芯片技术发展水平与外国相比，仍然有很长的路要走，短期内无法完全扭转落后局面；而在人工智能芯片领域，中国走在世界前列，有望通过现有的技术优势提升国际影响力，成为生态建设中的重要一环。

二、机器人软件技术

机器人软件技术能够把机器人与环境、第三方设备等有机整合在一起，使得机器人能够在具体场景下落地应用，见图3-2。[①]

| 人工智能机器视觉技术 | 人机交互技术 | 系统与应用技术 |
| 全面感知，物体识别 | 能听会说，自然交互 | 开源系统可自主开发 |

图3-2　机器人软件技术

（一）人工智能机器视觉技术

人工智能技术是机器人获得实质性发展的重要引擎，已经在深度学习、自然语言理解、知识图谱、VR、场景识别、情感识别、推理认知等方面取得了明显进步，目前正在从感知智能向认知智能加速迈进。例如，Facebook人工智能研究团队与卡内基梅隆大学计算机科学学院、加利福尼亚大学伯克利分校合作，基于深度学习系统，通过算法训练机器人实时适应不同的行走条件，这就使机器人像生物一样靠肢体感知世界，并靠大脑做出及时应变。如汉森机器人公司研发的人形机器人Sophia具有教学、娱乐等服务功能，并可以学习如何与人类进行交谈。

---

① 36氪研究院：《2021年中国机器人行业研究报告》，2022年2月9日。

随着机器视觉技术的发展与成熟，机器人对于复杂外界环境的感知能力大幅提升，处理实际问题的自主性、稳定性、可靠性大幅提高。机器视觉技术不仅大幅提高了工业生产中的柔性和自动化程度，还保证和提高了生产质量，在测量、引导、检测等场景中具有极高的应用价值。例如，中科新松将机器视觉与协作机器人相结合，用深度学习算法对多传感器收集到的信息进行有效处理和融合，为协作机器人作业提供了稳定持续的 3D 视觉柔性化定位。如在鞋底涂胶的应用场景中，该技术保证能够精准地提取不同鞋型的边缘轮廓，可以生产不同鞋型降低了生产成本。

智能化以及拟人化作业也是现阶段工业机器人的主要发展方向。人工智能是先进科技的代表，开发和拓展人工智能是非常重要的技术领域。整体上看，科学家并没有全面掌握人脑运行的具体机制，所以人工智能还在不断完善及更新中，以期逐渐实现在工业机器人中更高水平的应用。

（二）人机交互技术

人机交互技术是借助计算机外接硬件设备，以有效的方式实现人与计算机对话的技术。在人机交互中，人通过输入设备给机器输入相关信号，这些信号包括语音、文本、图像、触控等一种或多种模态。机器通过输出或显示设备给人提供相关反馈信号。服务机器人的人机交互，就是使用人机交互技术，通过屏幕、语音、手势视觉、Web 后台等一系列方式，控制机器人按照用户意图执行任务。一个完善的机器人系统需要友好的人机交互技术做支撑，功能齐全的人机交互系统能极大提升机器人的使用体验，从而吸引更多用户来使用。[①]

以语音识别、自然语言处理、语音合成为主要技术构成模块的语音交互

---

① 《服务机器人核心技术之人机交互技术》，2021 年 8 月 13 日，https://cloud.tencent.com/developer/article/1861006。

技术发展较为成熟。基于语音的人机交互技术是当前人机交互技术中最重要的表现形式之一。它以语音为主要信息载体,使机器具有像人一样的"能听会说,自然交互,有问必答"的能力,其主要优势在于使用门槛低、信息传递效率高,且能够解放双手双眼。目前国内的头部技术供应商均拥有自主核心技术,专注于智能语音技术、输出语音识别等应用。目前,行业整体语音识别成功率已达较高水平,但在具体落地时,仍然会存在诸如语音交互效果受周围环境影响较大、沟通方式不够人性化等问题。因此,仍需在场景应用层面继续改善相关技术。

体感交互应具备合理性、简洁性、准确性和即时性特征,未来机器人有望成为高层次体感交互的载体。体感交互能直接通过对人姿势的识别来完成人与机器的互动。体感交互要通过摄像系统模拟建立三维空间,同时感应出人与设备之间的距离与物体大小。这种区别于传统鼠标、键盘的多点触摸式交互方式,是由即时动态捕捉、图像识别、语音识别、VR 等技术融合衍生出的交互方式。交互形式的合理性、交互行为的简洁性、交互意图的准确性以及交互反馈的即时性是发展体感交互技术过程中的四大重要因素。体感交互技术早期以图像识别设备为实现载体,但随着体感交互技术的发展逐渐成熟,肢体动作也成为一种输入形式,使得便捷性大大增强。语音、图像和触感等各类输入输出形式的结合,使得机器人有望成为高层次的体感交互载体。[①]

(三)系统与应用技术

机器人操作系统是用于机器人的一种开源操作系统或次级操作系统,是为机器人标准化设计而构造的软件平台,能提供一系列用于获取、建立、编写和运行多机整合的工具及程序。它能够有效地提高机器人研发代码的

---

① 《商用服务机器人:需求拐点＋技术拐点,中国本土企业蓄势而发》,2022 年 1 月 7 日,
https://zhuanlan.zhihu.com/p/454433306。

复用率。当前全球主流的机器人操作系统为 Android 系统和 ROS 系统。Android 系统基于 Linux 内核，支持 Java 和 C++（NDK 层），适用于普通交互场景，由谷歌公司开发，占据智能手机和平板电脑的绝大部分市场份额，在机器人领域也有部分应用。ROS 系统基于 Linux 内核，支持多种语言，如 C++、python、Octave 和 LISP，甚至支持多种语言混合使用，适用于复杂算法的场景。ROS 系统诞生于斯坦福人工智能实验室，目前已包含超 2000 个机器人平台的常用软件包，广泛应用于诸多大学和研究机构中。[①]

机器人操作系统的发展并非一成不变，而是始终处于不断开发与完善之中。中国自研智能机器人操作系统目前还在发展当中，大部分公司是基于底层主流操作系统的开源架构做进一步开发，使其适合自身的个性化应用。未来，机器人操作系统的成熟程度不仅受硬件发展程度的制约，而且需要全球众多优秀开发者的参与。

第三节　机器人产业技术发展趋势

近年来，由于各类新技术的日趋成熟，以及使用场景的不断丰富，机器人技术进一步迭代升级。机器人化的生产装备和生活工具越来越普及，机器人向智能化演进。

一、核心零部件国产化程度进一步加强

当前，机器人核心零部件依然是国产机器人发展的瓶颈，实现核心零部

---

① 《服务机器人关键技术分析》，2022 年 1 月 14 日，https://www.bilibili.com/read/cv14838166/。

件国产化是中国机器人产业发展的关键所在。国内减速器研究起步较晚,在转速、传动精度、稳定性等方面与国外企业存在差距。近年来,国内企业加大研发力度,已实现谐波减速器等领域的国产替代。虽然伺服电机高端市场仍被国外企业占领,但国内技术和自主配套能力逐步提升,中小功率伺服电机已经实现国产化。国产控制器的硬件平台与国外产品差距不大,主要差距体现在软件的核心算法与二次开发上。目前国内主流厂商相继展开控制系统的独立研发,致力于实现控制系统的自主可控。[①]

二、多传感器融合,2D 成像向 3D 视觉感知升级

根据"智能化、集成化、高性能"一系列市场需求的指引,感知技术将长期处于多技术融合探索的发展阶段。多传感器数据融合可类比为人脑将各功能器官探测到的信息进行综合处理,从而对所处环境和事态做出判断的过程。

3D 视觉感知技术充分弥补了 2D 成像技术的缺陷,在同步提供 2D 图像的同时,还能够为 AI 算法及算力提供视场内物体的深度、形貌、位姿等 3D 信息。基于 3D 视觉感知技术研发出的 3D 视觉传感器可以采集人体、物体以及空间的 3D 信息,并配合 AI 算法,实现多种 2D 成像技术难以实现的功能,使得 AI 的相关应用(如生物识别、三维重建、骨架跟踪、AR 交互、数字孪生、自主定位导航等应用)有更好的体验。3D 视觉感知技术将成为促进人工智能更广泛应用的关键共性技术。[②]

[①] 工业和信息化部赛迪研究院,产业政策研究所(先进制造业研究中心):《机器人产业发展趋势展望》,2022 年 12 月 30 日。

[②] 《感知层四大发展趋势》,2022 年 5 月 19 日,https://baijiahao.baidu.com/s?id=1733247053073064153&wfr=spider&for=pc。

三、人机协作水平将不断提高

最近五年来，机器人行业将关注点放在了协作机器人上，机器人和人的协同工作成为重要趋势。人机协作机器人是一种能够与人类沟通、协作的机器人。与传统的机器人不同，它具有更好的语言交流能力、认知能力和学习能力，能够更好地理解人类的意图，并与人进行交互。人机协作机器人的使用为企业的生产布线和配置提供了更灵活的空间，提高了产品的产量。人机协作可以通过分工或人与机器的共同工作来实现。此外，智能制造的发展使得人与机器之间的关系发生更大的变化。人类与机器人必须能够相互理解、相互感知、相互帮助，能够进行密切协调、自然互动，以确保空间中的相互安全。[①]

目前，由于用人成本的不断增加，协作机器人行业技术变得更加成熟，应用场景也得到拓展，协作机器人被广泛应用于工业、医疗、物流、娱乐等各个领域。未来，随着人口出生率的连续下跌，人口红利的逐渐消失，中国社会人口老龄化程度日益加深，协作机器人技术在现有的基础上将不断发展，在中国占领更大的市场。随着人机协作水平的不断提升，机器人与人协作的效率优势将得到充分体现。因此，国内各大协作机器人厂商要抓住时机，研发更具场景普适性的协作机器人。

四、智能化水平不断提高

当前形势下，智能化已成为企业发展的重要目标之一，机器人技术也需

---

① 《机器人行业的未来是什么样？行业趋势分析》，2022 年 8 月 3 日，https://mp.weixin.qq.com/s/WPcuhPtYi8gOqOe--NbVmA。

要朝着智能化方向发展,这是未来机器人行业发展的主要趋势。智能化技术的应用可以使机器人的功能越发完善,执行能力得到增强。在智能化发展中,机器人需要具备一定的判断能力,能够独立解决简单的问题。同时,机器人需要具备基本思考能力。以往机器人都是在设定好的程序控制下进行工作,而应用智能化技术之后,机器人应具备对复杂情况进行思考并找到解决方法的能力,同时还需要具备在多个解决方案中找出最佳解决方案的能力,这是机器人深层智能化的体现。如果工业机器人能够达到深层次的智能化,将会获得更广泛的应用,就能够替代人工被应用到更多生产环节当中。

深度学习是当下的研究热点之一。面对日趋复杂的环境,基于深度学习的大数据分析技术可以有效解决高复杂度环境下产生的多维度问题。随着技术的不断进步,工业机器人与深度学习技术相结合,将极大提高工业机器人的智能化水平,使工业机器人能完成更高精度、更高效率的任务,且降低事故发生的可能性,实现人机共融、相互协作,共同完成作业任务。

五、人形机器人方向创新活跃

2022年,整个机器人行业一直非常关注人形机器人的发展,比如特斯拉的人形机器人"擎天柱"和小米的"铁大"。国家层面也很关注人形机器人的未来发展趋势和应用场景,以及人形机器人对先进制造业的拉动作用,希望人形机器人能够成为产业中异军突起的角色,同时推动机器人在各行各业落地。和其他机器人相比,人形机器人之所以有独特的价值,首先是因为它的外观像人类,这使得它在与人交互的时候具有得天独厚的优势,更容易被人接受,从而深入到人类生活的各个方面;其次,人形机器人可以适应我们的生活环境,双足行走的方式也适合在实际环境中工作,比如走楼梯、爬坡等。而我们生活中很多工具的操作,要通过灵巧的手来完成(比如开门、端茶送水等），人形机器人在这方面具有显而易见的优势。①

近年来，人形机器人领域的技术一直在快速发展，无论是它的运动速度还是适用场景，都有了较大进步。人形机器人不仅能在平面道路上行走，还能够爬楼梯、走斜坡，甚至能完成后空翻动作。可以说，人形机器人的运动控制能力有了很大程度的提升，这就为人形机器人深入到人类不同的生活场景提供了可能。人工智能技术的发展推动了人形机器人人机交互能力的提升，无论是语音交互还是视觉交互，对于生活场景中物品的识别，手眼协调技术的提升都会产生帮助。

（苑新，河北传媒学院）

---

① 《中国或成人形机器人最大应用市场》，2023 年 2 月 3 日，https://baijiahao.baidu.com/s?id =1756777123569975322&wfr=spider&for=pc。

第四章　机器人产业链与市场分类

随着机器人产业的快速发展，从原材料生产到产品应用，产业链已较为完整。上游为核心零部件（包括控制系统、伺服电机、精密减速器及传感器等）；中游为工业机器人本体制造（机器人的结构和功能设计及实现）、系统集成（按照客户需求，进行生产线的设计和组装）；下游为汽车、3C电子、家电制造等对自动化、智能化需求高的终端行业。本章以具备机器人最本质特点的工业机器人为主要研究对象，深入分析机器人的产业链与市场分类。

第一节　机器人产品形态、结构及成本构成

机器人产品存在的形态因应用领域不同而有所区别。本节以工业机器人产品为对象，主要分析机器人的产品形态、结构及成本构成。

一、本体产品形态

机器人产品发展日新月异，根据机器人的不同产品类型，在此列举几种

具有行业代表性的机器人类型，如机械臂、物流、清洁以及新零售机器人，并对它们做较为详细的介绍。

（一）机械臂

机械臂与人的手臂相似，是拟人手臂、手腕及手功能的机械电子装置，需要每个关节共同配合以完成任务。因为机械臂可以实现多自由度的操作，所以它在点焊、安全防爆及工业装配等领域应用广泛。

以思灵机器人品牌的机械臂产品为例，这是一种用于机械臂的末端连杆装置，包括末端连杆主体、握持部、按键部等部件。末端连杆主体设置在机械臂的输出端；握持部能够被握持；至少一个握持部形成在末端连杆主体上，且与末端连杆主体一体形成；按键部形成在握持部上，按键部能够被操作。机械臂结构如图4-1所示。

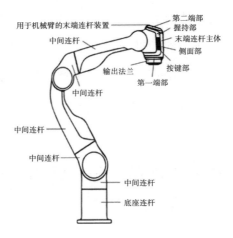

图4-1　机械臂结构示意图

（二）物流机器人

广义上的物流机器人包括仓储物流机器人、室外无人驾驶物流车、服务物流机器人等多种形式；狭义上的物流机器人是指在仓库内实现入库搬运、商品拣选等功能的机器人，包括自动引导运输车（AGV）、自主移动机器人

（AMR）等形式。

以知行机器人产品为例，在此介绍一种多功能取料机械手。它包括基座和安装于基座的取料机构，取料机构包括用于抓取环形物料的第一取料机构、用于抓取类托盘物料的第二取料机构和用于吸取薄板型物料的第三取料机构，一般至少配备两种。第一取料机构包括至少两个支撑板和能驱动支撑板并拢或撑开的支撑板驱动机构；第二取料机构包括抓手和能够驱动抓手靠近或远离的抓手驱动机构；第三取料机构包括用于吸取薄板型物料的吸盘和能够驱动吸盘动作的吸盘驱动机构。机械手结构如图4-2所示。

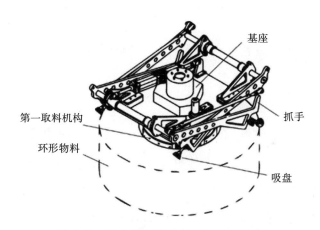

图4-2　多功能取料机械手结构示意图

（三）清洁机器人

清洁机器人既包括服务于酒店、商场等场所的公共服务机器人，也包括居家使用的个人/家用服务机器人。该类机器人主要从事卫生清洁、清洗等工作。以哇力机器人品牌推出的激光雷达清洁机器人为例，该产品的激光雷达包括固定端、转动端和驱动电机。其中固定端固定设于清洁机器人之上；转动端可相对于固定端转动，在转动端上设有激光TOF装置；驱动电机设于固定端上，驱动电机的输出轴与转动端固定连接，驱动电机用于驱动转动端，使它相对于固定端转动。清洁机器人结构如图4-3所示。

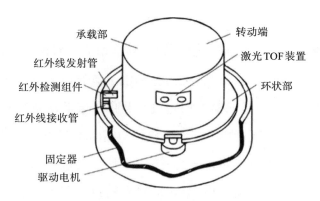

图 4-3 激光雷达清洁机器人结构示意图

（四）新零售机器人

当下兴起的新零售智能机器人,除了降低房租、占地、人力等成本外,还实现了多维度场景应用,尤其在新冠疫情期间,新零售机器人为无人化售卖提供了支持,符合时代的发展需求。

以玺农科技产品为例,在此介绍一种柜式的新零售机器人。这是一种烤串贩卖机器人,外形是一个长方体框架,设于长方体框架内的有冰箱、烤箱、油烟净化装置、撒料机构、餐盒处理装置、传动装置和触摸显示屏。冰箱、烤箱、传动装置、油烟净化装置分别与触摸显示屏连接;冰箱设于长方体框架的底部,烤箱设于长方体框架的顶部,撒料机构设于冰箱和烤箱之间,餐盒处理装置设于冰箱一侧,油烟净化装置的油烟入口与烤箱连通;传动装置设于远离冰箱前侧的长方体框架上,且传动装置能在冰箱、烤箱以及撒料机构之间移动。冰箱内的烤串通过传动装置实现烧烤、撒料、放餐操作。烤串贩卖机器人结构如图4-4所示。

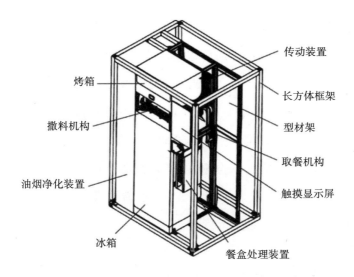

传动装置

烤箱

长方体框架

撒料机构

型材架

取餐机构

油烟净化装置

触摸显示屏

冰箱

餐盒处理装置

图4-4 烤串贩卖机器人结构示意图

二、机器人零部件与系统分析

减速器、伺服系统和控制器是机器人的核心零部件,核心零部件是整个机器人产业的核心壁垒。机器人传感器是将机器人对内外部环境感知的物理量变换为电量输出的装置,控制器通过传感器提供的信息,对速度、任务规划、路径规划等做出响应。机器人系统集成是通过计算机网络技术和结构化的综合布线系统,将分离的设备、功能和信息集成到相互关联、统一协调的系统之中,使资源能够充分共享,以便实现高效、集中、便利的管理。

(一)减速器

减速器是连接动力源和执行机构的中间机构,负责匹配转速和传递转矩,将伺服电机输出的高速运转动力转化为低转速、高转矩的运动。减速器将电机等高速运转的动力通过输入轴上的小齿轮,啮合输出轴上的大齿轮来达到减速的目的。减速器决定了工业机器人的精度和负载量。一般情况下,为了达到精准控制的目的,通常会在机器人关节处配备一个减速器。

按照不同的传动原理，减速器可分为 RV 减速器和谐波减速器。当前，谐波减速器已经实现了技术突破，可以自主生产，但是大部分处于生产技术不断成熟完善的阶段，很多产品仍依赖进口。MIR DATABANK 数据显示，目前全球约 75% 的精密减速器市场被日本的纳博特斯克和哈默纳科占领。其中，纳博特斯克生产 RV 减速器，约占全球 60% 的市场份额；哈默纳科生产谐波减速器，约占全球 15% 的市场份额。国产减速器企业中，南通振康、中大力德等 RV 减速器龙头企业，以及绿的谐波、来福谐波等谐波减速器优质厂商的生产技术不断成熟，加速赶超国际先进水平。

（二）伺服系统

伺服系统负责驱动机器人的运动，由伺服驱动器和伺服电机组成。其中，伺服驱动器负责位置、速度、转矩等各项控制；而伺服电机是伺服系统中控制机械元件运转的发动机，把收到的电信号转换成电动机轴上的转矩和转速，以驱动控制实现机器人精确、快速、稳定的位置移动。国产伺服厂商在产品性能、尺寸等指标上正在努力赶超国际先进水平；同时，国产伺服厂商拥有更低的销售价格，其性价比优势不断凸显。

（三）控制器

控制器作为机器人的心脏，负责规划机器人的运动方式，通过硬件和软件下达并传递指令，控制机器人的工作顺序、位置、运动速度、轨迹、时间间隔等，保证机器人系统正常运行，并达到所要求的技术指标。由于控制器成本较高，所以 ABB、KUKA、新松、新时达等国内外各大厂商的机器人控制器大都实现了自主研发。

（四）传感器

随着机器人应用的逐渐深入，智能化成为新趋势。机器人将传感器当作触角,开始拥有感知能力,走向与人"共鸣"的新阶段。机器人传感器可分为内部传感器与外部传感器。内部传感器用于测量机器人的本身状态,包括位置传感器、速度传感器、加速度传感器、力和压力传感器等;外部传感器用于测量与机器人作业有关的外部环境及状态,包括视觉传感器、触觉传感器、超声波传感器、红外传感器等。如应用较多的激光雷达传感器,它应用了主动式的现代光学检测技术,也是一种极为先进的环境感知传感器。

(五)集成系统

机器人零部件集成模块可分为六大系统,分别为机械系统、控制系统、驱动系统、感知系统、人机交互系统和环境交互系统(如图4-5所示)。

(1)机械系统,是机器人系统的基础,主要包含传动系统。

(2)控制系统,是机器人的"大脑和神经中枢",主要包括系统软件和应用软件,能控制机器人的自由度、精度、工作范围、速度、承载能力。

(3)驱动系统,是一种以机械位置或角度为控制对象的自动控制系统。

(4)感知系统,主要包括机器视觉。相比国外来说,国内在镜头、工业相机、视觉算法、软件平台方面有很大发展空间。

(5)人机交互系统,是操作人员与机器人进行交互的装置。

(6)环境交互系统,是现代工业机器人与外部环境中的设备互相联系和协调的系统。

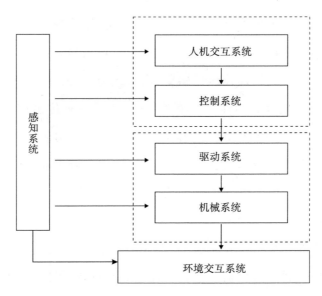

图4-5　机器人六大集成系统

三、机器人成本分析

各类机器人产品的成本构成是不同的。以市场份额较高的工业机器人为例，对机器人产品的核心成本构成进行简析。

作为制造业转型升级的重要助推器，机器人产品应用的研发水平、制造水平已成为衡量一个国家高端制造业水平的重要标志。从工业机器人的角度来说，减速器、伺服电机、控制器等核心零部件为其主要成本构成。通过对业内相关人士的访谈，我们了解到，作为工业机器人产业链中成本占比及附加价值最高的部分，减速器、伺服电机和控制器分别占工业机器人整机成本的35%、20%和15%，合计占比约70%（如图4-6所示）。随着国产品牌不断加大研发投入，国产产品在产品性能、尺寸等指标上正在努力赶超国际头部企业，高精度减速器、高性能伺服电机等核心零部件的国产替代进程不断提速。

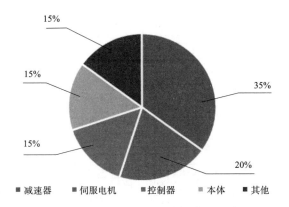

图4-6 我国工业机器人单体制造成本构成

资料来源：OFweek、行行查研究中心。

第二节 机器人产业链及发展现状

工业机器人的产业链上游为控制器、伺服系统、减速器、传感器等核心零部件生产，中游为工业机器人本体生产及基于终端行业特定需求的工业机器人系统集成，下游为汽车、3C电子、家电制造等对自动化、智能化需求高的终端行业。

我国的机器人产业链主要分为上游核心零部件研发与生产、中游本体制造和系统集成、下游各行各业的具体应用三方面。产业链构成如图4-7所示。

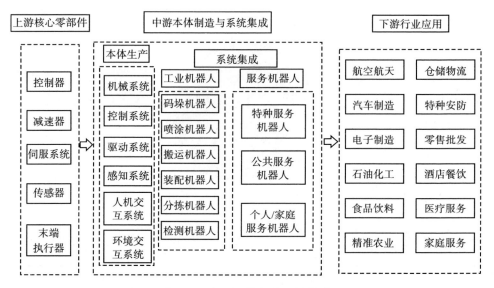

图4-7　我国机器人产业链构成

一、上游：核心零部件

机器人产业链上游主要包括各类核心零部件厂商，它们提供机器人生产中需要的核心组件和功能模块。

（一）减速器

减速器是由多个齿轮组成的传动零部件，通过改变电机转速、力矩和承载能力来精确控制机器人动作。减速器会配置多个机器人关节，传输更大的力矩，是机械设备传动系统的核心部件。减速器的主要构成部件有齿轮、箱体、轴承、法兰、输出轴等。减速器主要可分为应用于负载较大关节的RV减速器和应用于负载较小关节的谐波减速器。工业机器人三大零部件中，减速器具有高技术难度、高行业垄断的特点。

1.RV减速器

RV减速器的技术特点有：通过多级减速实现传动，零部件较多，结构比较复杂。由于RV减速器传动范围比较大、精度较为稳定、抗疲劳强度较高，并具有更高的刚性和扭矩承载能力，因此在机器人大臂、机座等重负载部位具有优势。但同时因为质量重、外形尺寸较大的特性，其无法向轻便、灵活的轻负载领域发展。目前，RV减速器主要应用的终端领域有汽车、运输等。

2.谐波减速器

谐波减速器主要由波发生器、柔轮、刚轮组成（如图4-8所示），依靠波发生器使柔轮产生可控变形，实现传动。谐波减速器具有单级传动比大、体积小、质量小、运动精度高等优点，并能在密闭空间和介质辐射的工况下正常工作等。与一般减速器相比，在输出力矩相同时，谐波减速器的体积可减少2/3，质量可减轻1/2。这使其在机器人小臂、腕部、手部等对轻便性、灵活度要求较高的部位上具有无可替代的优势。其缺点是弹性变形回差大，对机器人的动态特性影响大。

图4-8　谐波减速器

3.行星减速器

行星减速器可分为摆线针轮行星减速器和精密行星减速器。摆线针轮行星减速器有良好的动态性能和零间隙。其结构平稳，可以在多个场景下替代传统圆柱齿轮减速器，因此在石油、环保、化工、水泥、运输、纺织、制药、食品、印刷、起重、矿山、冶金、建筑、发电等行业被广泛使用。摆线针轮行星减速器如图4-9所示。

精密行星减速器有结构简单、精密度高（单级可做到1'以内）、单级传动效率高（97%—98%）、体积小、终身免维护等优点，它在机器人领域具有无可替代的地位。精密行星减速器主要用来降低转速、提升扭矩、匹配惯量，所以多数被安装在步进电机和伺服电机上。现在市场上的主流产品有德国的SEW、FLENDER，中国的瑞德森，日本的Sumitomo，瑞士的ABB，等等。

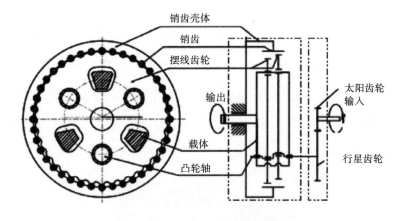

图4-9　摆线针轮行星减速器

减速器行业规模较大，但是市场集中度较低。从全球范围来看，欧洲和日本企业在规模及技术上占据优势。目前，日本的纳博特斯克（Nabtesco）和哈默纳科（Harmonic Drive）是减速器的主要供应商，约占全球市场75%的份额。国际主流机器人厂商〔如ABB、发那科（Fanuc）、库卡（Kuka）、安川等〕的减速器均由纳博特斯克和哈默纳科提供。

我国在中低端通用谐波减速器上已具备全球竞争力，如中技克美和苏州绿的减速器已经实现量产，且广泛应用于国产机器人领域，但是在高端减速器市场及技术壁垒较高的专用减速器市场，与国外仍有一定差距。精度高、承载强的RV减速器市场中，我国宁波中大力德、南通振康、浙江双环传动的减速器已实现量产，其输出扭矩与国际水平相当，但传动精度、刚度方面存在不足，工艺水平仍与国外产品有差距。

（二）伺服系统

伺服系统是由物体的位置、方位、状态等控制量组成的,能够跟随任意变化的输入目标或给定量的自动控制系统,主要包括驱动器和电机两部分。伺服系统可按照控制命令的要求,对功率进行放大、变换与调控等处理,通过驱动装置对电机输出力矩、速度和位置的控制量,最终形成的机械位移能准确地执行输入的指令要求。伺服驱动器通过速度环、位置环、电流环,分别对伺服电机的转速、位置、转矩进行相应控制,实现高精度的传动系统定位。伺服编码器是一种安装在伺服电机末端,用来测量转角及转速的传感器,目前自控领域常用的是光电编码器和磁电编码器。作为伺服系统的信号反馈装置,编码器在很大程度上决定了伺服系统的精度。伺服电机作为执行元件,作用是将伺服控制器的脉冲信号转化为电机转动的角位移和角速度。伺服电机主要由定子和转子构成。定子上有两个绕组:励磁绕组和控制绕组。转子是永磁铁或感应线圈,转子在由励磁绕组产生的旋转磁场作用下转动。

（三）控制器

控制器可以定义为“完成机器人控制功能的结构实现”。控制器主要负责发布和传递动作指令,控制工业机器人在工作空间中的运动位置、姿态和轨迹、操作顺序及动作时间等。控制器可分为硬件结构和软件结构。

硬件方面,目前市场已经研发了基于多CPU的分级分层控制系统。以典型的DSP控制器为例。该控制器采用模块化结构,以工业PC为系统的硬件平台,通过DSP控制卡实现对机器人多个自由度的操控,提高了机器人控制器的运动控制性能。

软件方面,分为上位机PC部分和下位机运动控制部分。其中,上位机模块的主要功能是对系统的可调参数进行设置,对机器人的正、逆运动学建模求解,并把运动控制卡与控制程序在逻辑上连接起来;下位机模块由主控程序、运动程序和通信程序构成,能实现高速伺服插补运算、伺服运动控制。

从成本角度看,控制器、伺服电机、减速器等零部件在工业机器人的成本中占比较大。从全球范围来看,我国机器人核心零部件研发及制造的技术水平仍处于劣势,多数产品依然以初级应用为主。随着近年来国产机器人自研水平的提升,国内本体制造和系统集成企业逐渐向上游零部件的产研方向发力,出现了一批具有较强核心竞争力的优秀本土企业,逐渐打破了外资企业垄断技术与产品的不利局面。

二、中游:本体制造和系统集成

产业链中游涵盖机器人本体制造商以及面向应用部署服务的系统集成商。其中,本体制造商在机器人本体结构设计和加工制造的基础上,通过集成上游零部件实现机器人整机的生产;系统集成商是连接生产企业和客户的桥梁,通过面向具体用户需求的定制化集成开发,实现机器人在特定场景中的实际部署。

(一)本体制造

工业机器人本体是工业机器人的机座和执行机构,即工业机器人的原样和自身,主要由传动部件、机身、行走机构、臂部、手部5个部分构成。工业机器人本体一般不能直接使用,需要系统集成商根据不同应用场景和用途进行二次开发后才能投入最终的工业生产中去。根据机械结构的不同,工业机器人本体可分为多关节机器人、水平多关节机器人、并联机器人、协作机器人、直角坐标机器人。工业机器人本体的分类介绍如下。

1.多关节机器人

多关节机器人类似于人的手臂。手臂通过扭转接头连接到底座。连接臂中连杆的旋转关节的数量可以从2个到10个不等,每个关节提供额外的自由度。其优点是灵活性高、自由度多、定位精度高、负载及臂展范围广,主要应用于焊接、装配、搬运、喷漆、涂层及固定等。

2.平面多关节机器人

平面多关节机器人专门从事横向运动,具有圆形工作范围,由2个平行关节组成,由旋转轴垂直定位,安装在手臂上的末端执行器水平移动。这种机器人操作简单、柔性高、安全性高、迁移性高、易部署,主要应用于装配、搬运、喷涂和焊接等场景。

3.并联机器人

并联机器人由和公共底座相连的平行关节连杆组成。末端执行器的定位可以通过其手臂轻松控制。并联机器人具有刚度大、结构稳定、速度高、动态响应好的优点,主要应用于码垛、上下料、分拣和包装等场景。

4.协作机器人

协作机器人采用"一体化关节(传动+传感+集成驱动器)+控制器"的设计架构,其概念本身高度模块化。协作机器人操作简单,具有柔性高、安全性高、迁移性强、易部署的优点,主要应用于焊接、精密装配、检测、上下料等。

5.直角坐标机器人

直角坐标机器人具有3个棱柱形关节,通过在3个垂直轴上滑动来提供线性运动。这种机器人结构简单、灵活、功能多、精度高,主要应用于搬运、码垛、上下料、分拣和焊接等。

(二)系统集成

工业机器人系统集成商负责将标准机器人(本体)变为应用机器人,应用于焊接、喷涂、上下料、搬运、机械加工等工业自动化领域。系统集成商需要根据终端客户面对复杂工业场景的具体需求,进行有针对性的产品设计和定制化开发,为客户提供可适应于各种不同应用领域的标准化、个性化成套装备。

三、下游：行业应用

机器人产业主要由不同领域的企业客户和个人消费者组成，共同形成巨大的机器人应用市场。其用户从传统工业企业向汽车制造、电子电器、金属、化工、食品等不同的领域快速渗透。

行业发展需求的不断提高，也对机器人形态、使用精度、效率、质量和可靠性提出了更高的要求。机器人的下游应用领域不断拓宽，劳动力密集型的3C行业成为机器人下游应用市场增长的大趋势。

第三节　机器人零部件产业市场

工业机器人产业链上游是减速器、伺服系统、控制器等机器人核心零部件，其技术壁垒较高，在机器人的成本结构中占比最大，约60%以上；中游是机器人本体制造和系统集成，是机器人的支撑基础和执行机构，属于重资产环节；下游是机器人的行业应用，主要是系统集成商根据机器人不同应用场景进行系统集成和软件二次开发，虽然下游比上游及中游的技术含量要低，但是随着应用场景的不断丰富，其收益率渐高，所以行业竞争日趋激烈。

在机器人产业链上游的三大核心零部件中，减速器、伺服系统、控制器的成本占比分别为30%—40%、20%—30%、10%—15%。三大核心零部件的技术突破对机器人产业发展至关重要。从目前市场情况看，我国在近几年出现了一批拥有自主研发能力的零部件企业，且部分产品已经实现了国产替代。

一、减速器市场

由于工业机器人行业稳定增长,智能制造产业升级推动应用场景不断拓展,作为机器人核心零部件的减速器发展需求旺盛。从全球市场格局来看,减速器技术壁垒高,日本的纳博特斯克和哈默纳科减速器约占全球市场份额的75%,是目前减速器的主要供应商。其中,日本纳博特斯克具备应用广泛的全系列产品。

(一)市场需求

工业机器人行业的需求大幅增长,存量替换需求同步提升,大部分减速器厂商均迎来业绩的增长。GGII 数据显示,2021 年中国工业机器人减速器总需求量为 93.13 万台,同比增长 78.10%。其中,增量需求量 82.41 万台,同比增长 95.05%;存量替换量为 10.72 万台,同比增长 6.77%。随着数字化进程的加快推进,"机器换人"将受益其中(如图 4-10 所示)。

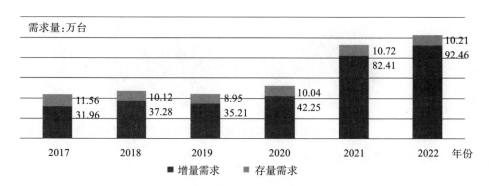

图 4-10 2017—2022 年中国工业机器人减速器需求量

数据来源:GGII、中商产业研究院。

（二）竞争格局

越来越多的企业进入减速器领域，国内生产工业机器人减速器的企业数量逐渐增多，且技术逐步提升，部分厂商已经实现技术量产并逐步推向市场。2021年，国产企业减速器领域市场份额略有提升，其中环动科技、绿的谐波、来福谐波、同川精密的市场份额提升明显，而日本纳博特斯克、哈默纳科的份额略有收缩。（图4-11、4-12）

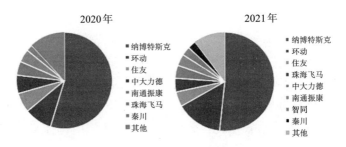

图4-11　2020—2021年中国机器人RV减速器与纳博特斯克RV减速器市场占比
数据来源：GGII、中商产业研究院。

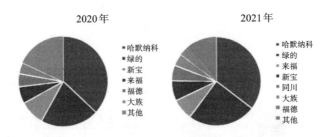

图4-12　2020—2021年中国机器人谐波减速器与哈默纳科谐波减速器市场占比
数据来源：GGII、中商产业研究院。

二、伺服系统市场

机器人伺服系统主要包括伺服电机、伺服驱动器、伺服编码器三部分。伺服系统的功能是对驱动机器人的关节、控制速度以及转矩进行精确、快速、稳定的位置控制。伺服系统,又称位置随动系统,是通过运用机电能量变换、驱动控制技术、检测技术、自动控制技术、计算机控制技术等,实现精准驱动与系统控制,从而实现执行机械对未知指令准确跟踪的控制系统;被广泛应用于航空航天、国防、工业自动化等自动控制领域。

数据显示,中国伺服系统市场规模由2017年的97亿元上升至2021年的224亿元。随着中国人口老龄化的进一步加剧,人口红利逐渐消退,人力成本逐年上升,因而传统工业尤其是制造业对自动化产线设备的需求量将始终保持增长态势。(图4-13)

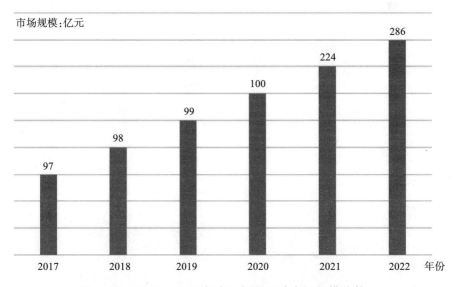

图4-13　2017—2022年中国伺服系统市场规模趋势

数据来源:中商产业研究院。

(一)伺服电机市场规模

由于高端机械设备都需要伺服电机,所以机器人伺服电机是整个伺服电机行业的一部分,约占9%的份额。机器人应用领域的伺服电机除了需要具备快速响应性、高启动转矩、宽调速范围之外,还要更轻量化,以适应机器人的应用场景需求。

目前,伺服电机80%的市场份额由日本和欧美供应商占据,但我国自主品牌(如汇川技术和埃斯顿等)正逐步实现技术突破,并开始代替进口。

近年来,中国伺服电机市场规模一直保持增长趋势。受到下游工业机器人、电子制造设备等产业扩张的影响,伺服电机在新兴产业的应用规模也在不断增长。2019年中国伺服电机市场规模达142亿元,同比增长6.77%,2022年市场规模增长至181亿元。(图4-14)

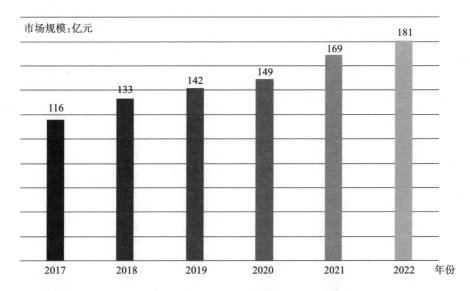

图4-14　2017—2022年中国伺服电机市场规模趋势

数据来源:工控网、中商产业研究院。

（二）竞争格局

具体来看,国产品牌汇川技术市场份额占比首次排名第一,市场占有率达15.9%,日本的安川、松下、三菱的市场份额分别为11.9%、8.8%、8.3%。

（三）重点企业分析

稀土磁材上市企业有包钢股份(600010.SH)、中钢天源(002057.SZ)、金力永磁(300748.SZ)、银河磁体(300127.SZ)、正海磁材(300224.SZ)、横店东磁（002056.SZ）、中科三环（000970.SZ）。

伺服电机上市企业有汇川技术（300124.SZ）、科力尔（002892.SZ）、江苏雷利（300660.SZ）、宁波韵升（600366.SH）、星辰科技（832885.NQ）、昊志机电（300503.SZ）、正弦电气（688395.SH）、伟创电气（688698.SH）、微光股份（002801.SZ）、江特电机（002176.SZ）。

伺服驱动器制造上市企业有蓝海华腾（300484.SZ）。伺服控制器上市公司有华中数控（300161.SZ）、英威腾（002334.SZ）、雷赛智能（002979.SZ）、新时达（002527.SZ）。

三、控制器市场

控制器是工业机器人三大核心零部件之一，负责对机器人发出动作指令，控制机器人在工作中的运动位置、姿态和轨迹，它决定着工业机器人的性能。因为控制器要求算法和机器人本体相匹配，所以国际较大型机器人本体厂商都选择自己生产控制器，控制器的市场占有率也与本体行业相似。目前，国内大部分机器人本体厂商还不具备自主研发、生产的能力，大部分靠进口。

（一）市场规模

受益于过去中国工业机器人行业的快速发展，工业机器人产业链日益成熟，中国在机器人控制器软硬件方面的开发实力不断增强，市场快速增长。中国工业机器人控制器的市场规模由2017年的10.5亿元大幅上升至2021年的14.7亿元（图4-15）。

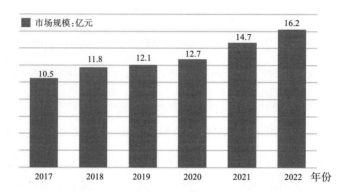

图4-15　2017—2022年中国机器人控制器市场规模趋势

数据来源：中商产业研究院。

（二）竞争格局

　　欧美、日韩厂商凭借在机器人核心技术领域的深厚积淀，牢牢把控着中国工业机器人市场的大部分份额，尤其是在上游核心零部件领域。在控制器方面，日本厂商发那科占市场份额的18%。国内企业生产的控制器尚未形成市场竞争力，工业机器人控制器国产率不足20%，但在发展过程中，仍然涌现出一批具有代表性的企业。如表4-1所示。

表4-1　中国主要机器人控制器企业

企业名称	企业简介
新松机器人	新松是中国工业机器人的巨头，其STAAUM-GRC机器人控制器是具有自主知识产权、自主开发的实用化、商品化的机器人控制器。该机器人控制器设计合理，技术先进，性能优越，系统可靠，使用方便。其采用交流伺服驱动、绝对码盘检测和大屏幕汉字示教编程盒等多项最新技术，形成先进的高性能机器人控制系统。该系统的整体性能已达到国际先进水平，是国内第一个可商品化的机器人控制器，具有小批量生产能力
新时达	新时达已掌握了机器人及运动控制技术，是国产机器人品牌里自主化率最高的公司之一。新时达机器人智能系统中的机器人本体、控制器、软件系统、驱动控制系统均为自主研发

汇川技术	汇川技术凭借变频器和伺服系统起家，2013年开始扩展到控制器领域，2014年推出基于Ether CAT总线的IMC100机器人控制器和IS620N总线型绝对值的机器人专用伺服系统。目前主要针对的是小型六轴、小型SCARA、并联机器人等新兴应用领域
广州数控	在丰富的机床数控技术的基础上，广州数控掌握了机器人控制器、伺服驱动、伺服电机的完全知识产权。其中GSK-RC是广州数控自主研发生产，具有独立知识产权的机器人控制器
华中数控	华中数控于1999年开发了华中I型机器人的控制系统，经过20多年的发展，在控制器、伺服驱动器和电机这三大核心部件领域均具备较大的技术优势，CCR系列是华中数控自主研发的机器人控制系统
固高科技	固高科技从2001年就开始研发四轴机器人控制器，2006年涉足六轴机器人控制器，是国内最早研究机器人控制器的企业之一。截至2021年，固高控制系统涵盖了从三轴到八轴各型号的机器人，其中技术难度最大的八轴机器人控制系统已经可以实现批量生产

资料来源：中商产业研究院。

四、传感器市场

传感器是连接物理世界和数字世界的桥梁，是指能感受规定的被测量并按照一定规律转换成可用信号的器件或装置。

（一）市场规模

《2020赛迪顾问传感器十大园区白皮书》显示，2019年中国传感器市场规模为2189亿元，同比增长12.7%。随着社会的不断进步，传感器这一产业在互联网力量的赋能之下日益受到重视，再加上相关扶持政策的出台，传感器市场的发展未来可期。2021年我国传感器市场规模达2951.8亿元，2022年中国传感器市场规模进一步增至3150亿元。（图4-16）

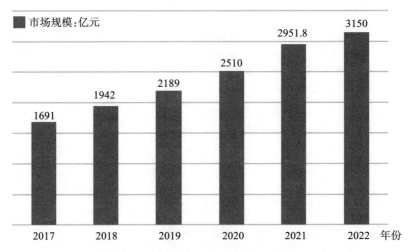

图4-16 2017—2022年中国传感器市场规模趋势

数据来源：中商产业研究院。

（二）区域分布

中国传感器企业主要分布在华东地区，约占全国企业总数的56.9%，中南地区占23.1%，华北地区占8.4%，西北地区占4.4%。（图4-17）

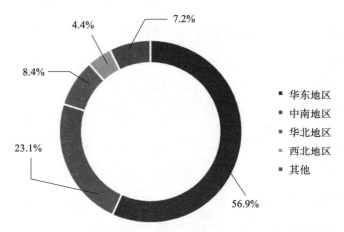

图4-17 2017—2022年中国传感器市场区域分布情况

数据来源：CCID、中商产业研究院。

（三）竞争格局

随着我国信息化的高速发展,近年来我国传感器行业发展飞快。从竞争格局来看,我国传感器行业的前5名企业占据了40%以上的国内市场份额,行业竞争格局逐渐成熟。

华工科技主要专注于智慧出行、智慧家庭、智慧医疗、智慧城市等领域,是全球影响力较大的传感器系统解决方案提供商,具有较强的竞争优势。大立科技是国内少数能够独立研发、生产红外热成像相关的核心芯片,涉及从机芯组件到整机系统全产业链的高新技术企业,旗下传感器业务占比高达90%以上,主要生产红外温度成像传感器。目前歌尔股份的精密零组件市场规模较大,歌尔传感器涵盖压力传感器、交互传感器和流体传感器等,广泛应用于各类消费类电子产品,处于行业领先地位,竞争力较强。我国主要传感器企业与产品见表4-2。

表4-2 中国主要传感器企业与产品

企业名称	产品类型
大立科技	红外温度成像传感器
威尔泰	压力变送器、传感器
汉威科技	气体、压力、流量、温度、加速度等传感器
高德红外	红外温度成像传感器
歌尔股份	压力传感器、交互类传感器、流体传感器
兆易创新	嵌入式传感芯片,电容、超声、光学模式指纹识别芯片,自、互容触控屏控制芯片
森霸传感	热释电红外传感器、可见光传感器
中航电测	应变式传感器
华工科技	NTC系列热敏电阻、PTC系列热敏电阻

资料来源:中商产业研究院。

五、核心零部件产业链

（一）我国核心零部件产业链特点

我国机器人本体制造环节所涉及的部分关键零部件包括伺服电机、减速器、控制器以及一些精密零部件，尚未摆脱严重依赖进口的局面。在软件方面，国产品牌在系统稳定性、响应速度、易用性等方面与国外先进产品存在一定差距。核心零部件"卡脖子"的难题极易造成机器人生产成本不可控，交付延期甚至断供等问题，进而威胁机器人产业链的安全与稳固，因此，国产替代势在必行。造成这一困境的主要原因，是我国机器人核心技术水平与欧美等国仍然存在巨大差距。国产机器人在运动性、作业平稳性、布局多样性、操作易用性等方面的技术创新水平有待提升。此外，国内机器人研发及应用的人才基础较为薄弱，在人才的储备和培养方面有待加强。

（二）核心零部件与产业链协同发展

1. 核心零部件是带动产业链发展的关键

在新一轮技术革命和产业变革的时代背景下，全球主要经济体积极围绕以工业机器人为主的智能制造业展开激烈竞争。为了顺应时代趋势，我国工业机器人的理论研究及生产实践不断推进，已建立起相对完整的工业机器人产业链。由于我国对工业机器人核心零部件（如精密减速器）的研究比国外起步晚，技术尚未完全成熟，与国外先进技术存在一定差距，造成了核心零部件不能完全自给自足的局面。近年来，我国涌现出一批发展迅猛、技术实力过硬的核心零部件企业，随着技术的逐步突破，或将和机器人产业链一起，带动机器人产业再次成长。

在机器人产业链上游、中游、下游的生产成本结构中，上游核心零部件的成本占比最高，而核心零部件中减速器则占到成本的30%—40%，机器人本体制造成本仅占15%左右。究其原因，工业机器人的驱动与控制功能均来自核心零部件。与本体制造相比，核心零部件的技术壁垒更高，因此生产成本高。核心零部件国产化水平较低，在一定程度上导致其生产成本高。以减速器为例，减速器的国产化率较低，该产品主要依赖于进口。并且采购减速器时，企业采购数量较少，难以产生规模效应。当国际供应商议价权过高时，虽然采购相同型号的减速器，但中国企业采购价格是国外企业的2倍。

2.链条传导：三大因素驱动主机销量，核心零部件产销量随之增长

底层三大驱动因素促进核心零部件的产销量增长。从历史发展经验来看，在已发布的报告中，我们对工业机器人的增长因素进行了剖析。在《"温故知新"系列之工业机器人行业复盘——从日德韩发展历程看中国工业机器人的未来》中，我们认为，推动工业机器人发展的三大底层驱动因素分别为人口结构改变、用劳成本激增和下游应用产业的突出需求。

（1）人口结构的改变。人口结构的改变往往是各个国家工业机器人数量增长的自然驱动力。当经济快速增长时，必定会对劳动力数量产生更高要求；而当劳动人口占比下降时，这一人口结构的改变使得劳动力数量无法满足日益增长的用劳需求，作为劳动力的替代品——工业机器人便应运而生。日、韩、德等作为全球工业机器人产业较为发达的国家，其工业机器人产业初始发展的诱因均为人口结构的改变。

（2）用劳成本激增。人口结构的改变导致劳动力供不应求，继而导致制造业用劳成本激增，持续驱动工业机器人数量稳步增长。大量劳务需求与劳动人数短缺形成的冲突导致劳动力成本快速上升，使得制造业的人均薪酬持续上涨；制造业与非制造业薪酬差距被逐渐拉大，薪酬差异使劳动力逐渐向高薪酬的制造业转移，也会改变企业使用工业机器人这类性价比较高的劳动力的比例，来降低生产成本。日本与德国作为全世界工业机器人产业较为发达的两个国家，其工业机器人第二阶段的发展均受益于劳动力成本上升。

（3）下游应用产业的突出需求。下游应用产业的蓬勃发展是导致工业机器人需求突出的次生驱动力。工业机器人下游需求集中在汽车和3C领域，因为两行业订单与工业机器人订单相关度较高。将日本汽车和半导体制造的数据与日本工业机器人订单数据进行对比，发现这两组数据走势较为一致，相关系数接近0.8，从侧面印证了工业机器人市场的下游集中在汽车和3C电子行业。虽然各国工业机器人下游应用分布不尽相同，但汽车和电子行业的订单量在一定程度上可以作为工业机器人行业的先行指标。

3.核心零部件产销量增长与工业机器人主机销量

精密减速器作为工业机器人的核心零部件之一，与工业机器人的产销量息息相关。在机械部底座、肩部起支撑作用的多为RV减速器，是多轴工业机器人的重要活动关节，也是"大关节"；在执行操作的小臂、腕部等部位，则主要以"小关节"的谐波减速器为传动部件。一般来说，一台六轴机器人共需要使用6个减速器，其中底座、肩部使用2个RV减速器，其余部分使用4个谐波减速器。因此，工业机器人的销量与精密减速器的配套需求密切相关。

将减速器主要厂商的销售额与全球工业机器人的销售量进行对比后发现，两者呈现正相关的关系。全球工业机器人销量从2004年的9.5万台增长至2021年的48.6万台，同期减速器销售额从1370亿日元增长至3368亿日元。纳博特斯克和哈默纳科一直在全球工业机器人减速器领域占据不可撼动的龙头地位，2家企业合计覆盖了大半以上的市场。从2家企业的营业额来看，营业额确实与全球机器人销量呈现高度的相关性。

从工业机器人的三大主机厂商与纳博特斯克的营业收入来看，整个工业机器人整机与零部件的传导链条清晰明了。回顾日本的工业机器人订单数量、全球机器人销量和减速器销售额后，可以发现订单数量最先到达拐点,随后机器人销量和减速器销售额相继呈现相同的变化趋势。基于这种较强的相关性,我们可以将驱动工业机器人销量增长的三大底层因素,与订单变化趋势,以及减速器的销售额变化趋势联系到一起。

（三）产业链上下游协同发展,打开互惠共赢局面

1.零部件成熟发展,促进工业机器人上中游毛利率提升

当减速器发展成熟,并能大批量供货给中游机器人整机厂时,双方毛利都会因协同而得以提升。从全球工业机器人产业链的历史发展来看,RV减速器龙头企业纳博特斯克是工业机器人主机厂商安川的一级供应商,双方出货量提升时,双方的毛利率也在逐步提升。理论上说,景气度向好的市场以及广阔的市场空间是产业链上下游毛利率整体提升的因素之一;产业链主机与零部件在更好的协同之后,将成本控制在更低的区间范围内,为双方争取更大的盈利空间。

在2000年左右,日本的工业机器人销量正处于波动上涨的阶段。我们可以看到,当时工业机器人主机厂商发那科和减速器的零部件厂商哈默纳科的盈利能力均有阶段性上升的趋势。拟合日本的工业机器人历史订单情况和主机厂商、零部件厂商的盈利水平后,也可以发现下游市场快速成长,产业链上下游协同发展,将拉动毛利率逐步提升。

2.工程机械行业上下游协同发展效应显著

从我国工程机械行业的发展来看,上下游厂商的协同效应使得各厂商实现了互惠共赢的局面。工程机械行业和工业机器人行业具有类似的发展规律,三一重工和恒立液压近几年处于工程机械景气度高涨的阶段,与工业机器人的协同发展效应显著,毛利率均升高。

工程机械产业链上下游厂商在上一轮周期的成长发展中汇集了几个因素。一是工程机械行业当时正值更新换代的周期,子行业处于蓬勃发展的高景气区间;二是工程机械主机厂商已经在国内占有相当大的市场;三是工程

机械的核心零部件厂商在国产替代上逐步崛起，通过国产替代并结合多方因素，带动整个产业链发展，盈利能力大幅提升。2011—2015年间，恒立液压大规模投资研发高端液压泵阀，2015年收购了拥有70年重载柱塞泵研制经验的德国HAWE InLine公司，公司的液压泵阀产品取得显著突破。银河证券的《工业机器人行业专题研究》显示，自2015年起，三一重工的毛利率从25%提升至2019年的32.7%，恒立液压的毛利率从21%提升至2019年的38%。核心零部件的技术突破，大部分产业链国产替代的完成，使得上下游厂商协同发展，盈利能力显著提升。

3.国产核心零部件成本降低，机器人主机厂商和零部件厂商共赢

展望我国工业机器人的产业链发展，核心零部件逐步被国产替代，以及多重因素驱动主机需求增长，未来产业链协同下的互惠共赢局面指日可待。在工业机器人产业链各环节，毛利率呈现微笑曲线。上游核心零部件的技术壁垒最高，因此毛利率较高且上游市场参与者相对较少，议价能力强，对中游企业利润产生挤压；中游企业仅将零部件组装集成为机器人本体，主要涉及机械结构及外观部分，技术附加值相对较低，因此毛利率较低，且该领域市场参与者较多，存在较大议价空间；下游系统集成商类似于轻资产行业，成本较低，毛利率相对中游较高。

随着中国减速器技术的不断突破，国产减速器逐渐放量，与中游的整机厂进行协同后，双方毛利将会跟随国外趋势得到提升。工业机器人产业链之间的联系较为紧密，且传导作用明显，中国实现核心零部件国产化后，中游机器人本体制造的成本将大幅下降，产品竞争力可有效提升。本体制造成本的降低将带动系统集成解决方案价格的降低，从而缩短应用端工业自动化生产设备改造投资的回收期，使工业机器人在制造业的渗透率提升，需求也相应增加。终端客户需求的大幅增长将传导至中上游，形成规模效应，进一步促进全产业链降本，同时推动中上游技术与质量双提升，促进中国工业机器人企业的竞争力进一步加强。

因此，我们认为，一方面，人口老龄化、用工成本增大以及下游产业汽车电子行业的蓬勃发展，这三大底层因素依然会不断驱动中国工业机器人的销量增长。另一方面，我国工业机器人主机厂商（如埃斯顿等公司）已经在市场中崭露头角，瓜分市场份额；我国核心零部件厂商也在不断进行技术研发与革新，上下游产业链协同发展互惠共赢，产业盈利的成长期将很快到来。

4. 政策利好助力下，国产替代推动工业机器人再成长

2015年5月印发的《中国制造2025》提到，中国从第一个十年开始实施制造强国战略。接着国家相关部门陆续颁布了《关于促进机器人产业健康发展的通知》《促进新一代人工智能产业发展三年行动计划（2018—2020年）》《"十四五"智能制造发展规划》等文件，说明机器人产业受到我国政府的高度重视，已成为国家政策重点支持领域。中国工业机器人销量连续多年位居世界之首。自2013年开始，中国已成为全球最大的工业机器人市场，国内制造业"机器换人"需求旺盛，预计工业机器人销量仍将保持较高增长率，工业机器人将为我国全面提升社会生产力提供支持，并为我国加快经济转型、建成创新型国家做出重要贡献。

我国的工业机器人产业从20世纪70年代开始起步，大致经历了5个阶段。第一阶段"萌芽期"（1970—1985）：20世纪70年代末80年代初，在蒋新松教授的推动下，中国进行了第一次机器人研究方面的探索和研究，此阶段侧重于工业机器人的理论研究。第二阶段"技术研发期"（1986—1990）：进入20世纪80年代，随着改革开放的深入，政府加大了对工业机器人研究的支持力度，并制定出详细的工业机器人技术攻关计划。但由于当时科研和产业化条件的限制，许多研究难以取得实质性突破，也没有实现产业应用。第三阶段"原型开发期"（1991—2000）：从20世纪90年代初开始，国家优先研制出点焊、弧焊、装配、喷漆、切割、搬运、包装、码垛等多种用途的工业机器人，并以此奠定了国产机器人商品化和工业化推广的基础。同时，实施了一批机器人应用工程,机器人产业化基地由此而生,奠定了我国机器人产业发展的基础。第四阶段"初步工业化期"(2001—2010):中国首次在深海载人、高精切割、危险作业、反恐军械等领域对工业机器人进行了规模化应用。第五阶段"快速发展期"(2011年至今):2010年以后,我国工业机器人装机量逐年递增。2013年中国工业机器人销量达到36860台,同比增长41%,中国超越日本成为全球最大的工业机器人市场;自2016年国家统计局开始统计工业机器人产量以来,中国工业机器人的产量一直呈现正增长趋势。2021年中国工业机器人销量为25.6万台,同比增长48.8%。《"十四五"机器人产业发展规划》显示,我国已经连续9年成为全球最大的工业机器人消费国。国家统计局的数据显示,我国工业机器人产量从2018年9月开始一直处于负增长状态,但自2019年10月开始恢复正增长。受疫情影响,2021年有阶段性下滑,到2022年年初,产量增速又呈现回升的态势。

第四节　机器人生产与集成产业市场

机器人生产及集成产业在产业链的上游发展,在智能制造技术驱动及政策支持下,全球发展迅速,市场活跃度持续上升。在关键零部件及软件领域,我国谐波减速器的制造技术实现突破,总产能快速增长,控制器、伺服驱动系统等多种产品性能不断优化。在本体制造环节,我国大负载、多关节工业机器人性能得以持续提高,协作机器人等产品实现了从"跟跑"到"领跑"的突破,家用服务机器人产品增势强劲,骨科手术机器人等医疗机器人加快临床应用,矿业机器人、危险环境作业机器人等产品开发走在世界前列。

一、工业机器人生产产业市场

（一）工业机器人产量

近年来，我国工业机器人产量持续增加。2020年我国工业机器人产量突破20万台，达到23.71万套，同比增长26.9%。新冠疫情后，中国工业经济展现出应对复杂严峻局面的强大韧性和活力，工业机器人产量也以亮眼的表现逆势上扬，2021年达近5年来最高值。数据显示，2021年全国工业机器人产量累计达36.60万套，同比增长54.4%。2022年1—3月，我国工业机器人产量累计达10.25万套，同比增长10.2%。2022年我国工业机器人产量超40万套（见图4-18）。

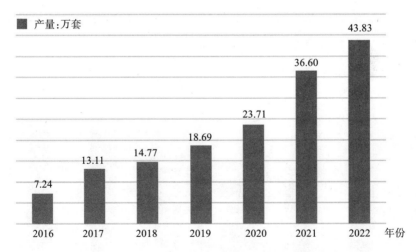

图4-18　2016—2022年中国工业机器人产量统计

数据来源：国家统计局、中商产业研究院。

（二）工业机器人销量

近几年，我国工业机器人销量总体呈增长趋势，仅2019年出现小幅下降，同比下降1.92%。2021年我国工业机器人销量增速较快，销量累计达24.8

万台,同比增长45.88%。由于工业机器人行业的高速发展,2022年市场销量达到30.1万台。

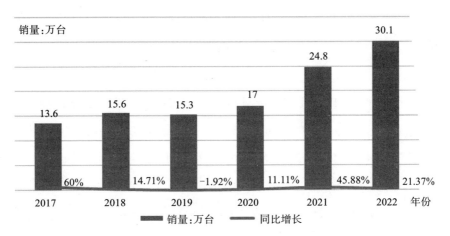

图4-19 2017—2022年中国工业机器人销量统计

数据来源:GGII、中商产业研究院。

中国是全球最大的工业机器人市场,市场占有率稳步提升。2021年中国工业机器人销量占全球销量的比重为52.88%,2022年中国工业机器人销量占全球销量的比重提升至56.19%。

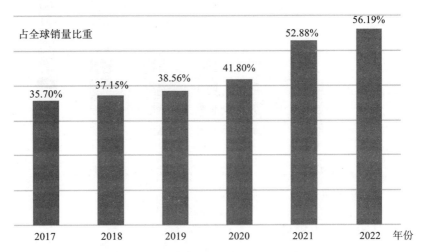

图4-20 2017—2022年中国工业机器人销量占全球销量比重

数据来源:GGII、中商产业研究院。

（三）工业机器人销售额

《"十四五"机器人产业发展规划》显示，我国已经连续9年成为全球最大的工业机器人消费国，工业机器人销售额呈现增长趋势。2020年下半年，多个行业出现井喷式增长，对工业机器人的需求增长明显。2020年工业机器人市场规模为422.5亿元，同比增长18.8%。2021年我国工业机器人市场规模达到445.7亿元，今后，国内市场规模进一步扩大，2022年逼近500亿元（见图4-21）。

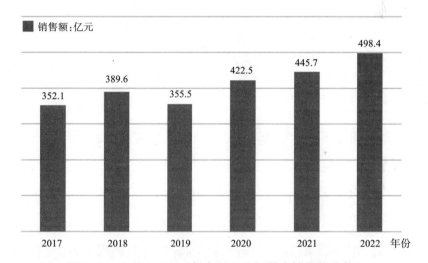

图4-21 2017—2022年中国工业机器人销售额趋势

数据来源：国际机器人联合会（IFR）、中商产业研究院。

（四）竞争格局

目前外资品牌占据我国工业机器人市场的主要份额，FANUC、ABB、安川、爱普生和KUKA合计占比超5成。国产龙头企业以埃斯顿、众为兴、汇川技术等为代表，起步时间较早，已具备一定的规模和技术实力。

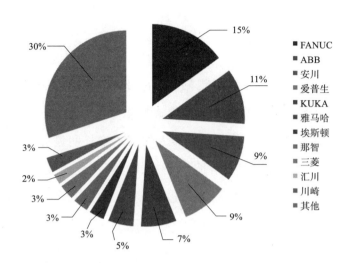

图 4-22 中国工业机器人市场份额分布情况

数据来源：MIR DATABANK、中商产业研究院。

（五）重点企业分析

在自动化浪潮下，市场需求与可落地场景快速涌现，助推国产工业机器人厂商发展。互联网周刊发布的《2021工业机器人 TOP 50》显示，埃斯顿作为工业机器人及智能制造系统提供商和服务商，排名第一，库卡（Kuka）、汇川技术分别排名第二和第三，新松机器人、新时达机器人、绿的谐波、博实股份、科大智能、南京熊猫、拓斯达进入前十，依次为第四到十名。

二、工业机器人系统集成产业市场

2019年，受汽车、电子行业等系统集成应用较多的主要行业投资大幅度下滑的影响，中国工业机器人系统集成市场增速放缓，市场规模达到1857亿元。虽然2020年受新冠疫情影响，中国工业机器人系统集成市场规模负增长，但因市场需求的逐步释放、政府相关引导政策的发布，2021年开始，工业机器人系统集成市场逐渐回暖。2022年工业机器人系统集成市场规模达到1957.04亿元（见图4-23）。

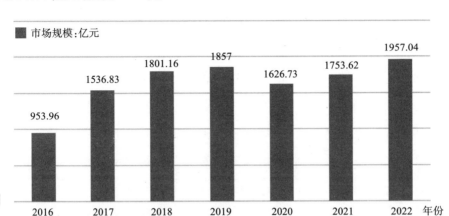

图4-23　2016—2022年中国工业机器人系统集成市场规模趋势

数据来源：中商产业研究院。

第五节　机器人应用产业市场

随着机器人应用场景的开拓及机械化的趋势发展，机器人逐渐向家庭服务、元宇宙等新兴业态发展。

一、应用结构

工业机器人终端应用主要集中在电子、汽车、金属加工、锂电池、光伏等行业。MIR DATABANK数据显示，2021年第一季度，电子、汽车零部件、汽车电子、汽车整车、金属制品、食品饮料等行业工业机器人的应用占比分别为30%、8%、6%、5%、17%、7%。

二、电子信息制造

2021 年，规模以上电子信息制造业的营业收入为 14.1285 万亿元，比上年增长 14.7%，增速较上年提高 6.4 个百分点，两年平均增长率为 11.5%。实现利润总额为 8283 亿元，比上年增长 38.9%，两年平均增长率为 27.6%，增速较规模以上工业企业的利润高 4.6 个百分点，但较高技术制造业利润低 9.5 个百分点。2022 年 1—2 月，规模以上电子信息制造业实现营业收入 2.0756 万亿元，同比增长 8.5%，比 2020 年和 2021 年两年同期平均增速低 6.8 个百分点。实现利润总额 725 亿元，同比下降 7.3%。

图4-24 2017—2022年3月中国电子信息制造业主营业务收入及利润增速情况

数据来源：中商产业研究院。

三、汽车制造

(一)汽车产销

汽车制造业是工业铝型材的主要应用领域之一。汽车轻量化作为汽车节能减排的重要手段,成为未来汽车工业的发展方向。汽车产业延续了2020年年底较好的发展态势。数据显示,2021年中国汽车产量为2608.2万辆,同比增长3.4%,结束了自2018年以来连续3年的下降趋势;销量为2627.5万辆,同比增长3.8%。2022年1—3月,汽车产销量分别为648.4万辆和650.9万辆,同比分别增长2.0%和0.2%。2017—2022年3月中国汽车产销统计情况见图4-25。

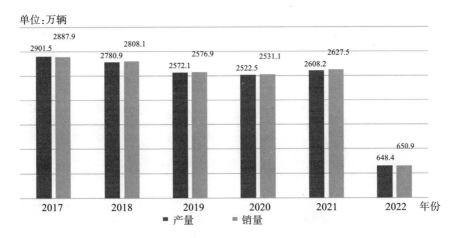

图4-25　2017—2022年3月中国汽车产销统计情况/万辆

数据来源:中国汽车协会、中商产业研究院。

(二)汽车零部件

随着中国汽车行业的高速发展、汽车保有量的增加以及汽车零部件市场的扩大,我国汽车零部件行业得到了迅速发展,其增长速度整体高于整车行业。数据显示,我国汽车零部件的销售收入从2016年的3.46万亿元增长至2020年的4.57万亿元,2021年我国汽车零部件销售收入达4.9万亿元,2022年我国汽车零部件销售收入达5.2万亿元。

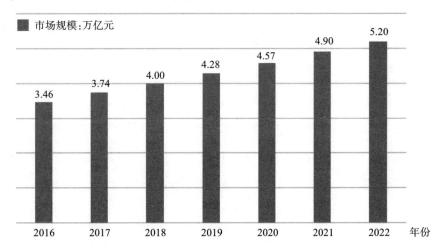

图4-26 2016—2022年中国汽车零部件市场规模趋势

数据来源:中国汽车协会、中商产业研究院。

（三）汽车电子

当前我国汽车市场的发展阶段已经从体量高速增长期转向结构转型升级期。汽车电子作为汽车产业重要的基础支撑,在政策驱动、技术引领、环保助推、消费牵引的共同作用下,行业整体呈高速增长态势。近年来,中国汽车电子市场规模一直保持稳定增长,2020年市场规模达8085亿元,同比增长12.29%。2022年市场规模进一步增长至9783亿元。2017—2022年中国汽车电子市场规模预测趋势见图4-27。

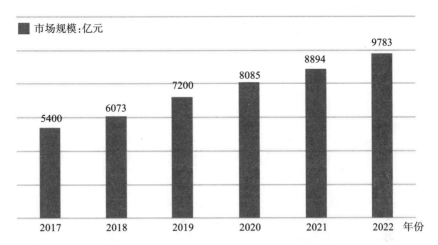

图4-31 2017—2022年中国汽车电子市场规模预测趋势

数据来源:《2020汽车电子研究报告》、中商产业研究院。

(李微、邱晓丽、宋菲,河北传媒学院)

第五章　机器人在相关领域的应用

世界上第一台机器人是由美国英格伯格和德沃尔在1959年制造的。从此以后，机器人开始不断地发展更新。机器人技术已经发展了近70年，从第一代机械式机器人，到第二代编程自动重复机器人，再到如今的第三代智能机器人。机器人已经广泛应用于各行各业，给人类的工作和生活带来了极大便利。

进入21世纪以来，全球人口老龄化问题突出，人口结构的变化使得社会劳动力供给不足现象尤为明显。机器人的应用可以有效缓解劳动力短缺和劳动力成本增长带来的社会问题。近年来，各国政府和企业都在信息技术及人工智能技术上持续投入，这进一步推动了机器人行业的发展。

中国商报数据显示，2020年全球机器人市场规模为250亿美元（约合人民币1600亿元），预计到2030年，将进一步攀升至2600亿美元（约合人民币1.7万亿元）[①]，这将是一个巨大的发展机遇。当前中国的机器人行业正在经历一个稳步增长的阶段，我国机器人行业市场规模由2017年的476.6亿元增

[①]《全球企业加速研发　到2030年机器人市场规模或扩大10倍》，中国产业经济信息网2021年9月8日，https://www.cinic.org.cn/xw/schj/1152206.html。

长至2021年的839.0亿元,复合年均增速达到15.19%,具体如图5-1所示。

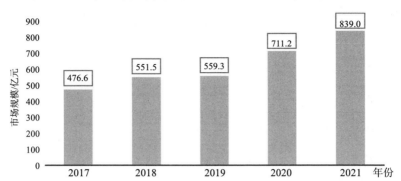

图5-1　2017—2021年我国机器人行业市场规模

数据来源:国际机器人联合会(IFR)、中国电子学会、观研天下数据中心。

第一节　机器人在工业领域的应用

工业机器人是面向工业领域的多关节机械手或多自由度的机器人,是自动执行工作的机器装置,是靠自身动力和控制能力来实现各种功能的一种机器。[①]通过编程,工业机器人可以完成组装、搬运、码垛、焊接、清洁等作业。

日本在工业机器人的制造和使用方面都居于世界领先地位。自1968年研制出第一台工业机器人后,日本大量建立工业机器人企业,工业机器人产值不断增加。因此,日本工业机器人技术及普及程度都处于世界领先地位。近年来,韩国快速普及工业机器人,在2010—2017年韩国工业机器人使用密度位居世界第一。

2013年,工业和信息化部出台《关于促进工业机器人产业发展的指导意

---

① International Federation of Robotics. Industrial robot as defined by ISO 8373. 2013
年10月12日,http://www.ifr.org/industrial-robots/。

见》，旨在促进我国工业机器人技术的发展与普及。党的十九大报告更是将"大力发展机器人产业，打造中国制造新优势，加快制造强国建设"作为重大战略，旨在为未来的工业机器人发展提供有力支撑。

随着技术的不断进步，中国积极推动工业机器人的普及，从2013年开始，中国的工业机器人安装数量一直稳居世界第一。2018年，中国工业机器人新增安装量和存量更是达到35.61%和25.35%。[①]

随着工业机器人技术的飞速发展，工业机器人已经成为现代生产中不可或缺的重要设备，在各行各业中得到广泛应用，为企业提供了更加高效、精准的生产管理。

一、机器人在工业领域应用的基本情况

自20世纪60年代以来，工业机器人得到不断开发与应用，发展十分迅猛。国际机器人联合会数据显示，从2013年起，全球工业机器人产业得到不断发展，截至2019年，全球机器人总存量已经接近270万台。

目前中国也在大力推进工业机器人产业的发展，自2013年开始，我国工业机器人新增安装数量居世界前列。2021年我国机器人全行业营业收入超过1300亿元，其中工业机器人产量达36.6万台，比2015年增长10倍，稳居全球第一大工业机器人市场。[②]

现如今，从全球工业机器人市场来看，工业机器人已经规模化地投入使用；同时，随着下游应用场景的不断细化，工业机器人生产体系正在不断更新与完善。在此过程中，工业机器人显示出自身显著的特点。

[①] 邓仲良、屈小博：《工业机器人发展与制造业转型升级——基于中国工业机器人使用的调查》，《改革》2021年第8期，第25—37页。

[②] 《我国稳居全球第一大工业机器人市场》，中国政府网，2020年9月6日，https://www.gov.cn xinwen/2022-09/06/content_5708617.htm。

智能化。计算机技术以及人工智能技术的加入,使工业机器人变得智能化。通过电脑编程,机器人可以完成复杂作业。随着工作环境的不断变化,机器人系统还可重新编程。智能化工业机器人和传统的机械化机器人相比,前者更能适应复杂多变的作业环境,工作效率更高。

拟人化。现如今,工业机器人表现出更多拟人化的特征。如智能工业机器人加入了传感器系统,这不仅使得机器人的行走、转动、拿取等动作更加灵活,而且可以感知环境、力度、气体浓度等。同时,通过语音控制系统进行对话,可以实时获取工作数据。拟人化的工业机器人大大提高了机器人本身的适应能力。

通用性。除了专门设计的特殊工业机器人,大多数人类制造的工业机器人具有广泛的适用性。它们由基座和执行器组成,可以完成各种复杂的任务。它们能够在不同环境中运行,从而满足不同工作的需求,而且只需要更换终端执行器的具体操作零件,即可完成不同的操作任务。如执行焊接工作的工业机器人,在作业过程中,只需更换不同的焊头即可完成不同零件的焊接工作。

随着科学技术的不断发展,智能化工业机器人在工业制造中的优势越来越明显,使用的范围也越来越广泛。工业机器人的研发与制造水平代表着一个国家科研与制造的水平。因此,各国一直以来都在工业机器人领域大力投入,工业机器人企业也在不断涌现。

日本的发那科是全球最大的专业数控机器人生产厂家。自从第一台发那科机器人诞生起,发那科一直在不断探索和改善机器人技术,使其能够满足当今社会的需求。如今它已经成为全球唯一拥有完整视觉系统的机器人制造商,为用户带来更加便捷的服务。发那科的机器人产品种类繁多,可以满足各种复杂的生产流程。德国库卡机器人公司在工业机器人和自动控制系统的制造技术上是世界顶级水平,它的工业机器人广泛应用于汽车制造、锻造焊接、金属加工、玻璃制造、食品生产等领域。日本工业机器人制造的先驱者——川崎机器人公司研发的产品主要面向汽车、电子、物流等行业，该公司工业机器人种类繁多，涉及码垛、喷涂、焊接等应用。瑞士的ABB机器人公司通过软件将智能技术与机器人相结合，不断开发新的机器人产品。这些产品在各个行业及领域都得到了广泛的应用。中国的柴孚机器人公司致力于开发和应用先进的工业机器人技术，并在整个行业中提供优质的解决方案。柴孚拥有先进的生产线，并配有各种高精度的检测设备，专注于减速器、伺服系统和控制器的开发、维护、保养。柴孚机器人是中国最具影响力的工业机器人制造商之一，客户群体非常庞大。该公司的产品涵盖各个领域，包括机器人工作单元、整套自动化系统、电子行业、金属加工、机械制造、物流运输和工艺美学等。

二、工业机器人的应用领域

与人工劳作相比，工业机器人展现出独特优势。机器人可代替人工完成简单、重复、繁重的体力劳动，同时可代替人工在极端环境以及有害环境下进行作业。另外，机器人工作精密度较高，可以避免故障出现。因此，工业机器人主要应用于搬运、焊接、装配、喷涂、机械加工等领域。

（一）搬运领域

早在1960年，美国发明了世界上第一台搬运机器人，机器人由此开始在搬运领域得到应用。目前，搬运是工业机器人应用最广泛的领域。使用机器人进行搬运，一方面可以提高整体的工作效率，另一方面可降低人工成本，提高企业的生产力以及竞争力。

搬运机器人利用传感技术、自动控制技术、计算机技术等先进的科学技术，通过编程自主将物品从一个位置搬运到另一个设定位置。由于不受环境、重量以及时间的限制，目前搬运机器人已经在全球很多行业得到了广泛应用。

根据机器人操作环境及作业物品的不同,搬运机器人大致可分为龙门式搬运机器人、摆臂式搬运机器人、关节式搬运机器人、悬臂式搬运机器人、侧壁式搬运机器人等。

(二)焊接领域

焊接机器人是完成焊接工作的工业机器人,主要由工业机器人以及焊接设备两部分组成。焊接机器人通过电脑编程、自动控制技术、传感技术等,对工作的对象、环境等进行判断适应,进而完成焊接工作。

目前,许多加工车间引入了焊接机器人。一方面,焊接的工作环境对人的身体健康有一定危害,利用机器人代替人工可以保护员工的身体健康;另一方面,机器人可以与数控机床结合,实现自动精确焊接操作,提高工作效率。

焊接机器人主要可分为点焊机器人和弧焊机器人,应用于汽车制造、船舶制造、医疗器械、3C电子等领域。

(三)装配领域

工业机器人能够应用于装配领域的核心原因是安装了柔性自动化装配系统。装配机器人利用计算机操控以及传感器系统等自动化装配,进行零部件的安装、拆卸和维修。运用装配机器人进行作业,可提升工作效率及产品品质。

装配机器人广泛应用于各类电子电器、计算机、机电产品以及汽车生产的自动化成套装配。现如今,装配机器人也在建筑构件领域进行应用。我国首台建筑构件装配机器人"赤沙号"已经运用在地铁建设上,填补了我国装配机器人在建筑领域的空白。

装配机器人操作速度快、精度高、适应性强,可提高生产效率,可以代替人工在有毒、辐射环境下完成复杂工作。

（四）喷涂领域

工业机器人可以在喷涂领域进行涂装、点胶、喷漆等工作。喷涂机器人的柔性较好，机械手臂的活动范围较大，通过计算机控制技术可以进行较为复杂的喷涂工作。利用喷涂机器人进行作业，可提高喷涂的质量以及材料的利用率，同时可利用离线编程缩短调试时间。

喷涂机器人可分为有气喷涂机器人和无气喷涂机器人。有气喷涂机器人主要运用压力装置，将油漆雾化并作用在作业物体的表面。利用有气喷涂机器人进行作业的物体表面油漆平整且工作效率较高，但是会造成一定的物料浪费。无气喷涂机器人一般应用在黏度较高的油漆喷涂作业中。喷涂机器人因效率高、柔性好，被广泛应用在汽车制造、建筑施工等领域。

（五）机械加工领域

机械加工机器人主要从事机器零件制造加工，激光、水射流切割，钻孔等工作，适合金属、玻璃、木材等多种材料。目前由于许多自动化设备可以完成机械加工作业，因此，机械加工机器人的应用率并不高。

机械加工机器人由工业机器人和终端加工器两部分组成。工业机器人部分采用计算机控制技术，可以进行编程、控制等；终端加工器则部分利用传感器以及液压装置，对作业对象进行加工。

三、工业机器人分类及其关键技术

现今，工业机器人的分类并没有明确的统一标准，通常以形态、结构、应用领域等进行划分。根据工业机器人的应用领域，工业机器人可以分为移动机器人、焊接机器人、激光加工机器人、真空机器人以及清洁机器人。

（一）移动机器人

移动机器人是计算机控制技术、自动导航技术、传感器控制技术、人机交互技术等结合的一种工业机器人。它可以实现语音交流、自主导航、运送物品等。移动机器人可应用于机械制造、医疗、餐饮、电子制造等行业，目前主要用于火车站、机场、邮局等场所。

移动机器人顺应了国际物流发展的趋势。基于移动机器人，现代物流可实现点对点自动存储，自动操作和处理，缩短物流流程，减少材料损失，减少高新技术和设备的建设投资。

移动机器人涉及计算机、传感器、人机交互等多项技术，其中关键技术在于利用传感器系统进行环境感知、计算机技术自主定位导航以及自主路径规划三方面。

（二）焊接机器人

焊接机器人由于工作空间大、环境适应性强、作业速度快、质量优、效率高等特点，已经在多个行业得到广泛应用。焊接机器人大多由机器人本体、控制器、焊接终端机器构成，可分为点焊机器人和弧焊机器人。点焊机器人比弧焊机器人的出现时间更早，应用也相对更加广泛。点焊机器人利用自动化成套技术，应用于汽车制造、组装等环节；弧焊机器人主要负责对汽车的零部件进行焊接。

焊接机器人是以信息技术为引领的一种智能化技术，关键在于利用视觉CCD传感系统进行位置识别，以及引导、利用复合滤光系统进行焊缝跟踪，基于摆动电弧传感器进行焊缝跟踪，利用传感器进行焊接态建模与控制。

（三）激光加工机器人

利用先进的机器人技术，激光加工机器人可以实现高精度的加工。激光加工机器人可以通过离线编程进行离线或在线操作。激光加工机器人可以利用自身控制系统、传感系统等自动识别和分析加工件，并生成精确的模型和加工曲线。另外，它还能够直接使用CAD数据来完成加工。激光加工机器人可用于处理加工件表面、冲孔、焊接和修复模具。

采用结构优化设计技术和系统误差补偿技术，激光加工机器人可以实现高精度的在线测量，并通过网络通信和离线编程技术实现离线编程和控制管理，从而大大提高工作效率和精度。

（四）真空机器人

真空机器人是一种高度自动化的机器人，它能够在真空条件下运行，为半导体行业提供高效率的产品服务。该技术采用直线电机直接驱动负载运动，取消了中间传动环节，避免了中间传动机构带来的精度、刚度等方面的不足，也消除了齿轮减速器产生的噪声与振动。直驱式真空机器人具有结构简单紧凑、功率密度高、响应速度快、定位准确等优点。目前，真空机器人已成为半导体工业的核心设备之一。

真空机器人的关键技术包括先进的设计理念、高效的直驱电机、在真空环境中的多轴精确控制、利用传感器实现的动态轨迹校正，以及满足SEMI标准的HMI。

（五）清洁机器人

随着工业技术的不断发展，清洁机器人已成为一种必不可少的工具，可以有效地清洁环境，以满足日益增长的生产需求。为了确保设备和工具的正常运行，定期对它们进行清洗和消毒是必不可少的，因为这可以延长它们的使用寿命。随着科技的发展,传统的人工清洁方式已经不能满足当今工业生产的需求,而且难以保证工作人员的安全。因此,就需要利用机器人来完成清洁任务。它们可以在清洁环境的过程中进行生产,从而提高生产效率。

清洁机器人的关键技术,包括采用负压抑尘结构的清洁作业技术、机器人高速运行平稳控制技术、控制器小型化技术、利用光学传感器获取机器内部信息的技术。

第二节 机器人在公共服务领域的应用

服务机器人是一种具有多种功能的智能化设备,可以完成半自动化和完全自动化的任务,包括维护、检查、修复、运输、清洁、安检、紧急救助、监控等,具有极强的智能化特性。

随着技术的进步和应用价值的不断提升,服务机器人已成为机器人行业的重要组成部分,并在全球范围内迅速崛起,为社会发展做出了积极贡献。国际机器人联合会数据显示,2018年全球服务机器人市场总额达92.5亿美元,近5年复合增长率为23.5%,其中公共服务机器人的市场总额达到22.3亿美元。中国在这一领域的表现也不容小觑,其在全球服务机器人市场中的份额达到19.9%。近5年来,中国服务机器人市场的复合增长率达到40%,远超中国工业机器人市场的复合增长率(26.7%)。[①]

随着科技的飞速发展,服务机器人已经在深度学习、机器视觉、语义理解、认知推理等领域取得了惊人的成就,智能化水平大大提高。目前公共服务机器人主要应用于酒店、餐厅、商场、写字楼、医院、学校等场所。2013—

---

① 中商产业研究院:《2022年中国服务机器人行业市场前景及投资研究报告》,2022年7月。

2018年全球及中国服务和机器人市场规模见图5-2。

图5-2　2013—2018年全球及中国服务机器人市场规模

数据来源：国际机器人联合会（IFR）、亿欧智库。

一、机器人在公共服务领域应用的基本情况

随着机器人技术的发展,应用公共服务机器人已经成为一种普遍的现象,公共服务机器人可以为社会和公共场所提供高效、安全、便捷的服务,从而满足不同群体的需求。随着人工智能技术的不断发展,服务机器人的类型不断丰富,已在各个领域投入使用。ISGR公司的达芬奇手术机器人已经成为全球最受欢迎的医疗设备。它利用三维视觉技术和动态指引系统,能够准确地模拟医生的诊断和治疗,为患者提供更加精准的治疗方案。

近年来,受新冠疫情、人口老龄化、消费需求、技术进步等多种因素的驱动,服务机器人行业迎来发展黄金期。

（一）服务机器人产量

国际机器人联合会的数据显示,2021年全球服务机器人销量大幅增长,达到37%的增幅。2021年中国服务机器人产量也有了显著提升,达到921.44万套,同比增长48.9%,其中12月的产量更是突破90万套。中国服务机器人

产量在2022年上半年出现了下降，只有327.72万套，同比下降28.3%。[1]

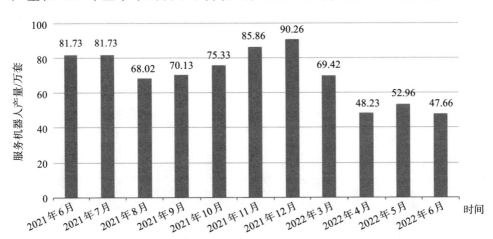

图5-3　2021—2022年6月中国服务机器人市场趋势

数据来源：国家统计局、中商产业研究院。

（二）服务机器人市场规模

人口老龄化、消费升级和AI技术的飞速发展，使服务机器人行业受益良多，服务机器人的渗透率不断攀升。它们具有居家功能便捷、操作智能等优势，为服务机器人行业带来了前所未有的发展机遇。

数据显示，自2013年起，全球服务机器人市场的年均增速超过23.5%。2018年的数据显示，该市场的总体规模已经突破92.5亿美元，2020年进一步攀升，达到156.8亿美元。[2]受益于国家政策、技术和市场需求，我国服务机器人行业正在迅猛崛起。中国服务机器人市场规模由2016年的64.8亿元增长到2021年的302.6亿元，2023年突破600亿元（见图5-4），市场空间持续

---

① 中商产业研究院：《2022年中国服务机器人行业市场前景及投资研究报告》，2022年7月。

② 36氪：《商用服务机器人行业研究报告》，2019年8月。

拓展。[1]

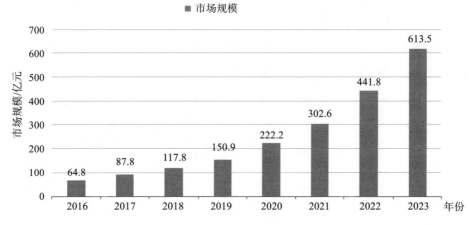

图5-4 2016—2023年中国服务机器人市场趋势

数据来源：中国电子协会、中商产业研究院。

（三）公共服务机器人类型及重点企业

公共服务机器人主要应用于餐厅、酒店、写字楼、商场、医院等场景，并且正在向更多场景拓展，发展前景非常广阔。从全球范围来看，中国在公共服务机器人领域占据领头羊地位。

1.商用清洁机器人

麦岩智能（MR.Robot）是一家专注于打造精品型商用清洁机器人的科技公司。该公司成立于2021年6月1日，致力于填补精品型商用清洁机器人的市场空白，专注于高端场景的清洁问题数字化解决方案。2022年，麦岩智能对原本的"极光壹号"机器人做了升级，推出了"极光壹号PRO"。"极光壹号PRO"的功能包括扫地、干拖、湿拖、吸尘、消毒、香熏等，可应对大理石、镜面瓷砖、仿皮瓷砖、木地板、地毯、环氧地坪等地面的清洁问题。

---

① 中商产业研究院：《2022年中国服务机器人行业市场前景及投资研究报告》，2022年7月。

2.终端配送机器人

2013年,深圳优地科技有限公司正式成立,它是国内首家将无人驾驶技术应用到商业场景的公司。优地科技的自有品牌机器人已覆盖多个城市。并且,优地科技与9000多家客户建立了合作关系,为他们提供高效的指导和配送服务。优地科技凭借其先进的技术,已经为众多企业提供了高效的机器人服务;目前正努力将无人驾驶技术应用到实际的物流配送中,以满足不同地区的物流配送需求,为全球客户提供安全、高效的移动机器人解决方案。

3.医疗机器人

程天科技始建于2017年,是一家拥有先进技术的国家级高科技公司,致力于开发和推广基于算法的机器人技术。目前它主要关注康复和养老行业,专注于利用人工智能、数据分析和云计算技术,为医疗机构和个人提供智能产品和服务。

二、公共服务机器人的应用领域

目前机器人已经发展到了智能技术机器人阶段。现阶段的机器人拥有交互能力、感知能力、学习能力。智能化的公共服务机器人在市场需求牵引下,不断拓展应用场景与服务模式。现如今,公共服务机器人多用于医疗服务领域、商用清洁领域、配送领域以及讲解引导领域。

(一)医疗领域

随着人工智能技术的不断发展,医疗机器人已经成为当今医学界的重要组成部分,它们可以有效地协助医生完成各种复杂的诊断与治疗任务。

机器人技术已经成为当今世界上最受关注的学术领域之一,它将医学、生物学、机械学、材料学、计算机图形学、视觉识别、数学分析和机器人技术紧密结合,形成了一个全新的、具有前瞻性的学术研究课题。引入医疗机器人,能够大幅度提高手术的准确度和安全性,并能够进行全面的护理。这种机器人技术不仅能够节省人力,还能够提供更好的操作流程。与传统的医护人员相比,这种技术在耐心、细致和抗疲劳能力上都有显著的提升。

随着科技的发展,医疗机器人已经成为一种重要技术,它们可以帮助患者进行急诊、治疗、手术、康复,还可以提供各种各样的医疗服务。

（二）商用清洁领域

商用清洁机器人是指用于公共场所执行清洁功能的机器人。随着人口老龄化现象的加剧,劳动力更加短缺,未来清洁行业将会面临招工困难的问题。清洁机器人可代替人工进行清洁作业,同时大大提升工作效率。

统计数据显示,2019年国内商用清洁机器人市场规模达到3.8亿元。预计到2025年,这一市场规模将超过27亿元。[①]

商用清洁机器人主要应用于公共区域的清洁,主要类型包括商用清扫机器人、商用洗地机器人和商用玻璃清洁机器人。

（三）配送领域

配送机器人专门为商业场景提供快递、货运、回收和客户服务,以满足客户的需求,它的应用可解决劳动力短缺等问题,同时提高配送效率。配送机器人具备自动导航驾驶、语音交互等功能,主要应用于餐饮、快递、医院等场景。

配送机器人已经出现在我们的生活中。2022年北京冬奥会中,配送机器人就赢得了广泛关注及好评。配送机器人可分为室外配送机器人与室内配送机器人。室内配送机器人应用较多,如餐饮行业的送餐机器人、医疗行业

---

① 《商用清洁机器人用户分析》,机器人网,2021年11月22日,https://www.robot-china.com/news/202111/22/68459.html。

的送药机器人；室外配送机器人集中应用在快递行业，智能快递配送机器人已经投入使用。中国的室内配送机器人技术已经全球领先，产品远销海外。

（四）讲解引导领域

讲解引导机器人利用人工智能技术、人机交互技术以及自动识别、自主学习等技术，完成讲解、引导以及咨询工作。讲解引导机器人一般具有可爱精巧的外观，能与客户进行无障碍交流，并且能提供迎宾、引导、宣传、讲解、业务咨询等服务工作。

随着机器人技术的普及，讲解引导机器人也得到了广泛应用。商场的引导机器人、博物馆的讲解机器人、高铁站的引导机器人、餐饮店的迎宾机器人、银行的业务办理机器人，都属于讲解服务机器人。

随着人工智能技术、传感技术的不断发展，在未来，讲解引导机器人会被应用于更多的场景，并通过智能化水平的提高，提供更为全面的、人性化的服务。

三、公共服务机器人分类及关键技术

随着我国在人工智能和物联网领域的大力投入，服务机器人技术发展迅速，它们利用传感器、伺服舵机、机器视觉和语音识别等先进技术，实现了高效、准确的服务，为公共生活提供了便利。根据公共服务机器人的应用领域，公共服务机器人可以分为以下几种类型。

（一）商用清洁机器人

商用清洁机器人主要包括应用于写字楼、商场、机场、展览馆等场景的清扫、清洗、抛光、吹尘、消杀机器人。鉴于场景的不同，商用清洁机器人还分为室内清洁机器人和室外清洁机器人。其清洁功能也会因为地面材质的不同有所差异。

2021年，商用清洁机器人的出货量达上千台。未来基于智慧楼宇、智慧商业的不断发展，预计商用清洁机器人的出货量会持续增长。

鉴于当前清洁行业存在着人力资源紧缺、招聘困难以及考核困难的问题，清洁企业正在尝试用清洁机器人来取代部分劳动力。

目前，商用清洁机器人技术仍面临三大难题。首先是死角清洁不到位，地面护理难实现；其次是清洁机器人多数以地面清洁产品为主；最后，现有产品无法满足不同场景的使用需求。

(二)终端配送机器人

终端配送机器人是一种可以自主移动、能够完成各种物品配送任务的机器人，它们可以在室内外环境中运行。目前室内配送的场景主要为酒店和餐厅，终端配送机器人负责将散件物品送到消费者手中；室外配送机器人受限于政策的管制，只能在封闭园区进行试点。由于人工成本逐渐走高，以及机器人技术日趋成熟，终端配送机器人的需求量也会逐渐增加。

目前，室内配送机器人的主要功能在于自主建图、自动移动、避开障碍物、物品定点配送、语音交互、远程呼叫、自动过闸机、乘坐电梯以及多机协作；室外配送机器人的主要功能在于视觉识别、运行状态提示、自动回冲以及物品定点配送。

终端配送机器人对定位导航的技术要求较高，同时，它与应用场景的复杂程度相关性较大。室内配送机器人主要应用于饭店、酒店以及医院，配送机器人在餐厅、酒店进行的配送服务相对简单，场景路线固定，环境较为单一，只需考虑乘坐电梯以及避开行人。但是医院的地形较为复杂，人流量比较大，同时经常遇到紧急情况。室外配送机器人受政策影响，仅限于封闭园区作业，目前多应用于快递配送服务。室外配送机器人以无人配送车为主，室外的环境较为复杂，且突发状况较多。

中国公共服务机器人的发展领先世界,尤其是应用较早的餐厅配送机器人和酒店配送机器人。因为在一定程度上可以替代人力,可以解决劳动力短缺的问题,因此,国内的公共服务机器人产品未来发展空间极大。

(三)讲解引导机器人

讲解引导机器人是指应用于写字楼、商场、展览馆、博物馆、政府、学校、企业等多场景的讲解机器人、引导机器人、多媒体机器人等。2021年,讲解引导机器人出货量约万台。相比其他公共服务机器人,讲解引导机器人的年出货量较低,原因在于它本身不具有业务办理功能,人机交互智能水平不足,且比人工工作效率更低,市场刚需不足。

目前讲解引导机器人在银行以及政务大厅运用较多,它不仅可以解答用户疑问,还可以办理简单业务。但在博物馆、展厅、医院以及商场,讲解机器人的落地应用情况不太理想,原因在于讲解机器人的主要功能并不能满足用户的需求。

讲解引导机器人如果要大规模落地,那么就要解决前文所述的落地难点,聚焦如何解决"刚性需求"。针对博物馆、展厅等场景,实现识人跟随、定点讲解是讲解引导机器人的主要需求,因此要从自主重新建图、自主学习功能入手;针对政务大厅、银行、医院等有大量咨询需求的场景,要实现足够智能的人机交互效果。

(四)商用智能教育机器人

智能教育机器人是一种新兴的服务型机器人,它可以帮助教育机构更好地满足学生的需求,例如提供语言教育、特殊教育等。它们通常具备语音识别、交互、早教等功能。智能教育机器人(含阅读机器人)的市场空间广阔,2022年智能教育机器人市场规模达16亿元(见图5-5)。

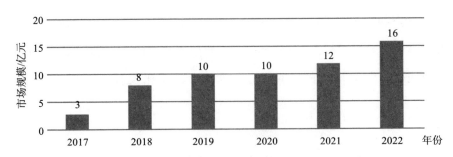

图5-5　2017—2022年中国智能教育机器人市场规模趋势

数据来源：弗若斯特沙利文、中商产业研究院。

虽然相对于其他领域而言，人工智能的应用在教育领域比较成熟，但现如今使用教育机器人进行辅助教学的学校还非常少。较为高端的幼儿园和小学会采购STEAM教具或小型教育机器人对儿童进行启蒙教育，高职院校会采购教育机器人以及配套的教学课程和管理平台，但是家长出于儿童启蒙、辅助孩子教育的目的而购买教育机器人的比例相对较小。

（五）商用协作机器人

协作机器人是指在共享空间中共同完成任务的机器人。相较于传统的公共服务机器人，协作机器人与传统工业机器人（即"机械臂"）的形态更为相似。协作机器人拥有多个转轴，可以模拟人类手臂完成精确度要求更高的任务。

由于感知是协作机器人与人类及环境交互的基础，因此协作机器人一般需要搭载多种传感器，来实现环境感知和人机交互。基于强环境感知能力和高精度作业，协作机器人不仅适用于工业场景，也适用于商用场景，例如冰激凌制作、手冲咖啡制作等。

（六）医疗服务机器人

医疗服务机器人是集医学、大数据、人工智能等多学科于一体的机器人,具有强大的深度学习能力,可以帮助医护人员提高医疗和保健服务水平。根据不同的应用场景和服务需求,医疗机器人会配备各种不同的特性部件,因此它们的外观、尺寸、形状、结构和性能也会有所不同。

医疗服务机器人包含手术机器人、康复机器人和医疗辅助机器人三大类。随着技术的不断进步,在中国,手术机器人已经成为一种重要的医疗工具。它们不仅可以大大提高手术的精确度和稳定性,还可以显著缩短患者的术后恢复时间,大大降低并发症产生的风险。根据最新数据,中国的手术机器人市场规模已经从2016年的1.29亿美元增长到2020年的4.25亿美元。在2021年,全球手术机器人市场的总体规模已经超过7.55亿美元,而在未来的几年里,这个数字有望进一步攀升至11.37亿美元(见图5-6)。①

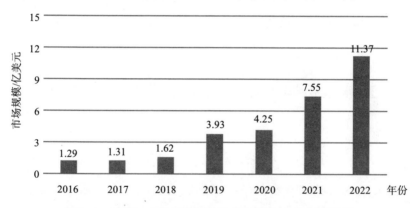

图5-6　2016—2022年中国手术机器人市场规模趋势

数据来源:深圳人工智能行业协会、中商产业研究院。

康复机器人和医疗辅助机器人都可以帮助医生处理行动障碍和康复问题。这些机器人可以完成各种任务,包括收集数据、测试、诊断、消毒、清洁、管理药品和物资。它们既可以被用于医疗领域,也可以被用于其他领域。

(七)公共服务机器人关键技术

---

① 中商产业研究院:《2022年中国服务机器人行业市场前景及投资研究报告》,2022年7月。

公共服务机器人主要分为4个核心模块：环境感知与运动模块、人机交互模块、功能实现模块和充电储能模块。其中，人机交互模块、功能实现模块和充电储能模块已基本实现自研。以往，环境感知与运动模块会有部分企业选择外部采购，但随着技术的进步以及出于对成本的考量，现在多数机器人企业也实现了该模块的自研。

功能实现模块是公共服务机器人完成服务任务的部分，实现路径共有两类：第一类需要通过触摸屏选择任务，控制系统下达指令才能执行任务，例如清洁机器人、终端配送机器人、医疗服务机器人；第二类功能实现模块与人机交互模块基本重合，往往由触摸屏和自然语言处理技术组合实现，且不太需要额外的硬件，例如讲解引导机器人和商用智能教育机器人。通过触摸屏选择任务，控制器下达指令后机器人执行任务。

第三节　机器人在个人/家庭服务领域的应用

随着"宅经济"理念的不断深入人心，加上技术的不断进步，个人/家用服务机器人正在被越来越多的消费者所接受。个人/家用服务机器人是在家庭或类似环境下，为人类提供包括清洁、陪护、安防等各类服务的机器人。

近年来，个人/家用服务机器人市场规模不断增加。国际机器人联合会的报告显示，2022年个人/家用服务机器人销量超过5500万台，销售额高达3900万亿美元。[①]中国电子学会《中国机器人产业发展报告（2022年）》预测，2022年服务机器人市场规模为448亿元，占比达38%。家庭服务机器人作为服务机器人中的重要品类，占据服务机器人市场份额的45%左右（见

---

① 国际机器人联合会（IFR）：《2022 年世界机器人—服务机器人》，2022 年 10 月。

图 5-7）。[①]

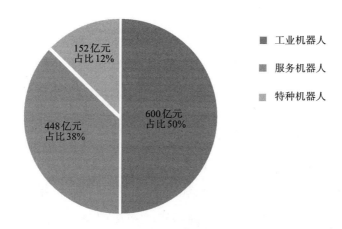

图 5-7 2022 年中国机器人市场规模

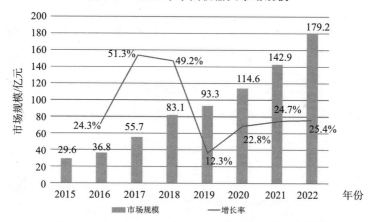

图 5-8 2015—2022 年中国个人/家用服务机器人市场规模

数据来源：中国电子学会。

个人/家用服务机器人服务范围最广泛，尤其在人口老龄化、劳动力成本上升以及消费需求不断升级的现状之下，它的发展前景更为广阔，是未来重要的蓝海市场。目前全球多家企业不断追加对个人/家用服务机器人的投资，比如三星大力投入对新型家用机器人的研发，为家庭开发管家服务及社交服务；丰田研究所的家用机器人不断更新自身功能，不仅能实现语音交

① 中国电子协会：《中国机器人产业发展报告（2022 年）》，2022 年 8 月。

互,还可以提供清洁服务。2015—2022年中国个人/家用服务机器人市场规模见图5-8。

一、机器人在个人/家庭服务领域应用的基本情况

个人/家用服务机器人作为服务机器人中的一种,它的应用基本上是家庭日常生活场景。目前,个人/家用服务机器人依靠自身的自主性和实用性,赢得了消费者的信任与支持。以扫地机器人、草坪修剪机器人、智能健身机器人为代表的功能型智能机器人的购买率和使用率是最高的,这类机器人发展较早、产业化程度较高。紧随其后的是以聊天互动、逗乐陪伴为亮点的娱乐陪伴型智能机器人。在人口老龄化的背景下,年轻父母对智能启蒙教育及场景式陪伴的需求提升,教育型机器人因此受到广泛关注。

目前,在个人/家用服务机器人领域,清洁类的机器人发展最快。国内外多家企业积极投身于家用机器人创新中,如iRobot和Robomow推动物联网以及语音识别技术,将激光雷达技术投入家用机器人的生产中。预计在未来几年,个人/服务机器人市场会在亚太地区迅速增长。虽然个人/家用服务机器人的发展前景广阔,但目前还存在一些问题。

首先,个人/家用服务机器人产品创新力不足。以家用机器人中发展最快的清洁型扫地机器人为例,各个品牌机器人的外观和功能大致相似,没有突出的创新亮点,增加了消费者选择的难度。

其次,现阶段大部分的家用机器人只具备非常简单的人机交互功能,且停留在简单重复层面。具备人工智能技术的先进家用机器人费用相对较高,并不利于普及。

最后,在个人/家用服务机器人推进智能化的进程中,机器人需要采集用户相关信息。但是现如今在机器人采集的敏感数据处理、隐私保护及合规等方面,还没有健全的法律或相关规定。

目前,个人/家用服务机器人正在逐步普及。在个人/家用服务机器人领域,有部分企业不断地将高新科技与产品结合,研发新的智能产品,引领行业的发展。

科沃斯是中国家用服务机器人的领军品牌。从2000年开始,科沃斯不断在家用服务机器人产品上投入研发,目前已经成功研发出多款家用清洁机器人,如地宝、窗宝、沁宝和管家亲宝。它们构建了全球最完善的家用清洁机器人产品线,为家用清洁机器人领域的发展做出了重要贡献。美国iRobot公司成立于1990年,它的企业宗旨是让机器人帮助人们的生活变得更便利。iRobot公司在个人/家用服务机器人领域不断拓宽产品应用场景,目前它的产品涉及吸尘机器人、扫地机器人、洗地机器人、虚拟互动机器人等。米家是小米品牌旗下的智能家居品牌,多年来致力于打造智能家居服务。目前米家的智能音箱可以实现智能语音交流,同时可以操控家中的智能家居,如灯具、空调、电视、扫地机器人等。Wonder Workshop是一家主要研发教育机器人的企业,到目前为止,全球超过37个国家的用户购买过该公司的教育机器人产品。它的dash和dot两个产品不仅可以与孩子互动交流,还可以让孩子通过编程使机器人完成复杂的动作。目前Wonder Workshop还开发了教育课程,并已推广至美国的150所学校。

二、机器人在个人/家庭服务的应用领域

随着社会的不断发展,机器人走进了家庭生活,个人/家用服务机器人利用大数据、人工智能以及信息通信等技术拥有了智能化的"大脑",可以为人们提供服务,辅助甚至代替人类完成各类家庭工作。现在的个人/家用服务机器人在我们的生活中可以承担不同的角色,比如家庭医生、儿童家教、健身教练、家庭管家或者家庭保姆。现如今个人/家用服务机器人的普及率并没有达到很高的水平,但随着智能化进程以及经济社会的不断发展,智能

化的个人/家用服务机器人终将会进入千家万户。

（一）应用领域

根据用户的不同需求,个人/家用服务机器人的应用场景进行了细分。目前个人/家用服务机器人主要应用于健康安全监护领域、教育娱乐领域、生活服务领域。

1.健康安全监护领域

健康安全监护类机器人是指利用人体感应、摄像头、语音识别等技术,对家庭成员健康及安全进行监护的机器人,它的主要功能在于健康管理和安全监护。健康管理功能在于吃药提醒、睡眠提醒、身体数据监测(如血压、血糖、心率、体温等),及时了解家庭成员的健康状况;安全监护功能指睡眠监测、突发状况监测,判断家庭成员状况,必要时进行报警、联系家人等功能。目前健康安全监护类的机器人主要应用于老年人健康及安全监测。

2.教育娱乐领域

教育娱乐类机器人是指具有休闲娱乐、教育、引导学习等功能的服务机器人,具有较强的语音识别与交流功能。教育娱乐类机器人包括智能玩具机器人和教育陪伴机器人,它们可以在满足孩子的玩乐、陪伴需求的同时,提供语言等方面的教育。此外,这些产品可以为家庭成员提供休闲娱乐功能,比如听音乐、交流、获取信息等。

3.生活服务领域

生活服务类机器人是指运用语音交互、智能导航、人工智能等技术,为家庭生活提供服务的机器人。生活服务类机器人可以分为家用清洁机器人、家庭管家机器人、餐饮制作机器人等。家用清洁机器人包含扫地机器人、擦窗机器人等,可以实现家庭区域内自主清洁,以及机器人自主充电、自动清洗等功能;家庭管家机器人指包含智能语音控制、智能搬运等功能的机器人,能为家庭成员提供智能化的生活服务;餐饮制作机器人是指在家庭生活中用于制作食品的机器人,如面条机器人、咖啡机器人,为家庭成员提供智能化的美食制作服务。

(二)机器人在个人/家庭服务领域发展的推动力

伴随社会的发展以及制造业水平的进一步提升,人们迫切需要个人/家用服务机器人来处理生活中的问题,这使得个人/家用服务机器人的应用领域越来越广泛,个人/家用服务机器人的发展也越来越快。目前,个人/家用服务机器人发展迅猛,离不开政策支持、社会需要以及科技推动。

1.国家政策支持

现如今机器人技术对于国家而言至关重要,是衡量国家科学技术与高端制造水平的重要指标。家庭服务机器人作为机器人产业的一个重要分支,受到了全球各国的高度重视。为了更好地发展机器人产业,2005年国务院发布《国家中长期科学和技术发展规划纲要(2006—2020年)》,提出了对服务机器人行业的全面部署,以期达到更好的发展效果。2012年"十二五"专项规划为机器人产业的发展提供了强有力的支持,以促进其可持续发展。2015年5月《中国制造2025》颁布,我国制造业跃居世界前列,成为制造强国的核心力量。该文件指出,机器人技术将成为未来发展的重要方向,特别是在医疗、健康、教育、娱乐等行业的应用。近年来,美国加大在人工智能领域的投入,在2020年发布的《"美国人工智能计划":首份年度报告》中提及,未来5年将大力对芯片、人工智能等研发进行投入。日本也在2015年发起机器人革命计划,确定服务业为高度关注行业,并提出2020年目标为"日本服务机器人使用率提高30%"。

2.社会实际需要

联合国在2022年发布的《世界人口展望2022》报告中提到,全球人口已达到80亿,老龄化现象持续加速。近年来,我国劳动力成本持续上升,一方面是由于人口老龄化造成的社会劳动力的减少；另一方面，是由于人口红利结束导致的劳动力成本上升。与此同时，世界各国尤其是很多西方国家，都存在人力成本上升的问题。因此，人们更愿意使用智能设备进行一些简单劳动（比如家务劳动），这使得人们对于个人/家用服务机器人的需求变得非常迫切。

3.科技进步推动

随着科技的飞速发展，个人/家用服务机器人已经取得了长足的进步，它们拥有更加丰富的功能，可以更加方便快捷地完成任务，并且被广泛应用于各个领域。这些改变源于算法、语音、处理器、大数据、物联网等核心技术的进步，它们旨在让家用服务机器人拥有更强大的智慧与独立性。随着物联网、云计算以及其他前沿科学的发展，智能家居的概念已经深入消费者的日常生活中，家用服务机器人的制造成本大幅降低，消费者的购买更加便捷，极大地拓展了家用服务机器人的市场规模。

三、个人/家用服务机器人分类及其关键技术

机器人在工业领域已经得到了广泛应用，在个人/家庭服务领域也逐步被消费者所接受。个人/家用服务机器人的主要任务是满足消费者的日常生活需求。从机器人的功能分类来看，家庭服务机器人可进一步细分为功能型、助理型与娱乐型（见图5-9）。

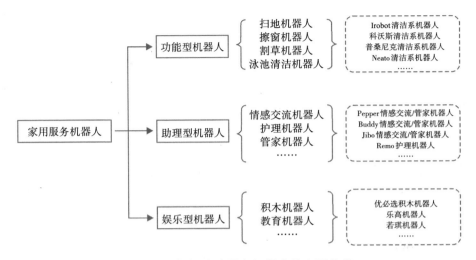

图5-9　个人/家庭服务机器人的主要分类

资料来源：国际机器人联合会（IFR）、长江证券研究所。

（一）助理型机器人

随着智能家居的不断发展，越来越多的助理型个人/家用服务机器人应运而生。它们不仅可以提供智能管家、情感陪伴、医疗护理等服务，还具备良好的人机交互性，为家庭生活带来更多便利。它的主要功能有控制家电开关、陪伴聊天、看护老人、陪伴孩子、日常身体检查、智能监护、安全监控、险情隐患报警等。目前常见的家用智能音箱也可以被称为助理型机器人。现阶段，我国正在积极探寻养老机器人技术，使得机器人可以对老人的医疗数据进行分析，从而具备疾病预防和早期诊疗的功能。

语音识别技术是助理型机器人的核心技术，它不仅可以帮助用户更好地理解和操作个人/家用服务机器人，还可以为智能家电、智能音箱和机器人提供更加便捷的人机交互体验。作为服务于日常生活的家用机器人，是否可以与人进行自然顺畅的沟通，是消费者选择和使用的前提。目前助理型机器人还需要解决语音识别准确性、语音干扰识别以及语言扩展问题。

（二）功能型机器人

机器人技术的进步使得功能型机器人可以完成各种家务。这些机器人包括扫地机器人、拖地机器人、擦窗机器人、割草机器人和智能健身机器人等。

功能型机器人具有独特的优势。它们可以在没有外部控制的情况下，自主完成复杂任务，并且能够实时监测和跟踪周围环境，根据环境的变化调整参数、动作策略，甚至应对紧急情况。这使得它们比传统机器人更加智能、更加高效。

目前，功能型机器人在家庭生活中的普及率最高，如科沃斯的扫地机器人、擦窗机器人，它的关键技术在于感知外界环境的测距仪以及传感器，同时，利用SLAM技术进行地图构建以及路径规划。还有iRobot公司推出的Roomba i7，它可以整合语音识别与激光雷达技术来进行地图绘制。

（三）娱乐型机器人

娱乐型机器人是指具有多种先进功能的嵌入式系统的硬件产品，未来会发展成为机器人领域的重要组成部分，并且受到越来越多的关注。按功能可以分为唱歌、跳舞、讲故事的娱乐型机器人。

为了让娱乐型机器人更加普及，要将运动控制、导航、视觉识别、传感器数据采集、智能监测、人工智能等多项技术融入其中。通过技术的改进和算法的革新，未来这类机器人将受到普遍应用。

四、机器人在个人/家庭服务领域的发展前景

个人/家用服务机器人产品或智能家居系统，不仅可以使消费者的日常生活变得更加方便、快捷、安全、舒适，还可以为消费者提供各种管理服务、

生活服务。随着人工智能技术和物联网技术的不断进步,个人/家用服务机器人会变得更加智能化。随着科技的进步,智能化已经成为一种必然的趋势,它不仅意味着产品能够自动识别并满足用户不断增长的需求,而且意味着通过人工智能技术的发展,个人/家用服务机器人将拥有更强的学习能力,具备更高的智能水平。

随着人工智能和物联网技术的发展,扫地机器人作为家用服务机器人的典型代表,具有"工具型"的智能化特性,可以有效完成地面清洁任务。"智能家居控制平台"的管家机器人正在成为市场上的热门产品,它可以帮助住户与各种家电之间建立联系,从而极大地提高人机交互和万物互联的效率。

随着家庭领域对解放劳动力的需求越来越强烈,越来越多的家用服务机器人得到研发上市。未来,这些功能多样性的家用服务机器人将会成为服务机器人领域的一个重要发展方向。随着时间的推移,"管家型"机器人将会成为机器人技术的主流,它将搭建起一个用户和各种家用设备联系起来的智能家居系统,这会使"工具型"机器人的应用范围得到进一步扩展。随着技术的不断发展和硬件的不断提升,智能家居将实现更加集中的控制,并建立起一个完善、统一的生态体系,从而实现更加可靠的服务。

第四节　机器人在特种服务领域的应用

自世界上第一台机器人问世至今,机器人的技术不断更新,现如今小到家用清洁,大到星球探测,都有着机器人的身影。当工业机器人与服务机器人逐渐进入公众视野时,特种机器人也在不断发展壮大,目前特种机器人在机器人市场中的占比逐年提升。近年来,随着技术的进步和市场需求的变化,全球各地的特种机器人制造商数量急剧上升,为社会和经济的发展做出了巨大的贡献。

特种机器人是除工业机器人之外的，用于非制造业并且服务于人类的所有机器人的总称，应用于农业、水产、航天、宇宙飞船、救援等领域。

一、特种机器人的基本情况

提及特种机器人，大部分人会感到很陌生。其实，随着科技的进步，特种机器人的应用场景逐渐增多，逐渐出现在我们身边，服务我们的生活。目前，火灾等高危场景是特种机器人应用的主要领域。在极端环境或高危环境下，特种机器人代替消防人员进行作业，既可以保护人民群众的生命财产安全，又可以提高救援的效率。

从数据来看（见图5-10），2018年全球特种机器人市场规模为37.5亿美元，近5年复合增长率为12.8%；2018年中国特种机器人市场规模为6.7亿美元，占全球市场的17.9%。中国特种机器人市场规模近5年复合增长率为34.9%，增速介于工业机器人（26.7%）与服务机器人（40%）之间。①

图5-10　2013—2018年全球及中国特种机器人市场规模

数据来源：国际机器人联合会（IFR）、亿欧智库。

---

① 中国电子协会：《中国机器人产业发展报告（2018）》，2018年8月。

全球各国都在积极探索特种机器人技术,如俄罗斯著名军工企业卡拉什尼科夫集团研制了工程战斗机器人,可用于未来战场。还有俄罗斯康采恩公司致力于研制水下侦察机器人、水下无人潜水器,用于水下侦察、搜救救援工作。美国早在20世纪90年代末就开始了对军用机器人的研究,Sarcos Robotics公司主要生产军用机器人,如今该公司致力于将神经网络、传感系统信息处理技术、大数据以及人工智能技术用于新的军用机器人。我国的特种机器人主要分为军事应用机器人、极限作业机器人、巡检救援机器人三大类。成立于南京的亿嘉和科技股份有限公司集合多种创新技术,对电力、消防、石油等行业的智能机器人进行研发制造。随着人工智能技术、传感器技术以及5G等新一代信息技术的不断发展,特种机器人在未来将进一步探索更多应用场景。

二、特种机器人的应用领域

近年来,特种机器人发展十分迅速,机器人的功能更新较快,新机型不断被发明出来,其应用场景和领域也越来越广泛。随着科技的发展,特种机器人已被广泛应用于各行各业,它们可以完成复杂的任务,无论是极端环境下的任务,还是紧急情况下的任务,都能够在其中发挥重要作用。

军用领域。军事机器人在战场和军事演习中发挥重要的作用,它可以代替士兵完成危险的军事任务。使用军事机器人,一方面降低了士兵的伤亡,另一方面增加了作战能力。

农业领域。农业机器人运用软件程序进行控制,利用人工智能技术、视觉检测技术等进行自动操作,它的出现改变了传统的农业劳动方式,提升了劳动效率。目前很多国家将农业机器人应用于农业领域,比如美国的采摘机器人、施肥机器人,爱尔兰的农药喷洒机器人、除草机器人,澳大利亚的放牧机器人,法国的葡萄园机器人,中国的嫁接机器人、棉花机器人,等等。

电力领域。电力系统事关国计民生。电力的巡检和检修会面临许多复杂情况，因此将特种机器人运用到电力领域，可以实现自主化、智能化的电力巡检，对电力系统的安全稳定有着重要意义。

建筑领域。将特种机器人运用到建筑领域，有助于隧道、跨海大桥、深水航道等特殊建筑物的建造，尤其在面临极端的气候环境和地理环境时，建筑特种机器人可以提高工程的可行性；同时，建筑特种机器人还可对建筑进行安全检测。

救援领域。特种机器人多用于救援领域，目前分为消防灭火机器人、水下救援机器人、搜救机器人等。这些机器人多用于大型化工石油企业，以及石油泄漏、燃气泄漏、有毒气体泄漏、地震等灾害场景，代替人进入危险场景，进行现场数据采集、处理及救援工作。

三、特种机器人的分类及关键技术

现在，除了工业机器人、公共服务机器人和个人/家用服务机器人，其他各类机器人也具备了实现特殊功能的潜力，如智能控制、自动驾驶等，特种机器人现阶段已经得到广泛的应用。根据特种机器人的应用场景，大致可以将其分为军事应用机器人、极限作业机器人以及巡检救援机器人。全球知名特种机器人企业见表5-1所示、

军事应用机器人将通信技术、纳米技术、计算机技术、信息处理技术、航天技术等技术手段集合应用在军事领域，它是各国投入研发的主要方向之一。在《21世纪战略技术》一文中，作者提及21世纪地面作战的主体力量就是军用机器人。为了更好地适应战场的军事需求，军事应用机器人几乎涉及战场的各个层面。按作战任务可以将其分为战斗机器人、侦察机器人、保障机器人。各国研制军事应用机器人，一方面为战争做准备，另一方面可以展现自身的技术优势。在未来，军事机器人会在技术的推动下变得更加智能。

作为武器装备,其反应能力和作战能力也会极大提高。

军事应用机器人的关键技术包括分布式作战管理、人机协作、自主学习策略生成、智能仿生以及自主控制技术,这些技术可以有效提升军事行动的效率和准确性。

极限作业机器人拥有传感系统、遥控系统、移动系统以及故障诊断与自救系统,通常在人类难以承受的工作环境下进行作业。现如今的极限作业机器人包括深海作业机器人、辐射作业机器人、地下挖掘机器人等。国际上已研制出在各种环境下极限作业的机器人,如日本与德国共同研制的MF-3型极限作业机器人,它可以抓到距离3米以上的物体,还可以在倾斜52.5度的梯子上爬升。

极限作业机器人的关键技术在于,在狭小空间作业时柔顺避障,在狭小封闭空间内感知环境,在多种约束条件下规划避障,以及精确定位末端。

巡检救援机器人是以移动机器人为载体,加入可见光摄像机、红外热成像仪及其他检测系统形成的机器人,可代替救援巡检人员进行作业,降低人员的作业风险。目前巡检救援机器人包括电力巡检机器人、消防救援机器人、水下救援机器人等。我国研制的废墟可变形机器人、机器人化生命探测仪、旋翼无人机在四川雅安地震后顺利开展了救援工作。

巡检救援机器人的关键技术在于,面对极端特殊环境时,巡检救援机器人可以实现完全避障,精确定位,调节自身位置,并通过人工智能算法进行救援规划。未来,巡检救援机器人还需要加强在自主充电续航板块的研究。

表5-1　全球知名特种机器人企业盘点

产品类别	企业名称	成立时间	成立地点	最新融资记录(未上市)/估值(已上市)
军事应用机器人	Robo Team	1970年	以色列	2016年9月B轮融资5000万美元
军事应用机器人	Sarcos Robotics	1983年	美国	2016年6月天使轮通用电气/微软投资1050万美元
军事应用机器人	Boston Dynamics	1992年	美国	2017年6月被Softbank收购
巡检救援机器人	亿嘉和	1999年	南京	估值约7.59亿美元

续表

产品类别	企业名称	成立时间	成立地点	最新融资记录(未上市)/估值(已上市)
巡检救援机器人	贝特尔机器人	1999年	深圳	2017年7月大族控股战略投资
巡检救援机器人	山东鲁能	2002年	济南	鲁能集团旗下
巡检救援机器人	申昊科技	2002年	杭州	2018年12月启迪创投/浙科投资
巡检救援机器人	国兴智能	2004年	烟台	2019年8月A轮深创投投资2500万元人民币
巡检救援机器人	朗驰欣创	2005年	成都	2016年12月同创伟业等投资5000万元人民币
巡检救援机器人	中信重工	2008年	洛阳	估值约25.12亿美元
极限作业机器人	武汉中仪	2010年	武汉	2015年挂牌新三板
极限作业机器人	云洲智能	2010年	珠海	2019年7月海州湾发展战略投资
巡检救援机器人	视野机器人	2012年	广州	2018年5月海阔天空创投/线性资本战略投资900万美元
极限作业机器人	广强机器人	2012年	宁波	2017年11月A轮科发资本投资
极限作业机器人	深之蓝	2013年	天津	2018年7月B轮源星资本/滨海创投/朗玛峰创投投资2.5亿元人民币
巡检救援机器人	极创科技	2014年	泰安	2018年7月天使轮挑战者资本投资千万元人民币
巡检救援机器人	瑞堡科技	2014年	北京	未披露融资记录
极限作业机器人	博铭维	2014年	深圳	2018年6月A轮北极光/正轩/MD-VC投资5000万元人民币
极限作业机器人	恒通环境	2014年	北京	2017年2月A轮钢铁联合投资数千万元人民币
巡检救援机器人	安泽智能	2015年	广东	2015年5月A轮融资
巡检救援机器人	哈工大特种机器人	2015年	北京	2017年10月A轮君和投资
极限作业机器人	博雅工道	2015年	北京	2019年5月B轮金科君创/恩贝资本/凯盈资本投资数千万元人民币
极限作业机器人	欧舶智能	2015年	上海	2016年12月A轮坚果资本投资数千万元人民币
极限作业机器人	查湃智能	2016年	上海	2019年7月B轮张江浩成投资
军事应用机器人	中航创世	2017年	西安	未披露融资记录

数据来源：亿欧智库。

　　现如今,在特种机器人中,还有一类脑控机器人值得关注。在"2019世界机器人大赛"的"BCI脑控机器人大赛"中,脑控机器人正式亮相。BCI是一种先进的脑机接口,能够将人类大脑与机器连接起来,实现信息的传输和控制。目前,BIC技术可以分为两类,一类是侵入式的,它通过在人类大脑表面安装传感器,检测电场、磁场、血红蛋白、氧合等参数,从而实现定量研究;另一类是非入侵式的。未来,脑控机器人将会在医疗、娱乐、军事等多个领域发挥重要作用,可以帮助人类实现真实的虚拟现实。比如,脑控VR眼镜可以让人类体验到虚拟世界的美妙,脑控数据检测可以更加精准地收集人类的喜好,从而提高工作效率。

　　为了提升脑控机器人的运行效率,需要着重研究机器人高精度的操作策略、安全的控制策略、可靠的供电系统、协同的运行能力、智能的人机交互、IoT与云计算、灵活的机构驱动、运动感知与控制模拟、在复杂环境下的动态控制,以及可靠的远程诊断与维护技术。

(常青、李微,河北传媒学院)

第六章 国内外知名机器人企业及案例

21世纪是智能化的时代，机器人的身影在日常生活中越来越常见。随着新一代生物技术、新能源技术的迅速发展，机器人产业正在受到全球各国的高度关注和投资，该产业的发展有助于提高国家的就业率，减轻人口老龄化导致的就业压力，推动经济社会健康发展。

第一节 国外知名机器人企业

根据国际机器人联合会的最新报告，2021年新安装的工业机器人数量较上年大幅增加，增长率达到31%，这一数字也是过去6年来的最高水平。[①]随着IT、材料和能源技术的不断发展，机器人企业面临着前所未有的机遇和挑战。

---

① 国际机器人联合会（IFR）：《2022年世界机器人——工业机器人》，2021年10月。

一、国外知名机器人企业发展环境及排行情况

在全球机器人的企业布局中,日本与欧洲的优势依然明显。2022年,全球前10家最具影响力的机器人企业分别为发那科、库卡、那智不二越、川崎、ABB、史陶比尔、柯马、爱普生、安川和新松。

上榜机器人企业的产品主要以家用服务机器人和工业机器人为主。从上榜企业的分布可以看出,知名机器人企业主要分布在欧洲与日本。在全球10大机器人企业中,数量上日本企业处于第一位,占总数的一半。不仅是因为地区自身具备市场优势,还因为日本具备很强的专业技术优势。同时,不同的经营模式也是影响企业上榜的重要因素。

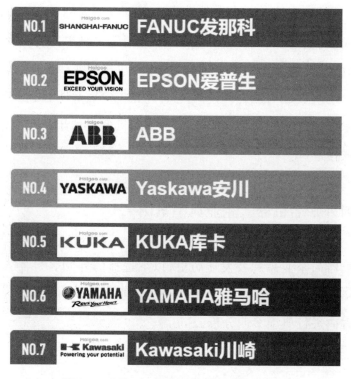

图6-1 2022年全球机器人企业排行情况

数据来源:CN10排榜技术研究部门、CNPP品牌数据研究部门。

二、国外知名机器人企业分布及优势

国外知名机器人企业主要分布于日本、欧洲、美国、韩国。日本与欧洲凭借其悠久的机器人发展历史，处于领先地位，美国与韩国的机器人创新发展实力也不容小觑。

各个集中发展区有其各自的发展模式和优势。例如：日本将机器人本体制造与集成完全分离；欧洲将机器人本体制造与集成相聚合。学者梁琴琴等人将日本机器人企业的特点总结概括为三点：各个环节品类发展均衡；具有完善的产业链及配套系统；重视创新技术投入。[①]

日本以其精细的产业链结构和专注于每个部门的运营模式迅速崛起，欧洲则以"一揽子交钥匙"工程的方式，在工业机器人的研发和应用上取得了巨大的成就，使传感器、控制器、精密减速器等关键零部件的生产实现完全自主化。韩国的机器人企业发展较晚，主要以现代重工型企业为主，与日本、欧洲等领先国家和地区存在差距，但近几年发展势头强劲。美国在工业机器人技术上处于领先地位，然而，由于美国机器人的生产水平有限，许多企业仍然依赖进口。

三、国外知名机器人企业典型案例

根据机器人企业品牌及发展历史，以下选择国外知名机器人企业发那科、那智不二越、川崎、爱普生、ABB 等，从企业概况、发展历史、产品品类、未来发展方向进行典型案例分析。

---

① 梁琴琴、郑彦宁、郑佳：《基于企业视角的日本机器人产业特点研究》，DOI：10.3772/j. issn.1009-8623.2021.03.003。

（一）发那科：数控专家，综合实力强

1.企业概况

发那科（FANUC）是一家历史悠久的日本企业，始建于1956年，一直以来致力于开发和应用先进的数控系统，目前已经发展为全球最大的数控系统生产商，拥有出色的科研、制造、销售和设计能力。

图6-2 发那科公司标志

来源：发那科公司官网。

2.发展历程

1959年，电液步进电机的诞生代表着一个新的里程碑。多年来，这种技术不断改进，最终形成了一个基于硬件的开环数控系统。20世纪70年代以来，微电子和功率电子技术的迅猛发展，计算机技术的飞速进步，使得发那科公司不得不将重点放在原有的电液步进电机数控产品上，并尝试从GETTES公司引进直流伺服电机制造技术。

2011年，发那科在全球范围内的机器人总销量突破25万台，在市场上占据第一的位置。并且因为其掌握数控机床的核心技术，所以极大地促进了日本数控机床的发展。2012年，发那科被评选为全球最具创新力的公司之一。

3.产品品类

经过多年的技术研究，发那科的产品已经超过240种，包括弧焊、点焊、装配机器人等，它是全球唯一能够提供完整视觉系统的机器人企业。发那科不断结合市场需求研发新品，在2015年协作机器人概念刚兴起时，推出了全新协作机器人CR-35iA，并在2019年末的日本国际机器人展览会上，发布了具备高安全性、高可靠性、高便捷性的新型协作机器人产品。2022年末，发那科推出了CRX系列机器人，它具备安全与易用两个特点，可以满足搬运、装卸小型部件等工作需求。

发那科的另一个独特之处在于，它是既能提供智能机器人，又能提供智能机器的公司，此举极大降低了生产成本。机器人产品负重从0.5kg发展到1350kg，极大地满足了客户的差异化需求。

4.未来发展方向

随着技术的进步，人机协作已成为工业机器人发展的一个重要趋势。它不仅可以提高工作效率，而且能够为企业带来更多的灵活性和可扩展性。未来，发那科将进一步关注人工智能领域的研发与运用，继续研发更小更轻的机器人，推动机器人简易化发展。

（二）那智不二越：深耕汽车领域，全方位综合制造型企业

1.企业概况

那智不二越致力于提供全面的综合制造服务，从原材料产品到机床产品，涵盖了机械加工、工业机器人、功能零部件和材料等多个领域。机器人是其业务发展中的一个板块。公司凭借遍布全球的高效率点焊机器人，对实现生产自动化做出了重要的贡献。公司的创始人坚信，要想让日本的产业取得进步，必须从机械工具的研发和制造开始，这一理念也成为该公司的核心价值观。

图6-3 那智不二越公司标志

来源：那智不二越公司官网。

2.发展历程

1979年,那智不二越公司开发出世界首台电动型多关节机器人。

2003年,那智不二越贸易有限公司在中国成立。目前,那智不二越在中国已经建立了2家轴承制造厂、1家精密刀具维护中心和1家焊接制造厂,未来还将继续拓展其产业基础。

20世纪90年代,受金融危机的影响,为调整经营结构,那智不二越采取了3家分公司制度。2005年,美洲、欧洲和ASEAN企业联手打造了一座巨大的机械化工厂,量身定制生产,同时新增了一条专门用于冶金的特殊钢铁生产线。2010年,为了加快机器人技术的国际化,该公司积极推进机器人商业中心的建立,大力推进中国、印度、南美等地的机器人技术研发与应用。随着技术的不断进步,堆码机器人被广泛应用于物流基础设施建设领域。之前所建立的联盟合作也发挥其作用,开发出更高效、更先进的缝焊机器人和透明导电膜成膜装置。2016年,该公司重新定位了"以机器人为核心的综合机械制造商"的理念,并在全球范围内建立了一系列先进的机器人技术研发中心。通过引入WING SLICER型机器人EZ系列,该公司拓展了产业机械的新领域;为了满足市场需求推出了工艺集约型旋刮加工机。

3.产品品类

国际模具及五金塑胶产业供应商协会秘书长罗百辉表示,那智不二越的产品与汽车行业息息相关,为全球五金塑胶产业提供了更多的解决方案。那智不二越在全球多地有自己的汽车制造厂。由此可以看出,该公司整个产品系列主要针对汽车产业。

如今,那智不二越已经研发出了24款机器人,包括水平多关节机器人、轻巧紧凑型机器人、码垛机器人、高精度点焊机器人等,为工业生产提供了更加先进的技术支持。作为一家专注于机器人领域的公司,那智不二越拥有丰富的机器人技术,主要面向搬运大型物品、点焊、弧焊、涂胶等应用场景。它的出色表现为日本丰田汽车的生产线提供了强大的支持,为客户提供了更加高效、精准的服务。

4.未来发展方向

那智不二越的未来发展方向是成为一家具有创新能力和竞争力的制造型公司，并在欧美、中国等地区拓展市场。此外，它还计划在东南亚地区继续拓展业务。

（三）川崎机器人：差异化满足客户需求，以物流领域为主

1.企业概况

川崎机器人（Kawasaki）是一家具有悠久历史的上市公司，致力于开发和应用各种工业机器人技术。作为机器人行业的领导者，川崎机器人公司专注于开发先进的控制器及高质量机器人，坚持以高质量、高功能、高安全性的产品与服务为使命。

图6-4　川崎机器人公司标志

来源：川崎机器人公司官网。

2.发展历程

1967年，日本首次将最新的机器人技术带到美国。在接下来的一年中，川崎重工成功研制出日本第一台工业机器人，这标志着工业机器人的商业化应用正式拉开序幕。在政策的高度支持与社会的特殊结构加持下，日本机器人迅速实现了国产化，产量突飞猛进，迅速走出摇篮期，进入快速发展的阶段。川崎公司在我国多地都有分公司，在机器人制造领域有着丰富经验，其产品覆盖海陆空多个领域。

3.产品品类

川崎机器人公司主要在物流生产线领域提供机器人产品，目前已经在全球销售超过5万台不同种类的机器人。随着科技的发展，物流领域的机器

人种类越来越丰富。川崎机器人公司可以根据客户的不同需求,为其量身定制出最适合的机器人。川崎公司的工厂能够生产各种先进的喷涂机器人和焊接机器人,并且配备了专门的实验室,为客户提供优质的体验服务。产品有完善的售后机制,能够及时为顾客处理相关售后问题。该公司拥有多种配件,可以满足不同的客户需求。该公司的混合加工测试机器人系统在日本国内处于领先地位。除此之外,为有效应对各种复杂环境下的任务与重大突发事件,确保人们的生命安全与身体健康,川崎公司与英国机器人系统集成商Dekia合作,围绕安全分拣核废料开展联合开发工作。

4.未来发展方向

随着制造业的发展及数字智能时代的到来,川崎机器人公司接下来的发展主要关注高端设备、智能型家具等以创新材料为主导的产业。在工业精度要求不断提升的背景下,川崎机器人公司将进一步深入关注机器人领域。[1]

（四）爱普生机器人:机械手产品深受欢迎

1.企业概况

爱普生公司成立于1942年,在数码影像领域处于全球领先地位。爱普生在全球拥有94家公司,其生产和研发机构遍布全球32个国家及地区。爱普生公司坚持以"让客户满意"为宗旨,重视企业活力与自然环保。

---

① 《川崎机器人产业迎来前所未有的机遇期》,泽鑫机器人网,2020年8月17日, http://www.xz-robot.cn/news/28.html。

图6-5 爱普生机器人公司标志

来源：爱普生公司官网。

2.发展历程

爱普生公司的机械手制造始于1982年，当时该公司主营业务是制作高质量手表；2009年10月，爱普生公司在中国内地建立了一个全新的服务中心，以提供全面的机器人（机械手）产品，其业务包括市场宣传、销售、技术培训、售后维护等。

3.产品品类

爱普生公司是水平多关节工业机器人领域的佼佼者，拥有卓越的系统设计能力。其中包括4项核心技术——高精度的运动控制、末端的振动抑制、机器视觉技术的应用、"让自动化更轻松易用"的机器人操作软件，使其在各种应用场景中都能发挥出最佳的性能。目前，爱普生公司的产品主要有水平多关节系列机器人和小型六轴机器人两类，包括LS系列、C4系列及RS系列。LS系列为轻量及紧凑型设计；RS系列覆盖工作面较大，可实现360度全覆盖；C4系列作为六轴机器人，相对而言性价比较高。不同类型的产品可供顾客自由选择。在小型六轴机器人中，S5/S5L具有出色的性能，它以极快的行驶速度、精确的定位、极低的振动成为小型六轴机器人的代表。爱普生在水平多关节机器人技术上具有显著优势，其视觉系统、传送带跟踪技术以及机械手力反馈应用技术更是独树一帜。

此外，爱普生公司还拥有自动校准技术，可以通过标准程序实现视觉系统和机械手系统之间的转换,提高工作效率。爱普生公司的产品已经被广泛应用于多个领域。在3C电子、医疗、食品、太阳能、工业制造等多个领域,爱普生公司的机器人都有着出色的表现。爱普生的产品主要应用于电子市场。除此之外,食品、药品、化妆品、日常用品也是爱普生的目标市场。

4. 未来发展方向

爱普生致力于推动自动化、协作化和可持续发展,并在中东地区制订了可衡量的具体计划,以实现这一目标。随着智能设备的不断发展,爱普生公司的产品已经被广泛应用于汽车零部件、金属加工、食品、医疗等行业。通过增加 C8 系列机器人,爱普生公司可以实现更多的创新,并为市场带来更多的增长机会。[①]

(五)库卡:"最纯粹"的机器人

1. 企业概况

库卡(KUKA)是一家在德国奥格斯堡创立的工业机器人和自动控制系统制造商,在全球范围内享有盛誉。库卡公司致力于通过提供高质量、高效率的服务,实现世界领先的业务水平,目前已在全球设立了20多家分支机构。库卡公司被公认为自动化生产行业的领导者,其生产系统、机器人、夹具、模具和备件等产品均可满足客户的需求。

图6-6 库卡公司标志

来源:库卡公司官网。

---

① 《爱普生机器人:如何在中国市场崭露头角》,三秦 IT 网,http://xa.zol.com.cn/html/cs-news/23/231697.shtml。

2.发展历程

1973年,KUKA公司开发出全球第一台机电驱动的六轴机器人FAMU-LUS,它的出现标志着机器人技术的革新和发展。1989年,新一代的工业机器人诞生,它们采用无刷电机技术,大大降低了维护成本。2007年,库卡公司进行了一次大规模的业务重组,将机器人业务整合到一个新的架构中,其中包括机器人本体业务以及系统集成部门。1995年,库卡公司从库卡焊接和机器人有限公司分裂出来,建立了一家全新的有限公司。2022年3月25日,库卡公司被美的收购。

3.产品品类

库卡公司最初专注于城市与室内照明设备领域,主要生产PC控制型机器人。库卡公司的机器人分为弧焊、铸造、搬运和堆积4种类型。库卡公司的机器人技术已经能够实现人机协作,可以在极端环境下实现耐脏、防水等多种功能。该公司的产品被广泛应用于各种行业。库卡公司的工业机器人已经被广泛应用于汽车行业,其客户包括通用、克莱斯勒、福特、保时捷、宝马、奥迪和奔驰等知名汽车制造商。

4.未来发展方向

未来,库卡公司将把人工智能技术与机器人产业更有效地结合起来,将电子元件和软件生产转变为智能、互联的生产线,将机器人放在移动平台上进行操作,从而更好地进行生产。库卡公司被美的收购后,中国广阔的市场为其提供了更多发展动力。

(六)ABB:专注运动控制,为用户解决提高生产力的难题

1.企业概况

1998年,瑞士的2家跨国企业BBC和阿西亚(ASEA)完成合并,成立了ABB公司。

图6-7 ABB公司标志

来源：ABB公司官网。

2.发展历程

ABB公司的前身之一是以照明电器、电机与变压器为主要产品的阿西亚公司。ABB公司作为全球工业自动化的龙头，其发展周期大概可以分为3个阶段。

第一阶段：1988—1998年，重点发展电力电气业务。ABB公司在经历了ASEA和BBC的合并后，发展到如今的世界级电力电气供应商，其影响力已经扩展到了全球各地。ABB公司通过收购和合作的方式，在美国、东欧和中国建立了大量的发电和配电设施。

第二阶段：1998—2008年，重点发展机器人和自动化技术。20世纪末期，由于汽车、计算机技术的飞速进步，工业机器人和自动化设备的需求量急剧增加，因此，ABB公司不得不放弃传统的发电站业务，积极拓展工业机器人和自动化业务。

第三阶段：2008年至今，重点发展数字化工业。2011年，ABB公司推出全球最先进的码垛机器人IRB 460。

3.产品品类

ABB公司借助PARTsolutions管理工程，提高了工程设计效率，优化了设计流程，从而有效降低了产品开发成本。ABB公司主要为工业、交通、建筑等行业的客户提供生产效率与能源解决方案。2022年，雷柏公司深圳厂区安装了70台ABB的机器人IRB 120，不仅大大减轻了工人的负担，而且极大地提升了生产效率，降低了生产成本。雷柏公司利用这些机器人的灵活性特点，大大降低了工程设计的复杂性，使得自动设备的开发时间比原本预期缩短了15%。2023年，ABB公司推出了其史上最小的桌面机器人IRB 1010，它的工作范围达370 mm，小巧且性能高。

4. 未来发展方向

ABB公司总裁指出，虽然自动化发展是行业关注的重点，但未来竞争的关键在于进一步发展研发灵活性机器人，以迎合市场的需要。

第二节　国内知名机器人企业

截至2021年，我国连续8年成为全球最大的机器人市场，基本建立了完整的机器人产业体系。中国机器人产业的发展晚于发达国家，在机器人产业链上游——核心零部件上，进口依赖度较大。因此在国际知名机器人企业排行中，国内企业入围较少。

一、国内知名机器人企业发展环境及排行

国家统计局数据显示，2021年中国劳动人口数量占总人口的比例为62.5%，这一数字已经连续9年出现下降。这表明我国劳动力供给严重短缺，劳动力成本也在上涨，这就导致我国对工业机器人的需求量大幅增加。目前，我国机器人产业发展环境的特点为政策扶持力度大、缺乏核心技术。

（一）政策扶持力度大

我国的机器人产业起源于1970年初。在2012—2017年政策的大力扶持下，中国机器人产业的发展呈现百花齐放的特征。2015年，中国发布《中国制造2025》规划，促进中国本土机器人企业的蓬勃发展，让机器人产业成为经济发展的重要动力。截至2018年3月，中国拥有6874家机器人服务提供商，其中广东、江苏、上海、浙江四省市的机器人企业数量占据了全国的50%，其中

不乏一批具有高水平技术、高质量服务、高效率生产的国产机器人领军企业。2022年中国机器人企业50强见表6-1。

表6-1 2022年中国机器人企业50强

排名	企业	主要产品
1	天智航	骨科手术机器人
2	埃斯顿	工业机器人
3	微创医疗机器人	医疗手术机器人
4	科沃斯	服务机器人
5	博实股份	工业机器人
6	高仙机器人	清洁服务机器人
7	汇川技术	工业机器人
8	新松机器人	工业、医疗、协作机器人
9	哈工大机器人	工业、服务、文旅机器人
10	石头科技	个人/家用服务机器人
11	擎朗智能	服务机器人
12	云鲸智能	个人/家用服务机器人
13	九号机器人	家用服务机器人
14	昔渡科技	商用服务机器人
15	拓斯达	工业机器人
16	术锐技术	医疗机器人
17	埃夫特	工业智能机器人
18	思灵机器人	人工智能机器人
19	珞石机器人	医疗机器人
20	云迹科技	服务机器人
21	傅利叶智能	核心康复机器人
22	优必选	人工智能和人形机器人
23	节卡机器人	协作型机器人
24	极智嘉Gockt	仓储物流机器人
25	仙工智能	工业物流机器人
26	洛必德	酒店服务机器人
27	海柔创新	仓储物流机器人
28	快仓智能	仓储物流机器人
29	翼非自动化	工业机器人

续表

排名	企业	主要产品
30	达闼科技	云端智能机器人
31	猎户星空	服务机器人
32	三丰智能	工业机器人
33	姜歌机器人	物流运输机器人
34	云深处科技	四足仿生机器人
35	视比特机器人	物流、制造、检测机器人
36	键嘉机器人	硬组织手术机器人
37	一来机器人	酒店服务机器人
38	博为医疗机器人	医疗机器人
39	大研机器人	工业机器人
40	SRT软体机器人	医养软体机器人
41	创泽机器人	消毒、服务机器人
42	海豚之星	工业搬运机器人
43	优地科技	配送服务机器人
44	亿嘉和	特种智能机器人
45	汉特云	环卫、物流机器人
46	来也科技	流程自动机器人
47	牧星智能	仓储物流机器人
48	景业智能	核工业系列机器人
49	司界智能	医疗康复机器人
50	博雅工道	水下机器人

数据来源：《互联网周刊》（2022年12月）。

从表6-1中的名单可以看出，目前我国机器人企业重点关注工业、医疗行业。2021年12月28日，15个部门联合发布《"十四五"机器人产业发展规划报告》，旨在推动中国在2025年之前实现全球机器人技术创新的领先地位，建立起高端制造的集群，开拓出更多的集成应用。[①] 到2035年，中国的机器人产业将取得全球领先的发展，成为世界级的行业。

---

① 工信部：《"十四五"机器人产业发展规划报告》，2021年12月。

（二）缺乏核心技术优势

尽管我国机器人专利数量在全球排名第一，但在操作系统、控制软件、高端控制系统等方面的技术仍有待提升。"隐性冠军"等细分领域的技术空心化、高端产品低端化、主导市场边缘化等问题仍然存在，这些严重制约了我国机器人技术的发展。未来，我国机器人产业将重点关注轻量化、灵活性和人机协作能力，并不断提升机器人的小型化、轻量化和灵活性，以满足更多复杂的操作需求。

二、国内知名机器人企业分布及类型

根据机器人产业的发展趋势，我国划分出了六大区域：珠三角、长三角、东北、中部、西部和京津冀。这些区域将在未来5年内实现机器人产业的全面发展。截至2022年3月2日，中国工业机器人相关企业数量超过11.4万家。从地域分布来看，江苏、广东、山东3个省份的相关企业数量最多。①

大部分机器人企业聚集在沿海地区，长三角和珠三角地区是这些企业的主要聚集地。长三角地区的机器人企业技术发展迅速，基础设施完善，在产业链构建、市场竞争和创新资源配置等方面处于全国领先水平。珠三角地区的制造业更是蓬勃发展，培养出一批具有竞争力的本土机器人企业。东北地区虽然有一定的机器人企业发展优势，但整体上发展较为有限，中西部地区则展现出后发潜力。

国内机器人产业发展的整体趋势呈现出头部企业引领、多家小型创新企业发展的百花齐放之势。例如，苏州科沃斯是一家在家用扫地机器人领域拥有领先优势的"小巨人"企业，它在国内的市场份额一直保持着领先地位，

---

① 亿欧智库：《2022年中国工业机器人研究报告》，2022年6月。

并且在北美、欧洲等地区的市场份额也一直保持在前三。深圳大疆是一家全球领先的无人机制造商，专注于无人机控制系统。自成立以来，大疆不断探索，将其业务范围扩展到无人机、手持影像系统、机器人教育等多个领域，并取得了显著的成就，成为全球领先的品牌。随着技术的不断进步，中国已经成功培养了一批以达芬奇外科机器人为代表的智能手术机器人公司。此外，还有一些公司专注于智慧医疗，为患者提供消毒、药品配送等智能化服务，例如上海钛米。随着全球机器人行业竞争的日益激烈，许多国际知名公司开始在中国建立工厂，以提高生产效率和竞争力。例如，2021年，发那科、安川、ABB均宣布在中国建厂或设立研发中心，其中发那科的扩建工厂将于2023年内投产，占地面积达到原来的5倍。①

三、国内机器人企业典型案例

近年来，沈阳新松、哈尔滨博实、上海新时达、广州数控、安徽埃夫特等一批本土机器人企业迅速崛起，并不断拓宽市场，建立起完善的机器人产业链，拥有了较大的规模和较强的技术能力。国内已经出现了一批具备较强技术实力的机器人企业，它们能够根据行业实际需求，快速推出具有中国特色的应用解决方案。

（一）新松：数字化高端设备，智能机器人企业

1. 企业概况

中国科学院沈阳分院旗下的新松公司致力于机器人和自动化技术的开发，也是目前在全球十大机器人排行榜上的唯一一家中国企业。

---

① 中国电子学会：《中国机器人产业发展报告》，2022年8月。

SIASUN 新松

图6-8 新松公司标志

资料来源：新松公司官网。

2.发展历程

新松公司的历史可以追溯到2000年，当时它的名字叫国家工程研究中心，后来改名为沈阳新松机器人公司，专注于机器人的开发和制造。

2007年，新松公司与美国通用汽车签订AGV供货合同，打破了中国机器人无出口的历史。

2009年，新松公司依托中科院完成了100多项专利，并基于自动控制的核心技术不断开拓新业务。

2014年，新松公司与海信合作研发智能机器人，并在沈阳建立了机器人智慧园。

3.产品品类

新松公司正在全力以赴地开发五大业务板块：工业机器人、智能制造、智能检测、智能物流、智能交通。新松公司的主要业务是机器人和数字化工厂。新松公司的产品线涵盖了70多种机器人，包括工业、移动、特种、洁净等机器人。其工业机器人的出现，不仅填补了国内多项技术空白，还在中国机器人产业历史上取得88项第一的成就。洁净机器人更是多次打破国外的技术壁垒，取得了巨大的成功，完全取代了进口。特别是在涉及国家安全的关键领域，新松特殊机器人得到了大规模的应用。新松公司与英特尔合作，推出了多款机器人产品，包括"松果三剑客""松康"和"松宝"，为客户提供更加高效、准确的服务。

新松公司机器人的发展具有显著的特点，即实现了产业集群化。它已经覆盖了工业机器人、智能物流、自动化成套设备、洁净设备、激光技术设备、轨道交通设备、节能环保设备、能源设备、特殊设备以及智能服务机器人等多个领域。中国已经成为全球最大的机器人产业基地。新松公司的机器人技术取得了巨大的进步,其中包括在新能源电池领域的突破性进展,以及首次将服务机器人推向全球市场。

4. 未来发展方向

新松公司的产品线已经相当完善,但仍然存在与国际顶尖企业的规模差距。为了更好地满足客户的需求,新松公司正在大力发展医疗、养老、康复和助残等领域,还将积极投入到餐饮和社会公共安全方面。未来,新松机器人将进一步关注我国的老年人以及残疾人群体的生存发展问题,挖掘该领域的发展潜力。

随着人工智能市场需求的显著增长,新松公司将继续坚定不移地走自主创新之路,利用创新平台的优势,深入优化和开发机器人控制技术和核心算法,努力解决"卡脖子"问题,实现机器人产业的可持续发展,完善国家机器人技术创新的基础。

(二)埃斯顿:工业机器人及智能制造系统

1. 企业概况

埃斯顿公司于1993年创建,专注提供高性能的自动化零部件和运动控制系统,以及各种工业机器人和相关设备。埃斯顿公司拥有先进的技术,并且在产品研发上持续创新,已经建立了涵盖各种工业机器人的完整产品线。埃斯顿公司致力于国际化发展,已经成为中国市场上销售量最大的国产机器人公司。

图6-9　埃斯顿公司标志

资料来源:埃斯顿公司官网。

2.发展历程

2015年公司成立。2016年,埃斯顿公司在意大利投资,利用意大利的先进技术,大大增强了竞争力。2019年,该公司成功收购了全球最具影响力的德国CLOOS公司,将我国的标准化焊接机器人工作站业务推向国际舞台。

3.产品品类

埃斯顿公司的整体业务涵盖两大领域:自动化零部件与运行控制、工业机器人和智能生产。根据埃斯顿官方公众号数据,截至2022年8月,公司拥有57款机器人,工作负载从3 kg到600 kg。公司产品广泛应用于光伏、锂电、焊接和钣金加工领域,其中钣金加工、冲压和光伏排版技术在行业中处于领先地位。由于下游制造业的需求增长,汽车行业作为其机器人产品的主要应用领域,具有巨大的发展潜力。2021年,埃斯顿公司与河南骏通车辆有限公司签署了一份大规模机器人销售合同,标志该公司在专用车辆制造领域取得了重大突破,实现了跨越式发展。通过埃斯顿公司的大型标杆项目,中国工业机器人供应商获得了巨大的市场机会。随着工业机器人技术的提高和项目经验的积累,中国品牌在汽车行业的影响力将会进一步增强,从而推动中国产品对国外产品的替代进程。

4.未来发展方向

通过不断积累底层技术,以及向外并购优质资产,埃斯顿公司已经实现了80%零部件的自主供应,并具备了满足多样化和定制化需求的本体设计能力。同时,埃斯顿公司还能够开发出更加先进的软件算法,以提升机器人本体的质量。该公司采取"通用＋细分"策略,致力于在工业机器人领域取得成功。当前,埃斯顿公司在光伏、锂电、3C以及其他通用领域具有显著的竞争优势,拥有丰富的海内外客户群体。随着公司产品的全球化应用,产品需求量不断增加,预计到2025年,埃斯顿将跻身全球机器人企业第一阵营。

新能源行业的快速发展对创新型、高灵活性的机器人等自动化、生产线解决方案的需求增加。不同于传统的燃油汽车行业,在EV整车和锂电池行业中,中国品牌拥有较大的市场份额,也为中国以汽车产业为主要销售生产的机器人企业提供了发展机会。

(三)新时达:以运动控制为核心,持续开拓全球市场

1.企业概况

新时达机器人公司成立于1995年,2013年在上海嘉定建立了生产基地。上海新时达机器人有限公司是一家拥有先进技术的高科技企业,是国家级技术创新企业新时达的全资子公司,致力于提供优质的工业机器人产品,为客户提供更加高效、安全的服务。

图6-10 新时达公司标志

资料来源:新时达公司官网。

2.发展历程

作为"专精特新"企业,新时达专注于机器人赛道,通过研发驱动,在国内较早实现了核心零部件、本体、解决方案全产业链布局。2010年公司上市后,看准了工业机器人发展方向,开辟了机器人业务。2021年,新时达机器人累计出货2万台。2022年,为了满足多元应用场景的需求,新时达不断推出新品机器人。

3.产品品类

新时达的机器人产业链包括控制系统、伺服电机、整体结构、外置减速器和电动机。新时达主要提供六自由度工业机器人、精确的控制器、高性能的伺服系统以及多种通用的交流伺服系统,为客户提供更加高效、可靠的产

品。新时达致力于打造一个拥有丰富行业经验的机器人制造企业,其中包括焊接、码垛、通用三大领域。新时达公司的核心技术是运动控制技术。同时,该公司致力于推进数字化和智能化,为客户提供全面的智能制造解决方案。新时达公司的业务涵盖电气控制、变频驱动、运动控制、机器人和智能制造五大领域。新时达公司的产品已被广泛应用于各个领域,包括3C、家电、食品、饮料、汽车零部件、电梯、金属加工和光伏新能源。

4.未来发展方向

为了实现全球化战略,新时达已经在德国、日本和马来西亚建立了合资公司,同时还计划扩大其全球业务范围,以不断推动其在世界各地的发展进程。

（四）海柔创新:箱式仓储机器人的领航者

1.企业概况

海柔创新公司成立于2016年,凭借深入的细分场景经验、良好的产品技术能力和快速的业务增长表现,逐步受到今日资本、华登国际等私募机构的青睐。自公司成立至今,共融资了9轮,领投方不乏头部投资方。据媒体报道,其目前估值近20亿美元。

图6-11　海柔创新公司标志

资料来源:海柔创新公司官网。

2.发展历程

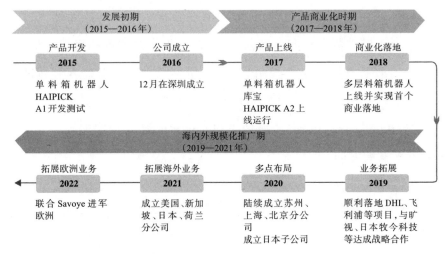

图6-12　海柔创新公司发展历程

资料来源：亿欧智库。

3.产品品类

海柔创新的HAIPICK库宝箱式机器人系统，以其先进的技术、高效的运行性能及可扩展性、可维护性，成为箱式仓储机器人行业的先驱，它的三大产品系列包括多层料箱机器人HAIPICK A42、伸缩升降料箱机器人HAIPICK A42T、托举式拣选机器人HAIPICK A3。海柔创新公司在全球箱式仓储机器人市场上排名第一，已经成为中国物流领域的领军企业。

海柔创新公司的产品设计具有轻巧、规模大的优势，可以满足"货箱到人"模式的需求，并且广泛应用于电子商务、3C制造、医疗保健、电力等多个领域。因此，海柔创新公司抓住不同场景的需求，在相似场景中实现规模化复制，并逐步从流通场景向制造场景渗透。与此同时，海柔创新公司不断积累项目经验，针对不同客户进行方案定制。海柔创新公司的箱式仓储机器人在鞋服行业中表现出色，可以满足多种需求。该公司4年来专注鞋服行业，建立了完善的标准化模块，可以根据客户的需求提供快捷、高效、灵活、个性化的仓储管理解决方案，从而大大提升了企业的规模化水平。

4.未来发展方向

目前海柔创新公司在全球范围内已有超500个项目,其中国内项目占70%,客户类型多种多样。未来,海外业务将成为海柔创新的重点之一。海柔创新公司的海外业务发展至今,共覆盖全球30多个国家和地区,在多个国家成立子公司。

(五)海康机器人:机器视觉及移动机器人领军企业

1.企业概况

海康机器人公司是一家全球领先的移动机器人、机器视觉产品和解决方案提供商,不断推动智能化技术的发展,为制造业带来革命性的变革,引领着智能制造的新时代。

图6-13　海康机器人公司标志

资料来源:海康机器人公司官网。

2.发展历程

海康机器人公司在2014年开启机器人业务,并在2018年迅速拓展到全球范围,目前的业务范围已经遍及50多个国家和地区。海康机器人公司在东南亚市场取得了巨大成功,这是因为该地区是全球制造业转移的核心地带,这也对企业的自动化水平提出了更高的要求。

3.产品品类

海康机器人公司已经建立了3条机器视觉产品线,并且以VM算法软件平台为核心,致力于打造完整的机器视觉应用生态系统。海康机器人已经建立起4类机器人硬件产品线RCS、iWMS和1个智能仓储系统,这些产品可用于各种场景，为多行业、全场景、全覆盖的业务提供强大支撑，助力企业实现更高效的运营。

4.未来发展方向

海康机器人公司在马来西亚、泰国、新加坡、越南、印度尼西亚5个重点市场都组建了本地化的服务团队，为当地近150家客户提供个人定制解决方案及售后服务。

海康机器人公司在视觉、算法和大数据分析领域持续投入，令产品拥有出色的环境感知、精准的定位和高效的路径规划能力，从而在多机器人协同作战、物流管理等方面拥有显著的优势。未来，公司将把视觉技术与移动机器人相结合，大幅提升动态导航的能力，以满足当下产品的轻量化需求。

（六）天智航：精准医疗行业

1.企业概况

2005年，天智航公司成立。2022年，根据《互联网周刊》、eNet研究院、德本咨询联合调研，天智航公司在医疗机器人领域取得了巨大成就，获得200余项专利，成为"国家机器人标准化总体组"的成员单位。

图6-14　天智航公司标志

来源：天智航公司官网。

2.发展历程

2006年，天智航骨科机器人进行了中国第一次远程手术。2010年，该机器人荣获CFDA的认可，为中国的医疗技术发展做出了重大贡献。2014年，科技部推出了"国家重点新产品计划"，其中包括了骨科机器人。在2016年，天智航公司入选北京生物医药业跨越发展工程创新引领企业。2017年,"天玑"骨科手术机器人荣获北京市科技进步奖,成为新技术新产品(服务)的典范。2022年,天智航公司实现了首例"5G+骨科手术机器人"实时连线模式。

3.产品品类

天智航公司拥有多款先进的机器人产品,包括TKA、THA和天玑Ⅱ,它们专注于精密医疗领域,为患者提供更加安全、高效的治疗服务。

天玑骨科手术机器人是其核心产品,它能够帮助医生准确地定位植入物或手术器械,在脊柱和创伤骨科领域得到广泛应用。天玑机器人不仅能够将临床精度提升至1mm以内,而且能够有效降低手术中的辐射,大大提升了手术的效率,也将复杂的手术变得更加简洁、更加标准。在骨科机器人的支持下,手术过程变得更加高效、精确。作为中国首台具有完整自主知识产权的骨科手术机器人,天玑机器人不仅具备良好的外观和功能,而且可以应对各种复杂的病症,这对于改善患者的健康状况具有重要的意义。

4.未来发展方向

尽管医疗器械的市场前景广阔,但目前仍然存在技术壁垒高、研发周期长等问题,国内手术机器人企业仍处于发展初期。未来,天智航公司需要解决研发费用大幅增长带来的企业亏损问题,继续聚焦骨科机器人赛道,创新研发新品,保持自身的技术优势与精度优势,将手术机器人的成本控制在市场可以接受的范围内,以维持企业的长期发展。

(刘丹、李微,河北传媒学院)

第七章　国内外机器人发展案例

机器人是一种能够替代人类完成危险、繁重、复杂生产活动的半自主或全自主智能机器，目前在各个行业都有所发展。本章选取了一些国内外具有代表性的案例，从发展历程、技术体系、典型机器人、应用场景和发展趋势等方面进行介绍。

第一节　波士顿动力机器人

波士顿动力机器人包括 Big Dog、Little Dog、Petman、LS3、Atlas、Spot、Handle 等多类机器人，分别从机械结构、算法步态控制、动力系统耗能等方面进行更新迭代。图 7-1 为波士顿动力机器人的产品历史线。综观产品历史线，可以发现其核心在于发展腿式机器人以适应不同环境需要；技术上，则体现在对动力学的运用和平衡状态的控制上。通过控制关节运动，并根据运动目的计算设计腿的移动序列，可以实现在移动过程中感知不同的地势以寻找有效支撑点并控制本体的平衡和稳定持续移动等。

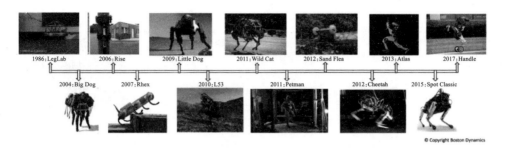

图7-1　波士顿动力机器人的产品历史线

一、发展历程

波士顿动力公司已经有40多年的历史。虽然它在1992年才成立,但其创始人马克·雷伯特早在1980年就开始专注于机器人方向。在波士顿这个"人工智能的诞生地",约翰·麦卡锡(John McCarthy)与马文·李·闵斯基(Marvin Lee Minsky)于1955年首次提出"人工智能"概念,并在麻省理工学院创立了人工智能研究室,让人工智能发展为一门学科。1977年,雷伯特从麻省理工学院毕业,6年后便造出了第一台机器人,尽管只有一条腿,但其平衡性极好,机动能力也很强。一年之后,雷伯特的第一只四腿机器人诞生,即Big Dog的雏形。1986年,雷伯特将CMU leg实验室搬到麻省理工学院,随后便孵化出波士顿动力公司的雏形。与比尔·盖茨、马克·扎克伯格等因发现商机而中途放弃名校学位出来创业的科技先锋们不同,雷伯特一直在学校里潜心钻研技术。雷伯特对研发双足与四足行走机器人本身的学术追求优先于对盈利的渴望,他曾表示:"没有经历至少25年潜心研究的机器人产品,不足以商业化。"

表7-1是波士顿动力公司产品发展历史。

表7-1 波士顿动力公司产品发展历史

时间	产品	特点	图片
1980—1995年	单足、两足和四足机器人	简单,但平衡性极好,机动能力也很强	
2006年	Rise(攀爬机器人)	具有较强的攀爬能力	
2007年	Rhex(蟑螂机器人)	可以上下爬行、跳跃、左右移动	
2004—2010年	Big Dog(大狗机器人)	体型庞大,利用"汽油机"提供动力	
2009—2010年	Little Dog(小狗机器人)	属于小型四足机器人	
2009—2013年	Petman(佩特曼)	由Big Dog改进而来	
2011—2012年	Alpha Dog(阿尔法狗Ls3)	能在炎热、寒冷、潮湿和肮脏的环境中运行,主要用于军事化作业	

时间	产品	特点	图片
2012年	Sand Flea（跳蚤机器人）	小巧的、可以跳跃的机器人	
2012年	Cheetah（猎豹）	速度达到18英里/小时（约29km/h），2013年打破纪录达到28.3英里/小时（约45.5km/h）	
2013年	WildCat（野猫）	奔跑速度可以达到19英里/小时（约30km/h）	
2013年	早期Atlas	根据早期的Petman人形机器人改造设计而成	
2015年	早期Spot	专为室内和室外操作而设计，跳舞机器人的前身	
2016—2021年	Handle	一种研究型机器人，有两条灵活的腿在轮子上，速度能达到9英里/小时（约14km/h）	
2016—2021年	新版Atlas	能进行很多"酷炫"的动作	

时间	产品	特点	图片
2017—2021年	新版Spot	升级了各种应用场景的功能	
2021—2022年	现代机器人	军事化功能和应用场景逐渐强化	

由表7-1可见，在产品线上，从单足机器人到人形机器人，波士顿动力公司有着明显的军事化应用的路线特征。起初，波士顿动力公司的主要服务对象是包括美国国防高级研究计划局（DARPA）在内的许多军方机构，并获得大量军方投资。2020年4月，作为军事政治色彩浓重的公私合营企业，先进机器人制造研究所（ARM）宣布波士顿动力公司加入其会员行列。与军方的合作和源源不断的资金支持，使得波士顿动力公司在前沿科技领域大跨步发展；并保持研发方向的连贯性，制造出了著名的Big Dog和Petman等仿生军用机器人；其与美国国防部共同研制的人形机器人Atlas更是成为武器系统的一部分。

一个好产品的问世靠的是一个生态、一个产业链。从机械零部件到电子、电气元器件，再到算法、传感器，机器人产业的进步需要产业链的协同进步。马萨诸塞州的人工智能、机器人、机器学习和工程领域的顶尖人才和企业，以及广泛的应用场景，成为波士顿动力公司发展壮大的关键。除了马萨诸塞州，波士顿动力公司在整个美国范围内形成了良好的产业链生态。例如，Atlas机器人感知视觉技术发展相对成熟，它借鉴Google Transformer模型，搭建Hydra Net神经网络模型，优化视觉算法，完成了自动驾驶纯视觉系统的迁移。Atlas机器人采用MOOG公司的航空伺服阀作为主控制阀，频响接近1000 Hz,即 Atlas 可在接近1ms的时间内对运动指令做出响应。

二、技术体系(以 Big Dog 为例)

波士顿动力公司研发的 Big Dog 大狗机器人凭借一条"一脚踹不倒"的视频而闻名。其开发目标是世界最先进的户外应用四足机器人。2004年发布的 Big Dog 机器人外形约1m高,1m长,0.3m宽,重90kg,整体外观如图7-2所示。它可以执行步行、小跑、起立、坐下等动作。在实验室时,它在短暂时间内奔跑速度超过了 3.1m/s。

图7-2　Big Dog机器人

Big Dog 机器人由液压驱动作为动力传动系统,以 A*路径规划算法作为自主导航的核心算法,配合机体集成的关节传感器、立体视觉相机、激光雷达、GPS天线等本体/环境传感器,实现复杂地形下的步态和平衡动力控制。下面从硬件架构和控制架构两方面解析这一款机器人。

(一)硬件架构

Big Dog 机器人的硬件架构主要包括机械本体结构、液压传动系统、传感器检测系统三部分。

1. 机械本体结构

Big Dog 机器人机械本体的各部分结构如图7-3所示，整体为四足结构，每条腿都有4个自由度（每个自由度的关节由液压执行器提供动力），分别包括1个小腿、1个动力膝关节、2个臀关节（x 和 y 向）。液压执行器是由两级航空质量伺服阀调节的低摩擦液压缸，在每个执行器中都安装了检测关节位置和力的传感器。足端底部有力传感器，用于感知与地面接触力的大小；小腿腿部安装了弹簧，用于减少与地面的相互作用力，减少机身因运动产生的颠簸；躯体部分搭载了电源、动力系统和传感系统等动力系统和核心控制部件。

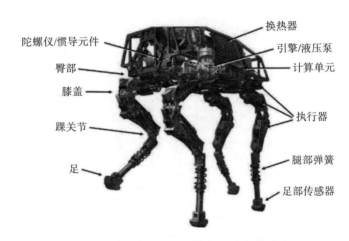

图 7-3　BigDog 机器人机械本体结构

2. 液压传动系统

Big Dog 机器人的动力源是水冷的二冲程内燃发动机，可提供约15 hp的功率，发动机驱动液压泵，通过过滤器、歧管、蓄能器和其他管路系统，向机器人的腿部执行器输送高压液压油。安装在 Big Dog 机器人身上的热交换器对液压油进行冷却，而散热器对发动机进行冷却，以使其持续运行。液路中还包括了检测油压、油温、流量的传感器。

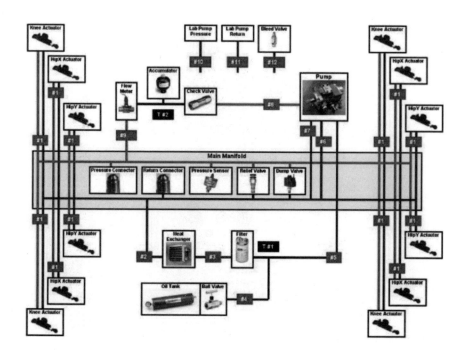

图7-4 Big Dog机器人液压系统结构

3.传感器检测系统

Big Dog机器人集成了大约50个传感器,大致可分为本体传感器(感知身体状态,如计量器、加速计、陀螺仪、油温)、环境传感器(监测环境条件,如视觉、周围温度等)和身体–环境交互传感器(测压元件、红外接触)3种类型。具体地说,每条腿的足部安装了力传感器,用以感知地面接触力的大小;膝盖处安装了红外接近开关,用以检测道路遇到的障碍物;每个关节的执行器上集成了位置传感器和力传感器,用以检测关节的速度、位置、加速度等运动状态;躯干安装了惯性传感器,用以测量身体的姿态和加速度。此外,还集成了视觉相机、激光雷达、GPS天线等传感器,用以勘测周围地形环境,从而指导肢体做出相应的运动状态。机载计算机整合了来自这些传感器的信息,以估算Big Dog机器人在空间中的运动方式。其他传感器监视Big Dog机器人的液压、流量、温度、发动机转速和温度等。传感器布局如图7-5所示。

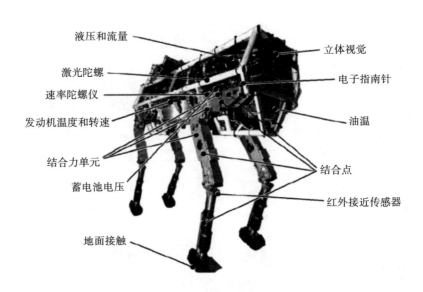

液压和流量
激光陀螺
速率陀螺仪
发动机温度和转速
结合力单元
蓄电池电压
地面接触

立体视觉
电子指南针
油温
结合点
红外接近传感器

图7-5　BigDog机器人传感器布局情况

（二）控制架构

Big Dog机器人通过处理传感器采集的信息，结合控制器内部植入的步态预设、路径规划、样条平滑等算法，以控制自身运动行为。控制计算机还记录了大量工程数据，以进行性能分析、故障分析和操作支持。内置的主控机执行低端和高端控制功能。低级控制系统在关节处反馈位置和作用力，在腿之间分配负荷，以优化腿部关节的负荷能力。高级控制系统（图7-6）用以执行姿势控制算法，在响应基本姿势命令的同时，协调机器人的运动学和地面反作用力。即在运动过程中调节身体的速度、姿势和高度，协调腿部的行为以适应不同地形，同时还要实时调节与地面的相互作用力。

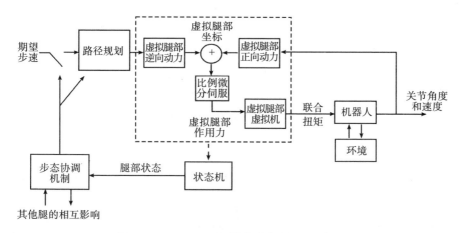

图7-6 Big Dog机器人高级控制系统架构

Big Dog机器人最早由人类操作员操控,该操作员通过操作控制单元(OCU)进行操作,OCU通过IP无线电与机器人进行通信。操作员使用OCU提供高水平的转向和速度输入,以引导机器人按照预设的路径运动,并控制其行进速度。操作员可以控制机器人进行启动、停止、站立、蹲下、行走、小跑或慢跑等动作,且OCU的可视显示为操作员提供了操作和工程数据。改版后,用自主导航系统代替了操作员。自主导航系统包括硬件和软件结构,硬件装备了激光扫描、立体视觉系统、感知系统和导航算法,用以适应不同地形。如图7-7所示,图中A、B、C、D是4个外界感知传感器,A是GPS天线,B是激光雷达,C是相机,D是IMU,E是本体传感器,用于检测关节部分的位置和力。

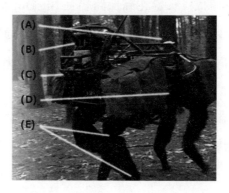

图7-7 自主导航系统硬件结构

立体视觉系统是由一对立体摄像机、一台计算机和视觉软件组成的。立体视觉系统可用于获取机器人面前的3D地形形状，还可以查找前进的清晰路径。激光雷达用于引导机器人前进。其系统架构如图7-8所示。

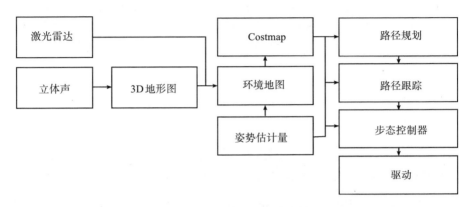

图7-8　立体视觉系统架构

自动导航系统一般利用来自2个环境传感器（立体视觉和激光雷达）的数据识别障碍物，计算穿过障碍物或围绕障碍物的轨迹，并命令步态控制系统跟踪该轨迹。

整个过程可以分为三个步骤。首先，对原始激光雷达扫描和相机图像进行处理，在世界范围内生成点列表，这些点能指示环境中的障碍。将这些点分段为不相交的对象，并随时间进行跟踪。其次，将这些对象组合到一个临时存储器中。该临时存储器用于构建机器人周围环境的成本图。此成本图用于计划通往中间目标的路径，旨在确保路径使 Big Dog 机器人与障碍物保持适当的距离，并确保路径在迭代过程中在空间上保持稳定。最后机器人的路径跟踪算法会引导机器人根据发送给身体的速度命令进入规划中的路径，然后移动到指定的落地点。

导航系统的步态估计如图7-9所示。腿部的运动学信息提供运动学测程，立体视觉系统则跟踪视觉特征进行测程，两者都以惯性测量单元（IMU）为方向信息来源，最后给定系统的步态姿势。雷达每隔13ms扫描一次，每次扫描都以机器人位置为中心同步周边环境信息，然后将生成的3D点云传递给分割算法。同样,视觉系统随时间累计视差图,维持在以机器人为中心4m×4m的3D地形图内。

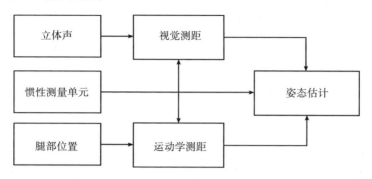

图7-9　导航系统的步态估计

由于地面的坡度和机器人身体的运动,激光雷达扫描仪中的数据将包括地面扫描数据。在外观上,与地面相似的是较大/平整障碍物的物体。为了成功分辨这些障碍物并且绕开,需要先对障碍物进行分割。激光雷达扫描仪将提供的点和基于立体声的点地形图分解成不同对象,随着时间的变化迭代,对对象进行分辨,使机器人能够适当地在中等坡度的环境中识别各种类型的变化和障碍物,包括树木、巨石、倒下的原木、墙壁等,如图7-10所示。

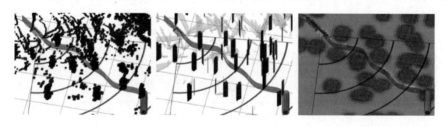

图7-10　识别的云图

三、典型机器人

从最早爆红的军用机器人Big Dog开始,波士顿动力公司每出一款机器人都极其引人注目。以下是几款重要的机器人。

（一）RHex

RHex是一款六足机器人，高14cm，重12kg，可负载2kg，由蓄电池供电，有6个舵机，具备视觉系统。该款机器人具有良好的密封性和机动性，可以适应沼泽、水泥地、森林等多种环境。

（二）Sand Flea

Sand Flea和RHex一样，是为军方开发的小型机器人，它的高度只有15cm，重量只有5kg，不具备负重能力，主要在比较平坦的地面上运动，可以通过一条弹跳腿跳过障碍物，最高可以跳10m高，每次充电可以弹跳25次左右。

（三）Big Dog

Big Dog机器人源自阿富汗战争。该款机器人在战时曾被派往阿富汗山区，跟随部队进行物资运送工作。Big Dog机器人不同于此前的轮式或履带式机器人，可在多种复杂地形条件下行走自如；同时全身布满了50个传感器，可在侧面外力作用下保持身体稳定。

表7-2　Big Dog机器人主要参数

项目	参数
长度	1m
宽度	0.3m
高度	1.1m
重量	109kg
负载	150kg
速度	0.7km ~ 11km/h
爬坡	35°
动力	由15马力的内燃机驱动液压泵
自由度	20个

BigDog 机器人虽然具备良好的性能,但由于噪声太大、维修困难等问题,不便于战场应用。波士顿动力公司在 Big Dog 机器人的基础上,研发了LS3 机器人。LS3 机器人在静音能力上得到了改进,同时体积更为庞大,负载能力更强,行动也更加灵活。

（四）Wild Cat

Wild Cat 在研发完成时,用 32km/h 的速度打破了麻省理工学院于 1989年创造的当时世界上速度最快的机器人纪录（21km/h）。

（五）Rise

Rise 是一款能够垂直爬行的机器人。Rise 的脚上附有很多微型爪,它们能紧紧地吸附在物体表面上。Rise 通过改变自身姿势来适应不同的表面。Rise 只有 25cm 长,重约 2kg,爬行速度为 0.3m/s。

（六）Spot/Spotmini

Spot 机器人是波士顿动力公司研制的最新款四足机器人。该机器人采用纯电驱动,解决了前几款四足机器人的噪声问题。Spot 机器人可根据客户需要,在头部增设不同类型的传感器、摄像头甚至机械臂,以满足不同任务的需求。

Spot 的应用场景包含室内和室外,可以通过激光雷达侦测外界环境,并以此调整运动姿态。在 Spot 的基础上,增加了一个五自由度蛇头,可以取放物品,并且续航时间提升了 1 倍,运行噪声极大减小。

（七）Handle

Handle 是一款具有划时代意义的轮足式机器人,不仅能在平整地面上运行,还可以在崎岖的草地、有一定斜度的坡地上运行,并且具备精准的跳跃功能。

（八）Atlas

Atlas 是在 DARPA 的资助下，基于 Petman 研发的军用人形机器人。在 2015 年 DARPA 机器人竞赛中，Atlas 能够在现场驾驶多功能车，完成穿越瓦砾、清除阻塞入口的碎片、打开门进入建筑物、爬上工业梯子并穿过人行道、使用工具突破混凝土面板、找到并关闭泄漏管道附近的阀门、将消防软管连接到立管等一系列任务。

表 7-3　Atlas 机器人主要参数

项目	参数
高度	1.9m
重量	150kg
速度	2.5m/s
躯干厚度	0.56n
肩宽	0.76n
动力	功率为 15kw 的 480V 三相电源
传输速率	10Gbit/s

Atlas 的研发出于纯粹的人道主义用途。美国国防部曾在 2013 年表示，没有兴趣将该机器人用于进攻作战。

（九）Petman

Petman 是一款用于测试化学防护服装的仿人机器人。因为它需要模拟士兵在现实条件下对防护服的反应，所以自然又敏捷的运动性能对 Petman 来说是至关重要的。不同于以往运动受限且过度依赖机械支持的测试机器人，Petman 能够自主平衡，运动也更加自由。Petman 能通过调控自身的体温、湿度和排汗量，来模拟人类在防护服下的反应，从而达到最佳的测试效果。

（十）Cheetah

Cheetah是目前世界上速度最快的腿式机器人之一，奔跑速度超过29英里/时（约合47km/h）。它的驱动力来自外部的液压泵，其背部结构是关节型的，能够随着每一个动作灵活地来回移动，提高了步幅和奔跑速度。

四、应用场景及发展趋势

在机器人时代，仿人和四足机器人是其中具有成长性的细分赛道。仿人机器人带来有别于传统工业机器人产业链的差异化需求。相较于工业机器人，仿人机器人对系统零部件的需求更为精密。通过对波士顿动力公司典型机器人及其应用情况分析可知，近年来机器人越来越广泛地应用于军事领域。它们可以执行许多对人类来说危险的任务，除搬运、侦察、测试、演习、排爆等后勤任务外，还可以作为武器平台执行攻击任务。随着机器人变得更先进与实惠，未来机器人的军事应用也是只增不减。将来我们可能会看到更多的机器人被用于执行军事危险任务。

目前该领域的关键技术难点是运动控制、高扭矩密度的驱动单元研究和环境感知能力、人机交互能力提升等，无框力矩电机与精密减速器将更具成长空间。四足机器人会与人工智能紧密结合，以ChatGPT为代表的人工智能技术将推动人机交互和环境感知技术的发展。同时，仿人机器人在感知、决策、控制方面提出了更高要求。随着仿人机器人产业化预期的提高，对专用芯片的需求也会不断提高。此外，随着电机技术的发展，电机直驱将是未来仿人和四足机器人的发展趋势。

目前，仿人和四足机器人产业化面临很多挑战。例如，应用场景方面，不仅需要在实际应用场景里高效运行，还需要解决稳定性、可靠性、安全性等方面存在的问题。此外，还需要推动关键技术的突破来加速产业化落地；在可扩展性方面，需要在特殊场景内进行定制化开发，进而达到适应不同应用场景的目的。

第二节　聊天机器人：ChatGPT

生成式人工智能（AIGC，AI-Generated Content）是继 UGC、PGC 之后，利用 AI 技术自动生成内容的新型生产方式。相较于 UGC 和 PGC，ChatGPT 将引爆 AIGC，迎来多场景爆发期，展现基于海量数据、风格随机多变、跨模态融合、认知交互力等新技术导向特征。ChatGPT 的技术将推动 AIGC 在电商、教育、金融、医疗、影视娱乐等多场景的爆发，进一步促进元宇宙的快速发展。

一、ChatGPT 的定义

ChatGPT 是一个由 OpenAI 开发的自然语言处理领域（NLP）的模型。它通过对话方式进行交互，能够根据用户输入的自然语言文本内容，自动生成新的文本内容，属于 AIGC 行业细分赛道中的一种。

ChatGPT 是在 GPT3.5 大语言模型（LLM，Large Language Model）的基础上，加入"基于人类反馈的强化学习（RLHF，Reinforcement Learning from Human Feedback）"来不断微调（Fine-tune）的预训练语言模型，使大语言模型学会理解不同类型的命令指令，并通过多重标准合理判断给定的 prompt 输入指令输出的是否为优质信息。

二、技术路径

ChatGPT 的名称来源于它所使用的技术架构 GPT，即 Generative Pre-trained Transformer。它是一种强大的生成式预训练语言模型，能够完成复杂的自然语言处理（NLP）任务，例如文本生成、机器翻译、代码生成、问答及对话 AI 等。GPT 模型在上述任务中并不需要监督学习，但模型训练过程需要庞大的训练语料、模型参数和丰富的计算资源。在结构上，GPT 基于堆叠的 Transformer 组件进行编、解码，通过提升训练语料的规模和质量、增加网络参数数量来完成 GPT 系列的迭代过程。近年来，GPT 的发展过程也证明了模型能力的提升与参数量和预训练数据量有直接关联。如表 7-4 所示。

表 7-4　GPT 三代参数对比

模型	发布时间	参数量	预训练数据量	pfs-days	消耗资源
GPT-1	2018 年 6 月	1.17 亿	约 5GB	0.96	在 8 个 GPU 上训练一个月
GPT-2	2019 年 2 月	15 亿	40GB	7.86	在 256 个 Google Cloud Tpu V3 上训练一周
GPT-3	2020 年 5 月	1750 亿	45TB	3640	在 8 个 GPU 上训练一个月

数据来源：人民数字、品玩、中国银河证券研究院。

（一）GPT-1：无监督的预训练结合有监督的模型微调

2018 年，在自然语言处理（NLP）刚兴起时，OpenAI 就推出了初代 GPT。它的运行逻辑是，先通过无标签数据学习生成语言模型，并能够在一些与有监督任务无关的 NLP 任务中得到运用。此后再根据特定的下游任务进行有监督的微调，提高其泛化能力。常用的有监督任务主要有：

（1）自然语言推理（Natural Language Inference）：判断两个句子的关系为

包含关系、矛盾关系还是中立关系。

（2）问答和常识推理（Question Answering and Common Sense Reasoning）：通过输入的文章和若干个问题及其候选答案，输出每个答案的预测概率。

（3）语义相似度（Semantic Similarity）：判断两个句子是否语义相关。

（4）分类（Classification）：判断输入文本的指定类别。

在经过有监督的微调后，GPT-1的泛化能力会得到明显提升，且随着训练次数的增加，性能逐步提升。初代GPT仅仅使用了解码器decoder部分，其transformer结构中对于词向量的学习能力得到发挥，能够实现较好的语言理解，适用于文本生成领域，但在通用语言和会话交流方面还有较大的欠缺。

（二）GPT-2：扩展了网络参数和数据集，进行多任务学习

相较于初代GPT，2019年推出的GPT-2整体上结构和设计没有变化，但其学习目标是使用无监督的预训练模型作为有监督学习的任务，核心逻辑在于：让所有监督学习成为无监督语言模型的子集。换言之，GPT-2可以在数据量足够丰富且模型容量足够大时，通过训练语言模型就能够完成有监督学习的任务。实际训练中，GPT-2和GPT-1相比，其优势在于：

（1）更广泛的信息来源：在预训练时扩充NLP任务的数据集到40GB。

（2）更庞大的网络参数：将transformer的层数增加到48层，隐层（Hidden-layer）维度扩展到1600，实现15亿参数量。

（3）不再针对不同的任务建模微调（Finetune）：将机器翻译、自然语言推理、语义分析、关系提取等10类任务统一建模为1个分类任务，让模型在预训练中自己识别任务。

在性能方面，GPT-2可以在多个特定的语言场景下良好地完成NLP任务。除了语言理解能力外，还可以胜任翻译生成、故事编写、总结、摘要等工作。这些能力基于海量数据和大量参数训练的词向量模型，不需要监督微调

和额外的训练即可迁移,基本实现了元学习(Meta-learnnig)。同时,GPT-2能够让数据库中词向量包含的信息在多任务中通用,实现信息脱离具体的NLP任务而存在,也证明了随着模型容器和数据量的扩充,GPT的无监督学习具有很大的提升空间。

(三)GPT-3:海量参数成就最强大的语言模型

对比GPT-2,2020年推出的GPT-3最显著的特征是庞大的数据量和参数投入。整体训练过程耗资1200万美元,投入数据量达上万亿,模型参数量达到1750亿。虽然GPT-3延续了前两代GPT的技术架构,但改变了"大规模数据集预训练＋下游数据标注微调"的方式,采用情境学习(in-contextlearning)来提高模型对话输出的性能。基于情境学习对模型的引导,GPT-3在示例学习(X-shot learning)中提升了回答的准确性。在训练过程中,few-shot learning将提供10—100个示例和任务描述供模型学习;one-shot learning提供1个示例描述;zero-shot则不提供示例,只是在测试时提供任务相关的具体描述。这三种学习方式的效果与模型容量成正比,且多个示例学习的增强效果高于单个示例或不提供示例。换言之,在超大模型的训练下,GPT-3的匹配正确答案的准确率大幅提升。

在现存大量语言模型中,GPT-3的规模和语言能力几乎是最强大的。它能在不做fine-tuning的情况下,在一些传统的NLP任务中表现出色,包括实现闭卷问答、模式解析、纯语言建模、机器翻译等。在新的领域,GPT-3将NLP的应用扩展到缺乏足够训练数据的领域,例如在开发程序代码、文章生成和信息检索领域取得了实质性的进展。此外,在UI设计、图像生成和艺术创作等领域,GPT-3的功能也更加强大,可以不经过微调就补全图像样本或者实现简单的视图交互设计,将应用领域从语言处理领域逐渐拓宽,实现了从语言到图像的转向。不过,GPT-3在推理和理解能力上还有较长的路要走,在自然语言推理(NLI)中重点关注句子之间的关系。由于GPT-3的阅读理解性能存在一定缺陷，在NLI任务中表现不佳。类似地，在物理、科学的常识推理技能表现中也存在一定问题。

（四）InstructGPT和ChatGPT：更好地遵循用户意图、更少的虚假信息

相较于GPT-3，OpenAI在2022年初发布了InstructGPT。该语言模型在GPT-3的基础上进行微调，并在工作原理上增加了对齐研究，强化了Instruct-GPT模型的语义理解；同时，通过"基于人类反馈的强化学习（RLHF）和监督学习"来提高输出质量。开发人员可以将训练划分为三个阶段，如图7-11所示。

第一阶段：冷启动阶段的策略模型。随机抽取用户提交的指令或问题（即prompt），并进行专业的人工标注，用这些指定的prompt和高质量答案共同微调GPT-3.5模型，使之初步具备理解输入指令或问题的能力。

第二阶段：训练回报模型（Reward Model，RM）。在第一阶段生成的众多结果中，根据结果质量由人工标注排序并作为训练数据，通过监督学习中的匹配排序（pair-wise learning to rank）训练回报模型对语言模型预训练的输出结果评分。回答质量越高，分数越高。

第三阶段：采用强化学习来增强预训练模型的能力。利用第二阶段学好的RM模型更新预训练模型的参数，不断从prompt库中抽取新命令，通过PPO（Proximal Policy Optimization）算法生成回答后，循环执行第一到第三阶段进行强化训练，最终鼓励LLM模型能够输出更高质量的回答。

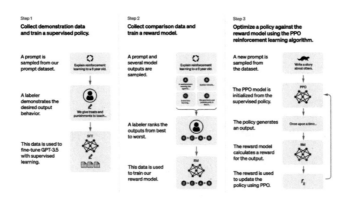

图7-11　InstructGPT训练阶段

资料来源：OpenAI官网、中国银河证券研究院。

虽然InstructGPT的参数量仅为13亿左右，相比于GPT-3缩小了1/100以上，但在遵循指令方面，能够更好地遵循用户意图，将有害的、不真实的或有偏差的信息输出最小化。在优化的模型上，ChatGPT基于InstructGPT进一步改进，在模型结构和训练流程上遵循上述方式，但在收集和标注数据的方式上发生了变化。

InstructGPT模型需要先完成类似<prompt,answer>的输入、输出匹配，取得多个匹配结果后再跟模型的预训练数据对比，在第二阶段的RM中只有奖励，没有惩罚机制；而ChatGPT是在输入prompt、模型输出多个answer后，直接对输出结果进行人为排序，根据排序后的结果让模型完成预训练中从最优到最劣的排序，通过采取监督学习的方式让模型学习人类排序的方式。

三、ChatGPT的特点

目前，ChatGPT不需要任何额外的训练，就能在多种不同的领域中应用并快速输出高质量的文本，相较于以前的模型已具备较强的自然语言处理能力。具体来讲可归纳为以下几点：

第一，更强的对话能力。ChatGPT支持多轮对话，在自然语言交互、情感分析、情景会话等方面运行流畅，在语言模仿、逻辑判断方面展现出更强的能力。

第二，更全面的语言能力。ChatGPT支持多种语言环境，并且支持长短句输入，在阅读理解、复杂语句处理、逻辑能力和文本生成方面更加灵活。

第三，更高精度的预测结果。ChatGPT的训练模型支持大规模数据集，具备海量的话题库，通用性更强。

四、ChatGPT的问题

ChatGPT是生成式人工智能（AIGC）的重要产品化应用，将带来数字内容生产方式和消费模式的升级，呈现新型虚实融合的数字文明。不过，目前ChatGPT还存在诸多问题。

（一）精准性、真实性、重复率和依赖性尚待改善

第一，由于技术实现不足的问题，ChatGPT会不可避免地写出一些似是而非或者荒谬的答案，这将导致植入虚假数据和误导用户的风险。ChatGPT依然没有完全克服大语言模型（LLM）的这一常见缺点。造成这个问题的原因主要有以下三点：

（1）在训练和强化学习（RL）的过程中，数据集中没有对应的事实或标准答案的来源；（2）训练模型时谨慎性提高了，为了避免误报等情况，可能导致模型拒绝可以正确回答的问题；（3）监督训练中，行为克隆（BC，Behavior-Cloning）对模型产生误导。当模型掌握的信息量高于训练者（human expert）时，模型会采集冗余信息；当训练者的常识信息量高于模型时，由于常识的prompt较少，模型将基于先验知识去边缘化未观测到的变量，从而导致信息失真。

由于具有庞大数据训练量，即使经过人工监督学习和奖励机制调整，一

些错误或者编造的信息还是会逃过人工智能审核机制,成为ChatGPT的输出答案的隐患。尤其在语言生成能力和逻辑能力大幅提高的情况下,ChatGPT会让虚构的事实看似合理化,增加人工智能审核的难度。此外,随着信息传播速度的加快,以及ChatGPT所具有大规模且快速生成流畅文本的能力,真实性未得到验证的信息可能在多个平台或网站快速散播,导致真实用户的发声或者正确的信息被淹没。

第二,在较长的会话中,由于训练数据的偏差和过度修正,ChatGPT会过度强调某些短语或者句子,导致重复性高。例如,它会重申它是由OpenAI训练的语言模型,这可能源于训练者对模型回答全面性的优化。而且,ChatGPT对多次调整输入措辞或尝试相同的输入指令会很敏感。例如,给定一个问题,模型可以声称不知道答案或拒绝回答,但在指令稍作调整后,ChatGPT就会识别并回答。

第三,ChatGPT的强大能力依赖对语料库、数据量的抓取和复杂的训练过程,训练成本和算力成本都很高。如果数据库的收录内容质量不高或者数据量不够大,将会影响生成文本内容的质量和精度,而且ChatGPT模型训练和优化过程较为复杂,需要专业的人员进行操作,训练成本和算力成本都很高。最重要的是,ChatGPT模型依赖于大规模离线语料,往往不能充分接受并采用在线提供的即时信息,难以理解对话中提及的因果关系,也无法基于已有信息进行推测,这距离人类举一反三的能力相差较远。

(二)发展瓶颈:人工智能的安全性和伦理约束

ChatGPT本身的缺陷或许可以通过收集更多、更丰富的语料库,提高训练和优化的效率和质量,以及开发人工智能检查和修改的工具来改善,但是更深层次的问题是,ChatGPT引起了人们对AIGC中安全性、伦理性和创造力的思考。

由于RLFH并不能完全避免ChatGPT训练库中学习到不道德或有偏见

的回答,这会导致在模糊提示或引导回答的过程中,ChatGPT输出一些有害信息,输出结果的安全性降低。由于人工智能缺乏对伦理和常识的价值判断能力,也没有有效的约束方式,一旦模型存在不安全输出的可能性,ChatGPT将容易被滥用。因此,为了提高ChatGPT输出内容的真实性和安全性,减少或拒绝有害信息的输出,在ChatGPT模型中添加限制或内置"内容安全过滤"模块是必要的。目前,OpenAI正在进行相关研究,增强GPT系统对用户意图的理解能力,并视情况筛选指令执行,推动自然语言交互工具的安全性提高。

此外,其在创造性、创作伦理和知识产权等方面并未形成有效界定。在数据挖掘、大规模计算、统计、多线程工作等数据处理分析领域,人工智能有着人类不可比拟的优势,但是以创新和感知为基础的创造过程是机器学习和模型难以训练的。目前ChatGPT能够在用户的引导下快速生成小说、诗歌、散文、编程等需要创造力的内容,或许将对创作者和以版权为基础的行业造成冲击。文本生成的过程基于数据库内容的学习,这是否会构成对被抓取作品的侵权?ChatGPT生成的文本内容是否具有著作权?著作权是否属于该用户?这一系列问题的答案尚不明确。

五、ChatGPT 的应用场景

ChatGPT的使用场景非常广泛,以下是一些常见的应用场景。ChatGPT模型可用于构建对话系统,生成各种类型的文本,将语音转成文本,实现语音识别,分析和识别文本中所包含的情感色彩,将文本分成不同的类别,如新闻分类、产品评论分类等。

（一）当前针对现有行业尤其是搜索引擎替代性的讨论

目前ChatGPT在编程、文本生成等NLP领域的强大能力引发了部分行业的担忧。例如，由于 ChatGPT 拥有基于对话形式接收输入指令并输出结果的能力，与传统的搜索引擎功能具有一定程度的重合。对比来讲，传统的搜索引擎暂时还不能被取代，主要有以下几点原因：

第一，两者侧重的功能和优势不同。搜索引擎是一种信息检索系统，通过对海量信息的索引和检索，为用户提供快速、准确的查询结果。ChatGPT 是一个自然语言处理模型，通过接收用户的输入指令，匹配并输出相应的单一结果。由于训练模型会对结果进行筛选等，仅返回单一结果，以确保与用户对话过程的流畅性。

第二，两者的应用领域不同。搜索引擎的信息库抓取信息快、信息库更新频率高、存量大，主要用于帮助用户快速查找匹配信息、感兴趣的信息，常常应用在文献检索、互联网搜索等领域。ChatGPT 的语料库来源于离线数据，输出的文本有存在虚假信息的可能；且吸纳新的知识需要对模型进行再训练和微调，这会导致训练成本和甄别成本上升，因此 ChatGPT 主要应用于人机对话、智能客服、智能问答等强逻辑性的自然语言交互领域。

此外，ChatGPT 目前还处于测试阶段，短期内将不会对现有行业，尤其是传统信息检索工具造成冲击，并不具备取代某些行业的能力。

（二）未来的应用领域

目前 ChatGPT 的能力几乎可以涵盖各个自然语言交互领域，如聊天机器人、对话系统、智能客服、信息检索、主题建模、文本生成和总结、NLP 作为服务的翻译、转录、总结等等。例如，在聊天机器人领域，目前 ChatGPT 已经能基本满足用户的个性化需求和信息提供服务；在需要智能客服的电商、金融、医疗、教育、政务等垂直领域，ChatGPT 能够结合行业特点和需求，构建自动应答系统，为客户提供快速、准确的问题解答。

此外，在传媒、娱乐、设计和影视领域，ChatGPT 能够协助完成一些较低层次的任务，包括文稿生成、采访助手、摘要总结等，或将提高行业的运行效率。

（三）商业化落地方式有待探索

第一，由于GPT-3的训练耗资巨大，且需要大量的数据集和算力，即使ChatGPT未来应用前景广阔，如果不能降低模型的更新训练成本和推理成本，中小端企业的采购意愿也会降低。

第二，目前正在免费测试阶段的ChatGPT还未解决GPT-3模型存在的准确性和安全性问题，仍需要进一步优化迭代。此前，OpenAI已尝试过通过API接口的方式推动GPT-3的商业化，但模型问题并未通过测试阶段。虽然目前OpenAI已找到方式优化输出虚假信息的问题，但效力远远不足。如果不能解决这两个问题，GPT的商业化道路还需等待。

第三节　外骨骼机器人

外骨骼（Exoskeleton）机器人的概念兴起于19世纪。其本质是一种可穿戴机器人，能够为穿戴者提供保护，增强穿戴者的能力，比如延展、补充、替代或增强人的身体功能、肢体运动能力和负重能力。

一、外骨骼机器人的概念

所谓"外骨骼"，最初概念来源于生物学，是指为生物提供保护和支持的坚硬的外部结构，比如昆虫身上能够起到帮助行动以及保护身体不受外界伤害作用的外骨骼。人类受此启发便开始了机械外骨骼技术的仿生研究。通过能源装置提供外动力，通过机械传动系统及控制测试系统保证人体各种动作与机械之间的协调性。外骨骼系统将机械和人体完美融合，从而帮助人体完成各种动作。

二、发展历程

外骨骼机器人技术的系统性研发始于20世纪60年代,以1965年的美国Hardiman项目为代表。该项目的成果Hardiman样机是最早的动力外骨骼机器人样机,其设计目的是为协助军人搬运重物,但受当时科技水平限制而无法投入实际应用,如图7-12所示。不过,该项目的技术问题为后来者指明了外骨骼机器人的技术优化方向。

图7-12 Hardiman样机的主要技术问题及优化方向

（一）探索和实验（1960—1980）

20世纪60年代，美国科研机构引领第一波研究热潮，最早的外骨骼实验室样机以军用为目的，但难以投入实际应用。各国科研机构继而开展了针对医疗康复等用途的外骨骼研究，外骨骼的实用性得到增强。

例如，美国康奈尔大学航空实验室研发了Man-Amplifier外骨骼，如图7-13所示。通用电气公司与康奈尔大学合作研发了Hardiman可穿戴动力外骨骼等，如图7-14所示。

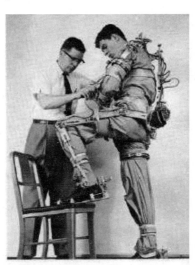

图7-13　Man-Amplifier外骨骼

资料来源：Cornell Aeronautical Laboratory。

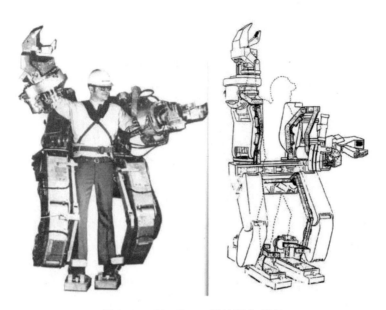

图 7-14　Hardiman 设计图与样机

资料来源：General Electric。

20世纪70年代，美国威斯康星大学麦迪逊分校研发了计算机控制多任务动力型外骨骼，能帮助截瘫患者行走，如图7-15所示。法国蒙彼利埃大学研发了气动型外骨骼，为医疗康复类设备，如图7-16所示。

图 7-15　计算机控制多任务动力型外骨骼

资料来源：The Wisconsin Engineer。

图7-16　气动型外骨骼

资料来源：Robot Technology。

（二）平缓发展（1980—2000）

外骨骼机器人逐渐走出实验室，企业界和科研专家双向推动外骨骼机器人的技术研发和市场化。例如，美国的退役军人 Monty Reed 针对残疾人，研发了 Lifesuit Exoskeleton，如图 7-17 所示。这是一款助行的外骨骼穿戴设备。

图7-17　助行的外骨骼穿戴设备

资料来源：They shall walk Org。

美国犹他大学研发出第一款电子驱动假肢 Utah Arm。该机器人装置研究团队的核心学者之一——机械工程学教授 Stephen C. Jacobsen 于 1983 年成立 Sarcos,专注于外骨骼机器人技术研发。

20 世纪 90 年代,G. John Dick 与 Eric A. Edwards 研发的 Spring Walker 为下肢外骨骼设备,能够增强跳跃高度。日本神奈川工科大学研发出动力助力外骨骼穿戴设备,能够帮助上肢举起重物。

（三）技术突破性发展（2000 年至今）

计算机技术、传感技术、材料技术和控制技术的迭代更新,推动外骨骼机器人进入技术突破和规模化应用阶段,发达国家在外骨骼机器人领域的科研成果和商业化成果都十分显著。

2000 年,美国国防高级研究计划局（DARPA）投资数千万美元,开始为期 7 年的机械外骨骼研究计划。2002 年,第一件具有划时代意义的机械外骨骼衣（XOS）由美国的 Sarcos/Raytheon 生产。2010 年,雷神公司推出更为轻便和完善的第二代产品 XOS2,相比第一代更为结实和灵活,同时还降低了动力的损耗。美国加利福尼亚大学伯克利分校在该项目支持下,研发出 BLEEX 样机。BLEEX 是下肢动力外骨骼,共有 40 多个传感器,通过力传感器的信息反馈分析人机间的作用力,从而了解穿戴者的运动意图;采用液压驱动器,能在支持负重 75kg 的情况下以 0.9m/s 的速度行进,或在无负重情况下以 1.3m/s 的速度行进。

BLEEX 项目指出,技术研发的下一步趋势是微型化外骨骼组件,其特点是电源更小、更安静和更强大,其控制器更快、更智能。2005 年,加利福尼亚大学伯克利分校机器人与人体工程实验室基于 BLEEX 研究进一步开发出更多外骨骼,主要有医疗康复类设备 eLEGS 和军工类设备 HULC。

2009 年,加利福尼亚大学伯克利分校 Bionics 发布了液压传动的人类外骨骼负重系统,承重力达 90kg（包括武器、弹药、电子设备、防弹衣等）,能够大幅提高单兵作战能力。Ekso Bionics/Lockheed Martin 公司研制的 HULC 自重24kg,穿戴者可额外负荷91kg。

美军特种作战司令部（USSOCOM）于2013年启动新的外骨骼研究计划——战术突袭轻甲项目（TALOS）。TALOS项目由56家公司、18个政府机构、13个大学和10个国家实验室共同参与,其中包括特效模型生产商Legacy Effects、小型科技公司以及雷神公司（Sarcos/Raytheon）、洛克希德·马丁（Ekso/Lockheed Martin）和通用动力（General Dynamics）等国防军工企业。TALOS项目的研究目标已经接近电影《钢铁侠》中的设定,不仅具备防弹、助力、夜视、增强现实的能力,还能监测生命体征、自动喷药等。

随着外骨骼技术在军事上的研究进展,同一时期的日本及其他国家也开始了面向民用的研发。2001—2005年,全球数家大学开始研发下肢助残机器人外骨骼,比较著名的医用外骨骼项目包括剥离自日本筑波大学的HAL、剥离自UCBerkeley的Ekso Bionics、以色列公司ReWalk、新西兰公司RexBionics以及运动控制技术公司Parker Hannifin旗下的Indego Exoskeleton。到了20世纪末,在计算机技术、传感技术、材料技术和控制技术等推动下,外骨骼机器人进入技术突破和规模化应用阶段。美国、日本等发达国家出现了更智能、实用性更高的外骨骼机器人技术和产品。外骨骼机器人的应用范围由早期的以军用为主拓宽到医疗、民用、工业等领域。

（四）技术扩散与全球化发展

目前,外骨骼机器人技术的全球领先者,主要分布在美国、日本、欧洲等发达地区,比如3家上市公司EksoBionics、CYBERDYNE和ReWalk,它们已有20年及以上的技术沉淀。过去10—15年中,技术扩散和创业企业推动了新一轮外骨骼机器人产业的发展热潮,新一批进入者主要分布在中国、印度等国家。过去5年中,中国的外骨骼机器人创业公司在数量上增长较快,但仍处于早期发展阶段。

三、技术框架

外骨骼机器人技术是一项集传感、控制、信息、融合、移动计算等为一体的综合性技术。外骨骼机器人是与穿戴者动态交互,将人体感觉、运动等器官与机器的智能处理中心、控制执行系统相结合的智能机械系统,其技术模块主要为传感器、致动器、机械结构、算法和能够获取信息以执行电机功能的控制策略,如图7-18所示。

图7-18 技术模块的基本构成

（一）外骨骼机器人是与人体交互的生物机电装置

外骨骼机器人是与人体交互的生物机电装置。外骨骼系统属于人工运动控制系统(AMCS),机制上模仿人体运动控制系统(HMCS)。

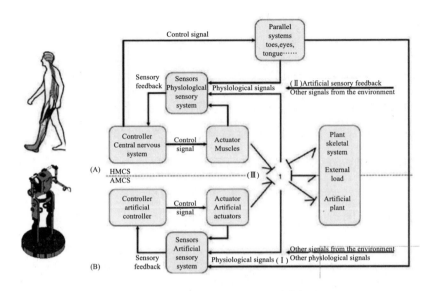

图7-19　外骨骼与人的运动控制系统交互

资料来源：AndresF.Ruiz-Olaya。

如图7-19所示，外骨骼（AMCS）与人体（HMCS）之间有三种交互形式。

（1）检测用户的运动意图。

（2）向用户提供有关AMCS和HMCS状态或环境的反馈（当人体感觉系统受到干扰时，提供反馈尤为重要）。

（3）设备间的机械动力交换。

（二）外骨骼机器人是复杂的多系统集成

外骨骼机器人是复杂的多系统集成，包括传感系统、控制系统、驱动系统、机械系统和动力系统。外骨骼机器人可按照与人体耦合的部位，分为以下几类：

（1）上半身外骨骼：腰部、肩部、肘部、手、肩手、肩肘、肩肘手外骨骼，提供力量增强等功能，应用于医疗康复、制造工厂、物流搬运、机场等场景。比如EksoBionicsEVO、EksoUE。

（2）下半身外骨骼：脚踝、膝盖、髋、膝髋、髋膝踝外骨骼，提供支撑、稳定和运动功能。应用于力量增强、远程操控、康复和运动训练、虚拟现实和触觉反馈等场景。比如 ReWalk。

（3）全身外骨骼：覆盖四肢和躯干，提供力量增强、支撑稳定、运动等功能。比如 CYBERDYNEHAL5。

（三）外骨骼机器人是补充和增加人的能力的机械系统

外骨骼机器人是补充和增加人的能力的机械系统，可以提供支持、保护、增强、信息交互功能。外骨骼的技术设计按功能分类有以下4种：

（1）为穿戴者身体活动提供协助支持功能，应用场景如医疗康复、生活民用等。

（2）为穿戴者提供身体保护功能，应用场景如军事、救灾等。

（3）为穿戴者提供增强力量功能，应用场景如工业制造、物流运输等。

（4）为穿戴者与环境的信息交互提供接口功能，应用场景如远程控制、娱乐等。

外骨骼机器人针对辅助、康复、增强等不同应用场景，在传感、控制、驱动上会采用不同的技术路线。

传感系统通过传感器收集使用者的步态信息或运动意图，再以一定形式传送数据给控制系统。

（1）物理量传感器（力/扭矩传感器）：收集位置、角度、扭矩、压力等信息，可判断使用者的步态周期。

（2）生物量传感器：收集肌电信号，可判断使用者的运动意图。

（3）脑电信号传感器：收集脑电信号，可判断使用者的运动意图，技术难度比肌电信号传感器更高，目前应用较少。

控制系统是外骨骼机器人的中央枢纽，通过对传感系统反馈的数据进行分析并规划步态模式，对驱动系统实现闭环控制。控制系统的技术难点包括传感器融合算法、控制算法等软件模块。

（1）全局控制：控制器集中位于背部，包括系统主机、信号采集板、电机驱动板、电源管理等模块。

（2）分布式控制：能够减轻中央控制系统的负担，提高系统响应速度。

驱动系统负责带动机械结构，执行控制系统传递的具体任务。

（1）电机驱动：结构简单，精密度高，便于自动化控制，是目前使用最多的方案。

（2）气压驱动：体积小，成本低，操作方便。但精度不高，难以控制，移动范围受限。

（3）液压驱动：传动平稳，能动较高。但结构复杂，重量较大，成本较高。

（四）技术挑战与发展方向

尽管外骨骼机器人技术在设计和应用上皆已取得巨大进展，但仍存在诸多技术挑战，而这些挑战影响了它的发展方向。

1.安全性、功能性、用户友好性

外骨骼机器人在技术理论和应用上面临的主要挑战包括系统稳定性和安全性、运动性能和效率、人机友好性等方面。科研界指出，外骨骼机器人应当更安全、更人机友好、更强大、更智能、更轻便、更集约成本。

保证使用者的安全是对外骨骼机器人的核心要求。从软件及硬件层面上系统性提高安全性，是关键的技术发展方向。外骨骼安全性问题可针对用户类别加以区别考虑。

工业类外骨骼机器人的用户为身体健康者，在提升安全性上主要考虑人机耦合性、穿戴舒适性、人机友好性、轻量性、系统稳定性等，涉及整体机械结构、驱动模式、控制技术、算法、材料等技术模块的优化。

医疗康复类外骨骼机器人的用户为老弱病残者，技术挑战重点为提升外骨骼与人的关节对准精确性、系统平衡稳定性，减少设备的压力束缚感，避免皮肤损伤，判断并应对用户操作失误等。根据FDA数据，业内头部医疗类外骨骼设备都存在设备故障和用户受伤的案例。

2.从用户视角出发

尽管外骨骼机器人功能已足够强大,但其价格、尺寸、重量、速度和效率方面仍有较大局限性。从用户视角出发,意味着外骨骼机器人技术需要重点优化人机界面友好性和鲁棒性,降低成本,提升系统轻量化,提升外骨骼机器人的实用性。

Homayoon Kazerooni博士是美国加利福尼亚大学伯克利分校的机械工程教授、机器人和人体工程学实验室主任、外骨骼机器人领域的领军人物,他认为如今最重要的技术发展方向应当是降低外骨骼系统的成本。Kazerooni指出,目前外骨骼机器人设备的价格在10万美元以上,应当通过技术优化将设备的价格下降到1万美元甚至更低,从而让更多人能使用外骨骼机器人,切实造福于行动障碍群体等。

Kazerooni推崇"极简主义",强调优化外骨骼的软件以及智能化控制器,尽量简化和轻量化硬件。

Huge Herr博士是美国麻省理工学院生物机电一体化研究小组主任,他指出外骨骼机器人的三大技术问题:(1)驱动装置重量大且扭矩和功率有限。(2)交互界面穿戴舒适度差,影响持续穿戴时长;运动意图识别的准确性和效率低。对应的技术发展方向为:(1)协调优化系统模块。提升制动器的性能、耐用性和寿命,配合系统运动需求,按比例放大制动器,研发高效且袖珍的电子驱动器,实现系统性能优化和整体轻量化。(2)优化人机交互界面。提升人机交互界面的人机友好性和效能,提升穿戴舒适感。(3)实现人的神经系统与机器之间的直接信息交互。神经技术将在外骨骼机器人应用上发挥重要作用,采集肌电信号的外围传感器和大脑运动皮层的神经生物传感器,可以在未来用于外骨骼机器人的运动意图理解。采用脑机接口技术和神经植入物还可能实现传达到神经或大脑的感觉反馈,从而使外骨骼穿戴者获得来自设备的运动感觉信息。

四、市场前景

目前外骨骼机器人产业仍处于起步阶段，但其发展前景光明，有望在2028年之前实现全球性规模化增长。

（一）全球市场规模及竞争格局

国际研究机构ABI认为，外骨骼机器人将在近10年内实现快速增长，如图7-20所示。

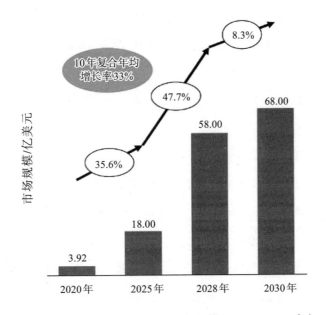

图7-20　外骨骼机器人全球市场规模（2020—2030年）

数据来源：NATO、ABI等公开资料，CBInsights中国分析。

2020—2030年，外骨骼机器人产业预估复合年均增长率为33%。其中，2025—2028年为高速增长阶段，预估3年内复合年均增长率为47.7%，2028年全球市场规模将达58亿美元。2028—2030年，产业将趋于成熟，市场稳步增长，全球市场规模将达68亿美元。

1. 目前全球出货量远未满足需求侧TAM，增长空间大

国际研究机构ABI统计，2018年全球出货量为7000件，相应的硬件营收为1.92亿美元。ABI分析，2017年外骨骼整体潜在市场已超过260万件，预计2025年全球出货量达10.70万件，2028年达30.10万件，如图7-21所示。

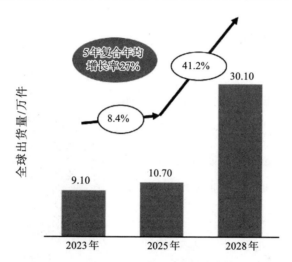

图7-21 外骨骼机器人全球出货量预测（2023—2028年）

数据来源：NATO、ABI等公开资料，CBInsights中国分析。

技术及供应链的进一步发展完善，将推动外骨骼机器人出货量提升，降低成本，从而在一定程度上降低市场价格。工业类细分市场将显著增长，由于工业类外骨骼的单价远低于医疗类外骨骼，工业类外骨骼的出货量将占整体出货量的一半以上。

2. 行业发展处于早期阶段，超半数入局者为初创企业和中小规模企业，竞争格局较为分散

外骨骼企业主要有两类，一类是基于科研及技术专利资源起家的中小型创业企业，另一类是拥有雄厚基础的大型制造业集团下属企业。2016年全球外骨骼企业不超过100家，行业发展处于早期阶段，市场集中度较低。依托雄厚的工业基础，工业巨头在技术、资金、供应链、渠道等方面具有较强优势，与创业公司同期入局外骨骼机器人产业。制造业巨头企业基础雄厚，发展外骨骼机器人产业具有技术、资金、供应链、渠道等优势，但仍处于前期布局阶段，具体出货量等市场情况不明。初创公司与工业巨头在外骨骼研发上亦有合作，比如 Ekso Bionics 与 Lockheed Martin 皆参与了美国国防高级研究计划局（DARPA）的外骨骼机器人研发项目，Ekso Bionics 研发的 HULC 系统已由 Lockheed Martin 接手进行军事研发。

3.汽车制造业巨头外骨骼需求场景丰富，推动外骨骼自研发和商业化

汽车制造商对工业外骨骼设备的需求量大。根据福特汽车集团数据，其汽车工人每日执行头顶上方作业最高达 4600 次。2018 年，福特汽车采购 Ekso Bionics 的工业外骨骼 Ekso Vests，在全球 15 家工厂共部署 75 件。丰田汽车于 2019 年采购 Levitate Tech 的工业外骨骼，在其美国工厂部署上百件。

现代集团是第一家自研工业外骨骼的汽车制造商，制造业的协同作用支持其研发的需求理解、产品性能优化和场景落地。现代（Hyundai）为韩国大型汽车制造业上市公司，目前市值约 400 亿美元。针对汽车制造业组装车间需求场景，现代于 2019 年推出 2 款工业外骨骼，即上肢支持外骨骼 Vest Exoskeleton（VEX）和下肢支持外骨骼 Chairless Exoskeleton（CEX）。

（二）应用场景

2B 产品及场景发展丰富，以医疗康复类和泛工业类设备为主。2C 以运动类壁龛市场为代表，产品种类有限。

1.医疗康复类外骨骼及应用场景

脑卒中等老年病下肢运动康复、上肢运动康复、运动受限者助行等。

2.泛工业类外骨骼及应用场景

物流搬运、汽车组装车间、机场地勤、机场行李搬运、（外科医生等）站立支撑、危险施工支持及保护等。

3.运动娱乐类外骨骼及应用场景

极限户外运动场景，如滑雪运动等。

五、行业发展趋势

2000年以来，外骨骼机器人产业化发展已超20年，根据当前企业发展及技术进步方向，未来30年技术、产品及行业发展具有四大趋势。

一是"人-机融合"大势所趋，人-机增强技术将在未来30年内应用成熟化。"人-机融合"概念热度提升，人-机增强技术将在2050年之前得到广泛应用，民用需求和生物经济为其主要驱动因素。人-机增强技术发展将以提升用户友好性和安全性为重点，技术方案将更为丰富。AI技术方案能够优化人机协同性和安全性，柔性材料的应用能够提升人机耦合度和穿戴舒适性。

二是康复医疗体系发展将推动医疗康复类外骨骼机器人规模化应用。康复医疗服务将全球性增长，应用外骨骼等辅助器具将成为康复治疗方案的重要环节。中国医疗能力增长速度为全球最快，医疗改革效果显著。中国将进一步发展完善医疗服务体系，其中康复医疗发展将带动医用外骨骼机器人市场增长。

三是劳动力成本攀升，非标化工业场景只增不减，工业外骨骼需求广泛。全球老龄人口抚养比历年增长，人口老龄化问题加剧，未来劳动力成本将大大提高。工业外骨骼技术有望成为提高劳动力效率和生产力的重要工具。劳动力供给整体紧张，劳动力价格持续上升，重体力劳动行业工人流失率日趋严重。中国人口红利流失，步入老龄化社会。消费市场需求多样化，多品种、小批量的柔性生产方式将成趋势，采用工业外骨骼机器人将提升工人单位工作效率、减少职业病风险、延长工人工作寿命。

四是受市场需求和科研进步驱动，外骨骼机器人产业入局者将大大增加。根据CBInsights数据，2016年至今，外骨骼机器人产业融资近百次，融资总规模达数亿美元；与外骨骼机器人有相似性和重合度的3个产业，医疗设备、机器人及智能可穿戴设备,融资规模均超10亿美元。外骨骼机器人产业使用场景丰富、潜在需求量大、科技含量高,技术突破有赖于资金支持。预计将有更大规模资本投资外骨骼机器人产业,从而加速其技术突破和产业发展。科研机构重视科技成果市场化,将催生更多科研类初创企业。更多大型工业制造商或将发展工业类外骨骼,发挥工业协同作用、提升生产效率。

第四节　智能巡检机器人

近年来,国内机器人在巡检行业不断普及,优势愈加明显,无人机、轮式及轨道式巡检机器人都备受好评。面向不同用途的智能巡检机器人得到了长足的发展。

一、发展历程

国内巡检机器人的研究始于20世纪90年代,中国科学院沈阳自动化研究所等单位参与了巡检机器人的研究工作,取得了许多重大成果,在机器人的定位、导航、硬件结构等方面攻克了许多难关,并且验证了巡检机器人的发展意义。在国家"十五""十一五"等规划的推动下,中国科学院沈阳自动化研究所开展了AApe系列巡检机器人系统的研发。该系列机器人能够在超高压环境下完成自主控制的巡检任务,这些机器人的成功研发攻克了电磁兼容、机械架构承重等物理难题,实现了数据和图像的稳定传输等软件功能。在东北电力产品质量监测站进行了超过50场的现场实地测试和检验,成功实现各种功能的检测。这个系列的产品被全国各地的电力公司广泛应用。中科院沈阳自动化研究所研制出的500kV超高压输电线路巡线机器人系统,由巡检机器人主体和地面基站构成,采用远程控制和局部自我管理相结合的控制形式。该机器人可以独立地沿着一条500kV输电线路运动,跨越如防震锤、挂金属工具、高压连接管等障碍物。

二、产品分类及应用场景

智能巡检机器人的产品类型是与应用场景相适配的,不同的应用场景需要由不同类型的机器人完成智能巡检的工作。

(一)产品分类

根据智能巡检机器人的工作地点,通常可以将其分为陆地巡检机器人、空中巡检机器人及水下巡检机器人,如表7-5所示。陆地巡检机器人又可以分为无轨智能巡检机器人和有轨/挂轨智能巡检机器人,主要应用于电力、石化、轨道交通等领域;空中巡检机器人主要指巡检无人机,主要应用于输电线路巡检、森林防控巡检、交通应急巡检等;水下巡检机器人主要解决人体无法长时间作业及不能下水的安全限制,减少人员伤亡,提高检测效率、数据化及信息的实时性,降低检测成本,扩大监测范围。

表7-5　智能巡检机器人的分类及应用

产品类型		产品图示	应用领域
陆地巡检机器人	无轨智能巡检机器人		石化、煤矿、变电站、配电站、发电厂、变电场所等
	有轨/挂轨智能巡检机器人		无轨智能巡检机器人
空中巡检机器人	固定翼无人机、多旋翼无人机等		输电线网、森林防控等

续表7-5

产品类型		产品图示	应用领域
水下巡检机器人	水下巡检机器人		水下侦察或作业

资料来源：OFweek 产业研究中心。

（二）应用场景

智能巡检机器人的应用场景，主要面向配电室、油田井场、煤炭矿山等复杂的工作环境和特殊的地形。

1.配电室

配电室是指带有低压配电系统，能够汇集配电站输送过来的电能并输送给用户的小室。其内部环境相对简单固定，对机器人的技术要求相对简单，因此，它是智能巡检机器人落地应用最快的场景。在配电室的日常巡检工作中，巡检人员多依靠感官检查配电室内的电气设备与环境状况，不同巡检人员的感受难以量化统一，配电室内的安全隐患或者故障问题容易因个体感官差异被忽视，从而造成损失。巡检机器人的推广使用，为室内巡检作业带来了质量与效益的双重提升。

2.油田井场

过去采油厂沿用人工巡检的方式，一线工人生活条件枯燥，工作量大，巡检效率低，无法及时发现少量气体泄漏，恶劣天气下巡检安全隐患多。而智能巡检机器人可以通过激光雷达导航定位，搭载视频、声音、温度、气体浓度等多种传感检测设备，实现作业区安全报警、设备运行故障报警、光杆温度异常报警、声音异常报警以及采油井跑冒滴漏报警等功能，并将采集到的所有图像和数据，通过无线传输系统发送到集控中心，并生成巡检报表。

3.煤炭矿山

目前煤矿原煤在运输中,普遍存在运输胶带数量多、距离长等特点,传统人工巡检模式的风险性较高,且巡检精度不足。配置红外热像仪、光学摄像机、高灵敏度拾音传感器、多参数气体探测器和烟雾传感器的智能巡航机器人,可以有效采集运输胶带周围的图像、音频、温度环境、烟雾气体情况等信息,并将信息实时反馈传递给指挥调度中心。这样可以大幅度提升事故隐患的预警与检测效率,同时完成了巡检工作井下部分的"去人工化",减少了该项工作上的人工成本投入,增加了矿井运输安全与生产安全系数。

三、优劣势分析

不同的应用场景,对智能巡检机器人的要求不同。尽管智能巡检机器人在设计中充分考虑到了场景的特殊要求,但还是不能完全适配。因此需要针对具体场景进行优劣势分析。

(一)在石化行业巡检的优劣势分析

因石化行业生产工艺复杂,且具备大型精密高危设备,一旦设备出现异常将引发重大安全事故,这就需要对石化生产场地及设备进行定期巡检。石化行业巡检的外部环境以高温高压、易燃易爆等高危险性为显著特点。传统的人工巡检工作质量的高低与人为主观因素关联很大。例如自身问题检查不细致,判断疏忽,不能合理安排巡逻的最佳路线、角度点位、时间、频率,抑或遇到恶劣气候环境时的消极怠工、出人不出力等,会导致大量资源浪费,更为严重的是引发重大安全事故,造成不可弥补的巨大损失。

引入智能巡检机器人,用创新型、高效型、安全型的巡检方式来达到科学化、规范化、制度化、高效化的工作目标,这是当前石化行业应对传统巡检难题行之有效的方法。智能巡检机器人通过高度智能的机器人技术和图像识别技术,可以代替人工完成特殊环境下设备运行状态的检测诊断,实现设备区域全覆盖巡视,有效降低设备停摆、漏油、火灾、盗窃等安全隐患,缓解值班人员力量薄弱的问题,提升工作效率。如表7-6所示。

表7-6　智能巡检机器人在石化行业巡检的优劣势分析

	传统人工巡检	智能机器人巡检
安全性	石化行业外部条件以高温高压、易燃易爆为显著特点,人工巡检存在较大的安全隐患	智能机器人巡检可实现远程操作,有效降低人员安全风险
作业条件	恶劣气候环境易产生消极怠工、出人不出力等现象,导致大量资源浪费,甚至引发安全事故	能够在炎热或寒冷的环境下正常工作
漏检率	受经验、环境等因素影响,人工巡视区域范围受限,漏检率较高	搭载高清摄像头、AI视觉识别技术、甲烷激光遥测仪等检测设备,对设备运行进行实时监控并对运行异常设备进行预警
巡检数据	无法进行实时巡检并采集数据,不能保留同步巡检数据;无法为巡检工作的提升提供对比数据分析,造成决策管理者不能及时掌握现场第一手资料,因此而错过了消除安全隐患的最佳时机	提供海量数据采集分析功能,及时将设备状态的检查数据上传到管理中心,便于管理员对系统设备情况进行掌控

资料来源:OFweek产业研究中心。

（二）在轨道交通巡检的优劣势分析

目前,轨道和隧道传统的巡检手段主要包括专用检测车辆的检查、固定传感器监测和人工检查等（表7-7）。专用移动检测车辆自动化程度较高,但检测车辆价格较高、体形较大、转线较为困难,主要用于动态检测,如轨检车对高速铁路和地铁的轨道不平顺检测等。固定监测主要通过固定传感器对自然灾害、隧道、路基、桥梁、站场等进行监测。这种模式适合特定的局部区域,如滑坡风险高的地段、环境复杂的站场、需重点监控的隧道洞口等,但使用成本较高,一般不能全线覆盖。人工检查主要依靠人工和手推（手持）工具进行数据采集,如静态检测和人工巡检等。速度较低、漏检压力大、工作环境恶劣、检测人员老龄化和招工困难等问题突出。

表7-7　智能巡检机器人在轨道交通巡检的优劣势分析

巡检方式	特点
专用移动检测车辆	专用移动检测车辆自动化程度较高,但检测车辆价格较高、体形较大、转线较为困难,主要用于动态检测,如轨检车对高速铁路和地铁的轨道不平顺检测等
固定监测	主要通过固定传感器对自然灾害、隧道、路基、桥梁、站场等进行监测。这种模式适合特定的局部区域,如滑坡风险高的地段、环境复杂的站场、需重点监控的隧道洞口等,但使用成本较高,一般不能全线覆盖
人工检查	主要依靠人工和手持工具进行数据采集,如静态检测和人工巡检等。其速度较低、漏检压力大、工作环境恶劣、检测人员老龄化和招工困难等问题突出
智能巡检机器人	采集巡检速度快,缺陷检测精度高,而且还是连续普查,不漏问题、不漏隐患,综合效率高;此外,智能巡检机器人巡检可覆盖轨道几何、扣件、隧道表观缺陷、钢轨磨耗、道床异物、侵限监测等领域

资料来源:OFweek 产业研究中心。

(三)在电网巡检的优劣势分析

电力线路巡线是电网公司巡检工作中的一个瓶颈。传统作业模式下,巡检人员劳动强度大、工作条件艰苦、劳动效率低。随着巡检无人机技术的发展,巡检无人机装配有高清数码摄像机、照相机及GPS定位系统等高科技装备,可沿电网进行定位自主巡航,可以在高山大岭或特高压电线路等人工难以巡视的地方作业,并实时传送拍摄影像,监控人员可在电脑上同步收看与操控。传统人工巡检和无人机巡检的比较如表7-8所示。

表7-8　智能巡检机器人在电网巡检的优劣势分析

	传统人工巡检	智能无人机巡检
作业条件	地形复杂,人工巡检存在较大安全风险,恶劣天气下的作业将加大这一风险	可实现全天候定点巡检,并将电网设备现场温度、强度、影像等指标实时或离线上传到管理中心,实时查看电网设备状态情况
巡检漏报	存在一定主观性,易出现未按规定程序进行巡检的情形,造成巡检不到位,不能从根本上杜绝事故隐患	提供报警联动应用,及时上传电网设备的非正常信息,并做出相应处理措施,便于调度中心及时处理紧急问题

	传统人工巡检	智能无人机巡检
巡检范围	受地形、环境等因素影响,人工巡视区域范围、视野受限,无法避免盲区	巡视区域范围较大,视野无死角,能够避免盲区
巡检数据	无法进行实时巡检并采集数据,不能保留同步巡检数据;无法为巡检工作的提升提供对比数据分析,造成决策管理者不能及时掌握现场第一手资料,因此错过了消除安全隐患的最佳时机	提供海量数据采集分析功能,及时将电网设备状态的检查数据上传到管理中心,便于管理员对系统设备情况进行掌控

资料来源:OFweek 产业研究中心。

四、厂商地域分布情况

从区域分布情况来看,我国智能巡检机器人厂商分布较为分散,东部、中西部及东北地区都有智能巡检机器人厂商布局,例如东部的国网智能、中西部的七腾科技、东北地区的哈工大特种机器人等;从企业数量上看,浙江、江苏、广东等东部沿海地区仍具备一定优势。如表7-9所示。

表7-9　智能巡检机器人厂商区域分布

地区	省市	主要企业
东部地区	浙江	申昊科技、国巡机器人、国自机器人、国辰机器人等
	江苏	亿嘉和、天创电子、苏京智能等
	广东	优艾智合、千巡科技、朗驰欣创等
	山东、河北、北京	国网智能、唐山开诚智能、眸视科技等
中西部地区	重庆	七腾科技
	陕西	安森智能
	山西	戴德测控
	安徽	发源地智能科技
东北地区	黑龙江	哈工大特种机器人

资料来源:OFweek 产业研究中心。

从区域布局来看,国网智能以山东为核心,北京、天津及东北等周边辐射城市具有较高市场占有率；国自机器人在浙江、申昊科技在沪浙、亿嘉和在江苏具有一定优势。

五、行业发展趋势

我国政府高度重视特种机器人的技术研发，科技进步将推动智能巡检机器人的应用进一步深化。随着数字经济转型的持续推进，智能巡检机器人的应用领域将进一步拓展。

（一）政策大力扶持，奠定行业健康基础

近年来，国家相关部门不断加大对机器人产业的扶持力度。《国家中长期科学和技术发展规划纲要（2006—2020年）》明确将智能服务机器人技术作为重要发展方向之一，要求以服务机器人和危险作业机器人应用需求为重点，研究设计方法、制造工艺、智能控制和应用系统集成等共性基础技术；《机器人产业发展规划（2016—2020年）》指出，针对智能制造和工业转型升级对工业机器人的需求，以及智慧生活、现代服务和特殊作业对服务机器人的需求，重点突破制约我国机器人发展的共性关键技术；《促进新一代人工智能产业发展三年行动计划（2018—2020年）》指出，要推动巡检、导览等公共服务机器人以及消防救援机器人等的创新应用。在上述产业政策的推动下，智能巡检机器人行业将保持持续健康发展。

（二）技术创新进步，助推行业高速发展

伴随传感器技术、智能控制技术、数据挖掘技术以及人工智能技术等的积累和应用，智能巡检机器人与各种新技术的结合愈加紧密，产生出多种新的功能与应用。与此同时，科学技术的进步导致相关产品市场价格不断降低，应用智能巡检机器人的企业成本不断下降，更进一步加快了产品的市场

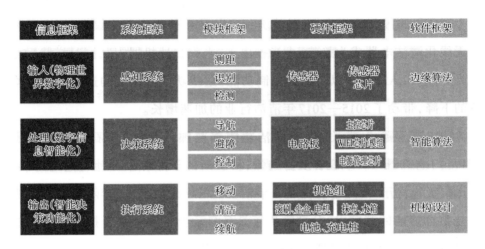

图7-23　扫地机器人技术框架

资料来源：兴业证券经济与金融研究院。

（一）感知系统：物理世界数字化

正如人类以感官感知周围环境，扫地机器人也拥有负责采集环境信息的感知系统。感知系统是扫地机器人信息输入的受体，本质上是对周围物理环境的数字化，更具体地说，是对家庭室内环境的数字化。从模块上看，主要包括测距、识别、检测3部分；从部件上看，主要包括传感器和边缘算法。

1.模块：测距＋识别＋检测

测距即测量距离，是扫地机器人实现导航和避障的关键环节。

（1）测距与导航：扫地机器人导航需要进行定位与建图。通过测距，扫地机器人可以实时获取周围物体与自身距离数据，在所处空间进行实时定位。同时，通过移动弥补测距的范围限制，最大限度地覆盖房间，利用距离数据确定房间边界和各物体位置，完成建图。

（2）测距与避障：避障的前提是确认障碍物，测距能够帮助扫地机器人进行物体识别。完成测距需结合测距工具与测距原理，如图7-24所示。测距工具主要为各类传感器，根据物理属性可分为可见光传感器、不可见光传感器、声传感器等。测距原理主要为几何测距和ToF测距2种方式。测距基于光的飞行时间和光的飞行速度计算距离,技术上可分为 dToF(direct)和 iToF(indirect)2 种。

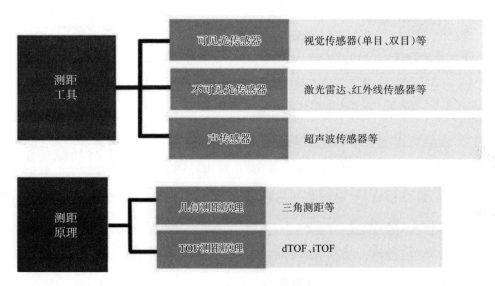

图 7-24　测距工具与测距原理

资料来源:什么值得买、兴业证券经济与金融研究院。

识别主要判别清扫对象和避障对象。识别是基于深度学习网络和目标检测算法,对图像中目标物体进行判别的技术。扫地机器人通过摄像头对所获图像进行分析,判别家庭环境中的清扫对象和避障对象,策略性地采取清扫或避障行为。

按照智能水平的高低,扫地机器人识别可分为 3 个层次,如图 7-25 所示。(1)物体的存在判别,只能判别空间中是否存在物体,无法获取物体其他信息;(2)物体的种类区分,能够识别物体的形状、尺寸特征,从而判断物体的种类;(3)物体的信息获取,不仅能够识别物体的颜色、细分品种、质地等具体信息,还可以提取丰富的语义信息。随着清扫能力的完善,识别能力逐步成为行业竞争的主要领域。

①存在判别　　　　②种类区分　　　　③信息获取

图7-25　扫地机器人识别智能水平的三个层次

资料来源：兴业证券经济与金融研究院。

检测特指为保护扫地机器人持续工作而发生的信息采集和判断过程。扫地机器人检测可大致分为对外检测和对内检测2个部分。

（1）对外检测：主要判断外部环境的安全性，如墙壁和玻璃检测（防撞）、防跌落检测（防摔）等。

（2）对内检测：主要判断内部状态的安全性，如电池电量检测、防过热检测、尘盒在位检测、尘盒过满检测等。

2.硬件：多传感器集成体

下面将重点介绍扫地机器人常见的传感器，见图7-26。

图7-26　米家扫地机器人1S的传感器

资料来源：小米官网、兴业证券经济与金融研究院。

（1）激光雷达。

激光雷达一般由光源、光束操纵和探测器3个部分组成，如图7-27所示。光源发射的激光经光束操纵后产生角度偏转,由探测器接收光束打在目标物上,产生发射/散射的部分回波,根据测距原理计算得到激光雷达到目标点/线的距离。通过不断扫描目标物,可得到目标物上全部点/线的距离信息,经过成像处理后便可生成三维立体图像。

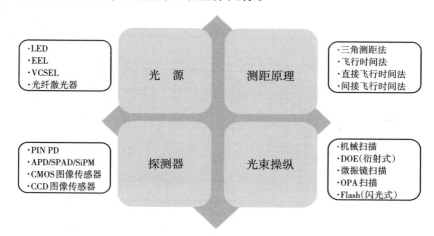

图7-27 激光雷达的结构

资料来源:麦姆斯咨询、兴业证券经济与金融研究院。

(2)视觉相机。

视觉相机是一种通过光学装置和非接触式传感器接收并处理物体图像的测量设备。基本原理是先利用光源(可见光或红外光)照亮目标物,再将目标物原始图像转换为具备亮度/颜色/像素/深度的图像信号,最后结合距离信息形成目标物的三维模型。根据相机结构和测距原理的差异,扫地机器人常用的视觉相机可分为单目相机、双目深度相机、3D结构光深度相机和3D-ToF深度相机,其性能对比如表7-10所示。

表7-10 扫地机器人视觉相机性能对比

名称	单目视觉相机	双目视觉深度相机	3D结构光深度相机	3D-ToF深度相机
传感器类型	RBG相机	RBG-D相机	RBG-D相机	RBG-D相机
	单目	双目	3D结构光+RGB	3D-ToF+RGB
测距原理	几何测距	几何测距	几何测距	ToF测距
传感器成本	低	中	较高	高
测距距离	<5m	<5m	<10m	<100m
精度	10cm级	近距离达mm级	近距离达0.01mm—1mm	cm级
环境	受光照影响	受光照和物体纹理影响	不受光照和物体纹理影响	不受光照和物体纹理影响
测距方式	被动式	被动式	主动式	主动式
信息量	语义信息2D（无深度信息）	语义信息3D	语义信息3D	语义信息3D

资料来源：知乎、兴业证券经济与金融研究院。

（3）IMU（惯性测量单元）。

IMU（惯性测量单元）主要由陀螺仪和加速度计组成，电子罗盘则是提升IMU测量精度的辅助传感器，技术原理见图7-28。三者主要用于实时检测物体运动的变化信息。其中，陀螺仪测量扫地机器人的角速率，对角速率进行积分，实时计算扫地机器人当前所处方位；加速度计测量扫地机器人的加速度，对线加速度一次积分得到速度，二次积分得到位移。结合陀螺仪测得的方向信息和加速度计测得的位移信息，可实时得到扫地机器人相对于初始点的位置信息。之后经电子罗盘辅助确认扫地机器人水平位置的朝向，使姿态参数更为精确。

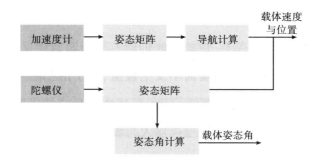

图 7-28 惯性导航技术原理

资料来源：《惯性导航原理》、兴业证券经济与金融研究院。

（4）碰撞传感器。

红外线发射器由光敏二极管组成。碰撞板安装在扫地机器人前端，受挤压后将向后位移。在靠近碰撞板的机身两侧各有一个红外线发射器。正常状态下，红外线发射器发射的红外线可通过特制小孔被光敏二极管接收，表明此时无障碍物。当扫地机器人与障碍物碰撞后，碰撞板向后位移并遮挡小孔，此时光敏二极管无法接收红外线，可知碰撞方向存在障碍物，并做出避障移动，如图 7-29 所示。该避障类型也被称为机械避障。由于原理简单、成本较低，早期机型均将碰撞传感器作为避障的核心传感器。随着全局规划导航技术的完善以及视觉辅助避障的应用，机械避障的地位逐步下降，但仍被作为辅助避障方式。

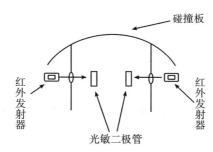

机身碰撞板受到碰撞→碰撞板挡住特制小孔→
阻拦红外线接收→传感器发出信号→扫地机器人改变方向

图 7-29 扫地机器人碰撞传感器工作原理

资料来源：中科院半导体所、兴业证券经济与金融研究院。

成智能路线规划。目前第三代导航产品为市场主流。

表 7-11　扫地机器人三代导航阶段

导航阶段	随机碰撞	局部规划	全局规划	
导航系统	随机导航	惯性导航	激光导航 （LDS-SLAM）	视觉导航 （V-SLAM）
应用时间	1998年	2012年	2010年	2014年
主要传感器	防撞传感器	加速度计、陀螺仪	激光雷达	相机
定位能力	无	相对初始点定位	全局实时定位	
建图能力	无	精度低	精度高	
规划能力	无	局部规划	全局规划	
环境要求	低	低	较低	高
清扫效果	漏扫多，耗时长	部分漏扫	清洁效率较高	

数据来源：兴业证券经济与金融研究院。

（2）避障：分为三段，由"盲人"到"近视"再到"正常人"。

避障是指扫地机器人在规划路线上存在障碍物时，能够按照一定算法实时更新路径，绕过障碍物并顺利到达目的地的过程。按智能水平，可分为3个发展阶段，如表7-12所示。

避障1.0："触觉＋听觉的盲人"。该阶段扫地机器人主要利用红外线传感器/仿生超声波传感器/碰撞板等部件感应环境，无法识别障碍物，往往通过碰撞方式进行机械避障，类似盲人通过触觉或听觉进行避障。

避障2.0："触觉＋听觉＋视觉的近视患者"。该阶段增加了导航传感器（激光雷达/视觉相机）辅助提升避障能力，实现障碍物识别（大小、形状甚至种类），相当于为扫地机器人提供了"视觉"。不过，受传感器安装位置和性能限制，避障2.0技术无法有效识别近地小型障碍物，类似于"近视"。

避障3.0："触觉＋听觉＋视觉的正常人"。该阶段增加了专门的避障传感器（通常为RGB-D相机，如双目深度相机、3D结构光深度相机等）提升避障精度，近地小型障碍物的识别问题得到解决，扫地机器人的"视力"明显提升。

表 7-12　扫地机器人避障技术发展阶段

发展阶段	避障1.0	避障2.0			避障3.0	
新增传感器	防碰撞传感器	激光雷达	单目视觉	3D结构光	3D-ToF	双目视觉
分辨率	无	低	高,可达2K分辨率	中,可达1080×720具体与散斑形状相关	低,低于640×480	高,可达2K分辨率
避障距离	可不依靠光源感应障碍物位置,但无法识别障碍物深度信息,避障效率低	可获得扫描范围内障碍物深度信息,但无法识别障碍物种类进行策略性避障,且激光线束有限,无法避开遗漏的障碍物	仅避开已识别物体,且通过假设物体在地面,由图像高低预估距离,精度低,避障效果有限	与结构光类型有关,散斑投射范围内可获得相对准确的深度信息。因图像为编码图案,较难完成图像识别,但结合单目视觉形成的深度相机可实现识别	可获得扫描范围内障碍物深度信息,但无法识别障碍物种类进行策略性避障,结合单目视觉形成的深度相机可实现识别	可获得障碍物深度信息,可根据物体识别结果进行策略性避障
算法开发难度	低	高	中	中	中	很高
应用机型	iRobot Roomba 400(2002年)	米家扫地机器人1代(2016年)	科沃斯DV35(2019年)	石头 T7s Plus(2021年)	科沃斯T8AIVI(2020年)	石头T7 Pro(2020年)

资料来源:什么值得买、兴业证券经济与金融研究院。

（3）控制:主要包括内部检测、执行驱动、电源管理。

广义上的控制涵盖所有的智能决策过程。为了方便理解,此处扫地机器人的控制特指除导航和避障之外的其他智能决策过程。其中,电机驱动、状态检测和回充管理3个方面较为重要,如图7-31所示。

电机驱动:通过电流信号控制各类电机(驱动电机/吸风电机/边刷电机),完成移动(控制速度/方向)和清洁行为(控制吸力/清洁工具开关等)。

状态检测:见上文感知系统中检测部分的判断过程,如检测电源状态,判断是否需要回充;检测滤网/尘盒是否安装到位,避免风机受损;检测灰尘盒是否过满,提醒用户进行尘盒清洁;防过热及压力检测,以保护部件。

回充(返回充电)管理:当扫地机器人检测到电源不足时,控制系统发出回充指令,具有全局规划能力的扫地机器人会根据此前建立的地图,自动规划返回基站附近的路线,到达后通过机身红外线传感器接收基站的红外线信号完成回充。

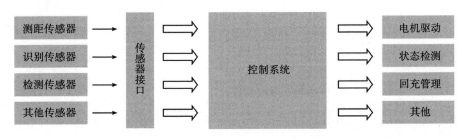

图7-31　扫地机器人控制系统

资料来源:兴业证券经济与金融研究院。

2.硬件:PCB＋芯片

（1）PCB:具有定制性,差异不大。

PCB即印制电路板,用于连接扫地机各类电子元件,是芯片的载体。扫地机器人PCB具有定制性,由品牌商根据不同方案自行设计,再交由供应商生产。由于生产技术的不断成熟,且各品牌商设计能力相近,整体上PCB技术差异不大。

（2）芯片:具有通用性,差异化小。

狭义上,扫地机器人芯片主要指主板上的核心芯片,如主控芯片、Wi-Fi芯片等,通常需要单独采购;广义上,扫地机器人芯片还包括传感器模组中的各类芯片,如传感器内部的传感器芯片、电源管理芯片等。因品牌和型号差异,扫地机器人不同产品的芯片类型和数量有所不同,如表7-13所示。按照功能划分,可将扫地机器人芯片大致分为主控芯片、电源管理芯片、Wi-Fi芯片以及其他芯片。主控芯片是"大脑",负责算法运算和产品控制;电源管理芯片是"心脏",负责电源交换、分配等功能,分布较广;Wi-Fi芯片是"嘴巴",负责数据传输等通信功能,目前多数产品采用Wi-Fi模组;其他芯片还有各类传感器芯片、各类存储芯片等。由于各产品方案不同,芯片类型和数量也有所差异,如部分强调语音交互的产品会加入专门的音频芯片。

表7-13　部分扫地机器型号的主要芯片

品牌机型	主控芯片	Wi-Fi芯片	电源管理芯片	其他芯片
米家扫地机器人(2017年)	全志R164核处理器兆易创新GD32F103系列	瑞昱RTL8189ETV	芯智汇AXP223	南亚NT5CC256M16EP标准型DRAM-DDR3存储器芯片
科沃斯DG710(2017年)	兆易创新GD32F103系列	乐鑫科技ESP-WROOM-02	德州仪器	新唐科技ISD2260系列音频芯片
石头T6(2019年3月)	全志R164核处理器意法半导体STM32F103系列	—	芯智汇AXP223	—
石头T7Pro(2020年5月)	意法半导体STM32F103系列高	高通WCN3615	高通PM8953	海力士cMMC+LPD-DR3

资料来源:《半导体器件应用》、Ofweek、什么值得买、兴业证券经济与金融研究院。

3.软件:智能算法

智能算法是解决扫地机器人最优化问题的指令,包括导航算法和运动控制算法。

(1)导航算法:解决扫地机器人最优清洁路线的指令,分为SLAM算法和规划算法。前者解决同时定位和建图问题,后者解决路线规划问题。

(2)运动控制算法:解决扫地机器人执行系统具体控制的指令,如沿墙距离判别补偿算法、转角覆盖的二次规划算法等,主要解决移动控制问题(速度、方向)和清洁作业问题(覆盖率)。

现阶段智能算法是扫地机器人的核心竞争力之一,其框架如图7-32所示。一方面,扫地机器人智能算法开发难度较大,算法优化成本较高,是典型的技术密集型产物,技术壁垒较为明显;另一方面,扫地机器人智能算法保密性较强,头部品牌商的智能算法通常为闭源代码,一般经过多重加密后烧录至扫地机器人芯片当中,在无解密密钥情况下无法获取代码内容。

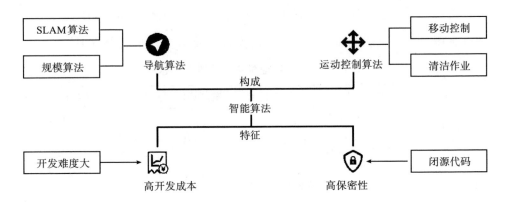

图7-32　智能算法框架

资料来源:兴业证券经济与金融研究院。

（三）执行系统:智能决策功能化

执行系统是扫地机器人的四肢,负责落实执行智能化决策。从模块看,主要包括清洁、移动和续航3个部分。

1.模块:清洁＋移动＋续航

（1）清洁:本质是解决地面清洁广度和深度。

扫地机器人主要用于地面清洁。由于清洁具有明显的本土化特征,世界各地的家庭清洁习惯有所差异。就中国家庭而言,地材以硬质地板居多,传统清扫中更重视干湿结合。中国家庭的地面清洁过程可分解为扫、拖、洗、倒四环节。

扫地机器人本质上解决2个层次的清洁痛点。一是初步实现清洁自动化,强调自动化清洁的广度,使得自动化能够覆盖4个清扫环节;二是完全实现清洁自动化,强调自动化清洁的深度,彻底解放双手,无需人工复扫。扫地机器人在深化清洁度上将沿着"不如人工"到"等同人工"再到"超越人工"的路径迭代,如图7-33所示。当前优化方向包括提升覆盖率（边角清扫等）、增强干爽度（水痕等）等方面。

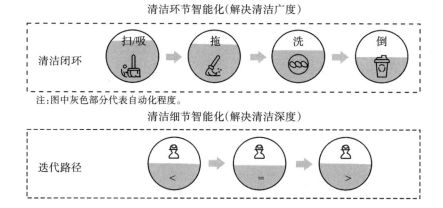

图7-33　清洁环节智能化和清洁细节智能化

资料来源：兴业证券经济与金融研究院。

（2）续航：基本满足工作需求。

续航是指电池充满电后设备能持续工作的时间，是衡量电池性能和寿命的指标。目前在产品周期内，扫地机器人主要产品的续航能力能够满足基本的工作需求，如表7-14所示。我们分3种情况进行讨论：

新机续航。目前单价2000元以上的新机锂电池容量普遍在5000mAh以上，单次续航时间在2h—2.5h。考虑到扫地机器人单次清扫时间基本在1h—1.5h，我们认为单次续航时间能够满足清扫需求。

旧机续航。扫地机器人正常工作温度在30℃—40℃，该温度下锂电池工作1年后剩余容量降至原来的70%—80%。假设续航时间与电池容量一一对应，则1年后扫地机器人单次续航时间在1.5h以上，基本满足清扫需求。此外，扫地机器人锂电池放电300次后容量将保持在90%左右。假设扫地机器人使用频率为每周3次（放电3次），则2年放电300次左右，单次续航还是基本上能够满足使用需求的。

极端续航。长期高频使用或特殊情况下，可能出现单次续航无法满足完整清扫需求的情况，此时扫地机器人通过"断点续扫＋断点续航"满足极端续航需求。如清扫任务还剩20%时出现电量不足，扫地机器人自动回充相应电量以完成剩余工作,之后再进行完整充电。

表7-14　扫地机器人主要产品续航情况

产品	上市时间	电池/mAh	充电时长/h	续航时长/min
石头科技G10	2021年8月	5200	4	150
科沃斯X1 OMINI	2021年9月	5200	6.5	140—260
云鲸J2	2021年9月	5200	3	210
追觅W10 PRO	2022年3月	6400	6	210
石头科技T8	2022年3月	5200	4	150

资料来源:各公司官网、中关村在线、兴业证券经济与金融研究院。

（3）移动:机器自主移动有序化、人为指挥移动自由化。

扫地机器人的移动是指有目的性地实现地面行走的过程。

扫地机器人的人为指挥移动由"限制"走向"自由"。一方面,扫地机器人人为指挥的移动范围扩大,由"固定路线"发展为"指哪到哪";另一方面,扫地机器人人为指挥方式由按钮到遥控再到App,指挥的空间范围走出房间,能实现长距离远程操控（图7-34）。

扫地机器人的机器自主移动由"无序"走向"有序"（图7-35）。扫地机器人自主移动随导航技术迭代,沿着"无规则—局部规划—全局规划"的路径演进。

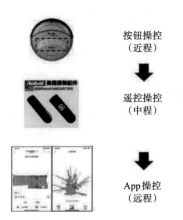

按钮操控
（近程）

遥控操控
（中程）

App操控
（远程）

图7-34　人为指挥移动由"限制"到"自由"

资料来源:兴业证券经济与金融研究院。

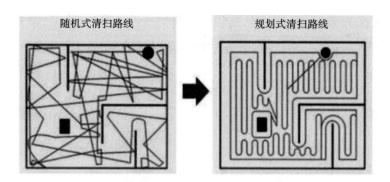

图7-35　机器人自主移动由"无序"到"有序"

资料来源：Ofweek、兴业证券经济与金融研究院。

2.硬件：清洁组＋机轮组＋电池组

（1）清洁组：解构清洁硬件的创新逻辑。

传统清洁过程可解构为扫、拖、洗、倒四大环节，扫地机器人的清洁硬件迭代（图7-36）也与清洁流程的4个环节一一对应。我们将从扫/吸、拖、洗、倒4个方面对清洁组硬件的创新逻辑和工作原理进行梳理。

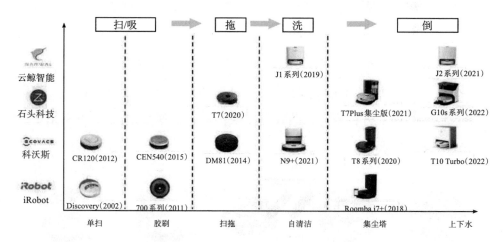

图7-36　扫地机器人清洁组硬件工作原理

资料来源：各公司官网、中关村在线、兴业证券经济与金融研究院。

"扫/吸"分析。传统干式清洁只有扫，可分解为聚拢垃圾和收纳垃圾2个动作，本质是分区清扫——聚拢一小块面积的垃圾，然后将其收纳进簸箕，收纳是聚拢的节点。将扫地聚拢和收纳合二为一，改变了分区清扫的习惯，如吸尘器同时替代了扫把和簸箕，聚拢和收纳同时进行，毛发处理能力也显著提升（毛发往往难聚拢也难收纳）。扫地机器人"扫"的主要硬件为边刷，"吸"的主要硬件为滚刷、吸风电机，如图7-37所示。

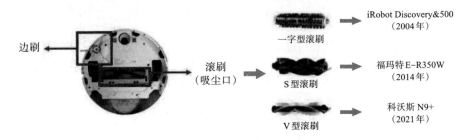

图7-37　扫/吸模块硬件

资料来源：国家电网、兴业证券经济与金融研究院。

　　"洗与拖"分析。洗从属于拖，是手段不是目的。传统清扫环节分为扫、拖、洗、倒，洗和拖高度关联。洗拖布/拖把是为了去污水、换清水，目的是提升拖的清洁效果。洗具备必要性（影响对清洁效果的主观评判）和复杂性（动作多、移动大、清污麻烦），是清洁中的强痛点。这也是自清洁产品崛起的需求基础。目前扫地机器人绝大多数产品的自清洁创新并没有打破分区拖地的逻辑，而是用断点续拖的方式解决。自清洁模块硬件上的主要变化如图7-38所示，一是部分机型将粘贴式拖布改为旋转式拖布，二是充电基站增添水箱（清水＋污水）及烘干装置。

粘贴式拖布　　旋转式拖布　　充电基站　　自动集尘基站　　全能基站

图7-38　扫地机器人自清洁硬件变化

　　针对以上问题，部分品牌寻求新的解决方案，衍生出不同的技术路径。如采用就地自清洁方式，减少往返基站次数。

"倒"分析。通常干垃圾的转移路线是由地面→清洁工具→家庭垃圾桶→垃圾站,总共3段。集尘桶出现之前,"倒"的后两段工作由人工处理,因扫地机器人尘盒较小,手工清洁尘盒频率较高,集尘桶的出现使手工清理尘盒的频率由1周1次降至1—2个月1次,但同时提升了使用成本。

目前,集尘桶主要采用负压风机技术,通过风机让风道内产生负压,将扫地机器人尘盒里面的单向风门吹开,再把尘盒里的垃圾吸进风道带入尘袋。也有采用多锥气旋分离技术的,相比于负压风机技术,该技术能有效避免因小颗粒粉尘堵塞出气口造成吸力下降的问题。

(2)电池组:锂电池为主流方案

早期扫地机器人电池方案以镍氢电池为主,随着电池技术的发展,锂电池成为目前扫地机器人行业的主流方案。目前国内高端机型的电池方案基本稳定。一般来说,产品价格定位越高,对应电池容量越大。高端机型电池容量相同(5200 mAh)、续航时间接近,但同容量下各家电池充电时间有所差异(表7–15)。

表7–15 扫地机器人部分机型电池情况对比

品牌	上市时间	上新价格/元	电池容量/mAh	充电时间/h	续航时间/min
石头科技T7S	2021年3月	2399	5200	4	121—180
石头科技T7S Plus	2021年3月	4299	5200	4	121—180
石头科技T8	2022年3月	2299	5200	4	121—180
石头科技T8自动集尘款	2022年3月	3099	5200	4	121—180
石头科技G10s	2022年3月	4799	5200	4	121—180
石头科技G10s Pro	2022年3月	5699	5200	4	121—180
科沃斯X1	2021年3月	3699	5200	6.5	121—180
科沃斯N9+	2021年4月	3399	5200	4—6	61—120
科沃斯X1 OMNI	2021年9月	7499	5200	6	61—120
科沃斯T10	2022年3月	2799	5200	6.5	260
科沃斯T10 TURBO	2022年3月	3999	5200	6.5	260
云鲸J2	2021年9月	3999	5200	3	180

足深度清洁的洗地机器人,如图7-42所示。鉴于目前扫地机器人已基本满足高频、自动化、全面清扫等浅层清洁需求,消费者需求痛点暂时由清洁智能化转向清洁深度化。

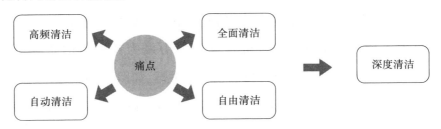

图7-41　扫地机器人深度清洁的痛点

资料来源:兴业证券经济与金融研究院。

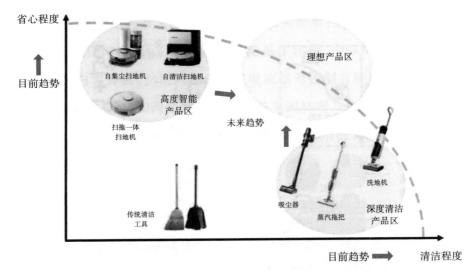

图7-42　高度智能和深度清洁是理想清洁电器必备的两大属性

资料来源:兴业证券经济与金融研究院。

2.长期:智能交互有望升级

从单一功能性智能走向多场景化智能。扫地机器人作为目前唯一可自主移动的家电产品,其应用潜力远不止于单纯的清洁工具,未来有望进一步拓宽应用场景,如成为具备家庭伴侣、家庭安全管家等功能的多场景化产品,如图7-43所示。交互升级是关键,其背后是AI智能技术突破。一是识别能力显著提升,目前扫地机器人能识别多种室内常见物体,未来扫地机器人识别技术将得到长足发展(传感器改进和算法迭代);二是AI算力进一步升级,AI芯片得到普遍应用,且集成度越来越高,算法更趋复杂,扫地机器人智能水平显著提升。

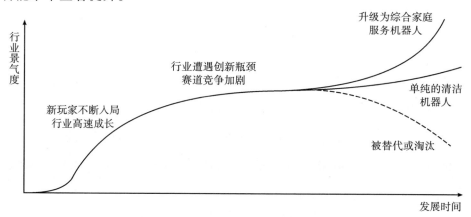

图7-43 扫地机器人未来发展趋势

资料来源:兴业证券经济与金融研究院。

三、行业发展特征分析

就行业整体发展而言,扫地机器人长期的成长性较好,整个市场格局为一超多强,功能逐渐趋向全自动化。

(一)长期看成长性更强

目前扫地机器人的市场格局呈现量减价增的趋势,价格带的高端化和销量的下滑,意味着扫地机目前的受众有局限但非常精准,主要集中在"高收入的精致人群",中低收入人群的市场尚未完全打开。

产品结构升级,高端价格带占据主流。中低端扫地机销量下降的速度超过高端扫地机销量增长的速度,才形成了目前市场量减价增的趋势。量减的原因:一为低价入门扫地机不能完全满足消费者对扫地机器人的构图避障和清洁要求；二为扫地机的均价较高，加上产品教育仍处于初始阶段，因此新消费者的增长速度较慢。未来随着市场竞争的加剧和成本端费用的下降，整体价格带下沉后，普及速度有望加快。

（二）一超多强格局形成，市场集中度高

科沃斯在扫地机器人行业中的市场占有率连续3年位居第一，整体由2019年的43%略微下降至2021年的39%；石头科技和云鲸的市场占有率提升较快，目前在行业内的市场占有率并列第二；小米的市场份额比较稳定，维持在14%左右；定位在中低端价格带的海尔与美的的相应市场份额则在下滑。目前扫地机市场格局为一超多强，2021年CR3[①]为69%，集中度很高，其中由科沃斯领跑整个行业。

（三）功能趋向全自动，下一个家电刚需

扫地机器人从最初的自动清洗拖布和自动补水功能，逐步增加了自集尘和自动烘干拖布功能，以及即将上线的自动上下水功能。扫地机器人正在一步步解放双手，最大限度免除人工参与，达到真正的劳动替代，最终让扫地机器人完成独立规划地图、扫拖地板、回基站补水换水、清洗烘干拖布、排污水所有步骤。经过产品教育，扫地机器人有望经历从可选到必选的普及，未来存在广阔的发展空间。

四、厂商发展情况

国内厂商主要包括头部企业科沃斯、小米生态链企业以及初创公司等。

---

① 在某一个行业中，市场占有率排名前3家的公司的市场占有率之和。

（一）科沃斯

科沃斯以吸尘器代工起家，由传统制造转向扫地机器人自主研发，是国内扫地机器人行业的拓荒者。科沃斯竞争优势是产品跟进能力较强，品牌和营销壁垒深厚。公司拥有自主供应链，采用委托代工和自主生产并行的模式，自研LDS激光模组，掌握软件算法和硬件组装环节。公司产品价格带较宽，于2019年进入低端市场。公司扫地机器人自主品牌聚焦中高端市场，并通过与平台合作的方式抢占低端市场。科沃斯扫地机器人两大主流导航建图方案（LDS激光导航和VSLAM视觉导航）并重。采用结构光和dToF激光技术，并搭载AI避障算法进行避障。

（二）石头科技

以小米生态链起家，为全球扫地机行业的变革者。石头于2014年获小米战略入股，成为小米生态链企业。2016年通过自研的LDS激光雷达和SLAM算法，成为全球首家大规模应用激光雷达技术的企业，迅速打开扫地机器人市场。其竞争优势为产品力强。从公司的核心团队、研发成果、研发投入等方面考量，石头科技为技术驱动型公司。生产模式采取"自主研发设计＋代工生产"的轻资产模式，掌握核心算法环节，主要代工厂商为上市公司欣旺达。石头科技注重单品类迭代升级，避障方面采用3D结构光和双目视觉技术，并搭载AI避障算法进行避障。

（三）小米生态链企业

自石头科技减少与小米的代工业务后，米家品牌的扫地机器人供应商新增4家公司，分别为杉川科技、追觅科技、云米科技以及银星智能。其中，银星智能成立于2005年，主要进行2B端的OPM业务；杉川科技具有从硬件到软件的整机外包服务能力。从产品代工来看，追觅和云米分别为中高端和中低端。小米渠道的天然流量和小米品牌的背书，使得产品实现快速放量。目前，相关企业以性价比路线为主，需重点关注其独立性和品牌经营。

（四）初创公司

初创公司为后入局者，在一级市场获得融资后，利用产业链资源推出少量SKU。例如，云鲸目前只有一款"小白鲸"拖扫一体机器人，易受同质化竞争的冲击。

（五）综合家电巨头

目前综合家电巨头公司主要选择与第三方导航解决方案公司合作，进入扫地机器人市场。产品以惯性导航方案为主，定位于中低端市场。

五、行业发展趋势

现阶段扫地机器人赛道出现了从0到1转变为从1到100的成长确定性拐点。科沃斯和石头科技的市值分别位列家电股市值第五、第六，仅次于白电公司和公牛集团。随着核心零部件的国产化，单位成本逐步下降，技术迭代和应用端创新使得产品从"能用"走向"好用"。从需求方面来讲，好用的产品进入可接受的价格带，需求由"小众"走向"大众"。对下一阶段市值的判断离不开基于商业模式对盈利能力变化的判断，基于产业链分工对竞争力变化的判断，基于长期渗透率和短期催化对空间的判断。

（一）供需匹配复杂，降本带来扩圈

扫地机器人本质是一门不好做的生意，供需属性较为复杂。从供给端看，一台好用的扫地机器人需具备以下特点：全屋覆盖、自主移动、合理避障、有效清扫、小型化、价格适中。在保证扫地机器人机身体积较小的同时，将LDS激光模组、风机、电池、尘盒、主板、轮子、刷子及各种传感器都内置进去，并做到尘盒容量大、产品运行稳定、清扫效果满意，这一挑战较大。而从需求端看，其代替的场景为扫地这一相对简单的劳动场景，不大具有新增的附加属性，溢价能力相对有限，如图7-44所示。虽然扫地机器人具有一定的智能终端属性，但是并不具备智能手机的网络效应，较难形成完整的生态。

图7-44　复杂技术vs简单应用场景

资料来源：小米智能生态公众号、百度图片、天猫、国盛证券研究所。

（二）格局头部化：国内外同频发展，国产品牌有望成为全球龙头

国内、国外竞争格局均呈现非稳态头部化的特点，如图7-45所示。国外龙头企业iRobot领先优势逐步缩小，科沃斯和石头科技等优质国产品牌有望成为全球龙头。一方面，扫地机器人免安装、易操作、体积相对较小的属性适合跨境电商销售；另一方面，扫地机器人产品需求属性与操作方式相对统一，有利于在全球推广。

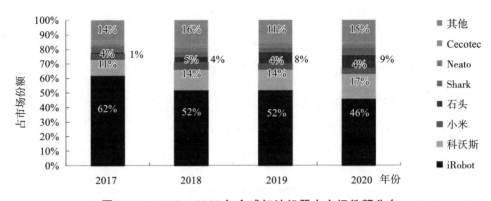

图7-45　2017—2020年全球扫地机器人市场份额分布

资料来源：iRobot年报、国盛证券研究所。

就国内市场而言，科沃斯为国内扫地机市场的拓荒者，凭借先发优势稳居国内龙头地位，国内市场占有率绝对领先。石头科技为扫地机行业变革者，2016年开创性地将较低成本的激光导航应用于扫地机器人，兼顾成本和产品性能，引领行业技术变革。云鲸于2020年推出免洗拖布机器人"小白鲸"，凭借该款单品，在2020年位居行业第四。

（三）持续成长的拐点：短期量价齐升，长期渗透率空间广阔

扫地机器人行业经3次技术迭代，如图7-46所示。目前技术发展较为成熟，产品创新周期缩短至1—2年。2016年后，产品进入密集创新周期，创新方向主要为功能集成化。截至目前，扫地机器人产品已具备自集尘、拖布免清洗2项自动化程度较高的功能。2020年，科沃斯、石头、小米等公司均推出多款旗舰型号新品。未来随着产品的不断迭代，功能集成度进一步提升，短期有望出现行业快速增长且量价齐升的局面。

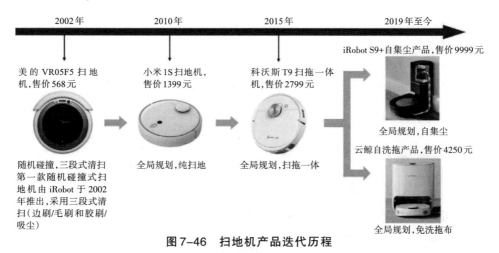

图7-46　扫地机产品迭代历程

资料来源：天猫、百度图片、搜狐新闻、国盛证券研究所。

从现阶段渗透率看，扫地机器人仍是小众产品，消费者为购买意愿和购买力较强的人群，倾向于选择中高端扫地机器人产品，价格敏感性相对较低。现阶段扫地机器人产品已基本满足家庭清扫需求，未来随着扫地机器人产品渗透率不断提升，其用户圈层将扩展至大众用户群体，而该群体的价格敏感性相对较高，因此，均价进一步下探是产品出圈的必然趋势。未来，行业层面和公司层面的技术突破有望进一步降低成本，维持扫地机器人产品的利润空间。

第六节　手术机器人

手术机器人是一种精密的医疗设备，借助微创伤手术及相关基础技术的发展而被发明，被用于在狭小的手术部位，实现人类能力范围以外的精准手术器械操控。手术机器人通常由手术控制台、配备机械臂的手术车及视像系统组成，如图7-47所示。外科医生坐在手术控制台旁，观看由放置在患者体内腔镜传输的手术部位三维影像，并操控机械臂、手术器械及腔镜的移动。机械臂模拟人类的手臂，为外科医生提供一系列模拟人体手腕的动作，同时过滤人手本身的震颤。

图7-47　手术机器人的组成部分

来源：直觉外科、国金证券研究所。

一、发展历程

手术机器人的历史始于1985年创建的PUMA560，该机器人可精准地进行神经外科活检，手术机器人发展历程如图7-48所示。2000年，Intuitive Surgical公司开发的达芬奇手术系统获FDA批准。该系统最初用于治疗前列腺癌，现已越来越多地用于心脏瓣膜修复及妇科手术。达芬奇手术系统经过几代升级后，目前仍是全球最受欢迎的腔镜手术机器人。除腔镜外，其他术式的手术机器人自2010年开始迅速涌现，如脊柱、关节置换及泛血管手术的机器人。未来，随着人工智能、人机交互技术及5G通信的进步，手术机器人有望扩展到更多的外科专业，并实现更高的手术精准度、灵敏度及智能远程控制。

图7-48 手术机器人主要发展历程

资料来源：微创机器人招股说明书、国金证券研究所。

二、手术机器人的分类

经过数十年的发展，手术机器人现在主要分为腔镜手术机器人、骨科手术机器人、泛血管手术机器人、经自然腔道手术机器人和经皮穿刺手术机器人5个快速增长的外科领域，如表7-16所示。

表7-16 手术机器人分类

外科领域分类	主要功能
腔镜手术机器人	可进行广泛类型的手术，例如泌尿外科、妇科、胸外科及普外科手术。腔镜使外科医生的视线可延伸至病人的体内，机械臂则模仿双手以操纵腔镜及手术器械
骨科手术机器人	用于协助骨科手术，如关节置换手术及脊柱手术。骨科手术机器人提供更好的手术部位影像，对健康骨头的损伤性较低，因此患者能更快康复
泛血管手术机器人	用于治疗心脏、脑部或血管系统相关器官疾病
经自然腔道手术机器人	将相关手术器械通过人体自然腔道送达手术区域，并进行诊断或手术，可用于检查和治疗肺、肠和胃等器官

续表

外科领域分类	主要功能
经皮穿刺手术机器人	用于经皮穿刺手术，主要为收集组织样本用作诊断，例如早期肺癌、乳腺癌及前列腺癌的检测。此外也可用于经皮肾镜取石术等治疗手术，通过在患者背部的切口去除肾结石

资料来源：微创机器人招股说明书、国金证券研究所。

腔镜手术机器人可进行广泛类型的手术，例如泌尿外科、妇科、胸外科及普外科手术。骨科手术机器人用于协助骨科手术，如关节置换手术及脊柱手术。泛血管手术机器人用于治疗心脏、脑部或血管系统相关器官疾病。经自然腔道手术机器人可将相关手术器械通过人体自然腔道送达手术区域，并进行诊断或手术，用于检查和治疗肺、肠和胃等器官。经皮穿刺手术机器人用于经皮穿刺手术，主要为收集组织样本用作诊断。此外也可用于经皮肾镜取石术等治疗手术，通过在患者背部的切口去除肾结石。

三、优劣势分析

手术机器人与传统手术比较而言，具有减少手术伤口、实现灵活与高度复杂的兼容、实现精准度与稳定的统一、帮助缩短学习过程、减少辐射暴露等5个方面的优势（见表7-17）。

（一）减少手术伤口、术后恢复快及术后并发症较少

与开放手术的大切口相比，病人在机器人微创手术中一般仅有一个或几个小切口，切口用来放入手术器械。因此，手术能以精准及微创的方式完成。这将大幅减少失血及术后并发症的风险，使病人更快康复。

（二）灵活的机械臂与高度复杂的手术兼容

手术机器人通常配备一个或多个高自由度的机械臂。通过电脑算法处理，机械臂将外科医生双手的活动复制为人体内相应的仪器细微运动。这使得外科医生能够在较小的手术空间内流畅且精准地移动手术器械，这在高难度手术中不可或缺。

（三）手术的精准度与手术结果的稳定性

与传统微创伤手术的二维图像不同，由手术机器人提供的三维高清图像使手术领域有自然视觉景深。数字变焦功能亦使外科医生能够流畅地放大视野，从而促进精准的组织识别及组织层次区分。手术机器人通过计算机算法，自动过滤外科医生手部的震颤，使外科医生更容易远程控制手术器械，并降低不慎横切组织的风险。

（四）降低外科医生疲惫度及缩短学习曲线

手术机器人具有震颤过滤、三维高清图像及高灵活度的特点，外科医生进行手术时更为方便，且可降低身体的疲惫度。机器人微创伤手术允许外科医生直观地操作器械，以缩短外科医生的学习曲线，使手术机器人更便于供在开放手术或传统微创伤手术方面经验有限的外科医生使用。手术机器人的人体工程学设计也降低了外科医生因长期不适及疲惫而罹患职业病的可能。

（五）减少辐射暴露

在一些开放手术及传统微创伤手术中，外科医生必须获取一系列的X光片以确认植入物的正确放置位置。手术机器人一般带有可指示植入物放置位置的光学导航系统，可大幅减少X光片数量，降低外科医生、病人及其他手术室员工的辐射暴露风险。

表7-17　机器人微创伤手术与开放手术及传统微创伤手术的特点对比

特点	开放手术	传统微创伤手术	机器人辅助的微创伤手术
成像方式	裸眼	二维图像	三维高清图像
进行复杂手术的能力	A	C	A
手术结果的稳定性	C	C	A
操作精准性	B	C	A
灵活性	C	D	A
震颤滤除的器械运动	E	E	A
伤口创面及恢复情况	E	B	A
出血及术后并发症	D	B	A
外科医生体力消耗	D	D	B
辐射暴露	E	E	A

优势等级:A,B,C,D,E(从优势较多到优势较少)

四、发展现状与趋势

不同类型的手术机器人,其发展现状具有不同的特色。围绕产业发展和市场需求,不同类型的手术机器人发展阶段也多有不同,但整体而言市场会不断拓展,发展潜力巨大。

(一)腔镜手术机器人:手术机器人最大的细分市场

腔镜手术机器人可在多种类型手术中应用,国内市场也开始逐渐成为具有较大增长潜力的重要地区市场,但产品乏善可陈。

1.腔镜手术机器人可运用于多种类型手术

腔镜手术机器人通常包括外科医生的控制台、一台患者侧手术车及一套三维高清影像系统。患者侧手术车具备持有腔镜和配套手术器械的机械臂。腔镜将外科医生的视线延伸至患者体内,而机械臂模拟其双手,持有并指挥腔镜及手术器械（见图7-49）。

腔镜机器人可用于多种手术，包括泌尿外科、妇科、胸外科及普外科手术等。在泌尿外科方面，机器人辅助的前列腺癌根治术（RALRP）已经成为机器人辅助手术的金标准。在国内，RALRP是机器人辅助泌尿外科的主要术式；在妇科方面，手术机器人的出现极大地扩展了妇科腔镜手术的应用范围，已经应用于几乎所有妇科的良恶性疾病的手术中；在胸外科方面，机器人辅助的胸外科手术起步相对较晚，但机器人在降低手术出血量、操作时间和术后并发症风险方面依然具有优势，目前在胸外科的应用越来越广泛；在普外科方面，普外科涉及的手术种类较多，可以分为肝胆胰手术、胃肠手术和甲状腺手术。机器人手术系统在各个手术中的安全性和有效性都达到甚至超越了腹腔镜技术。推广手术机器人的最大阻碍仍是费用较高。

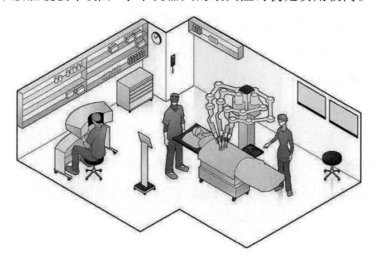

图7-49 手术中的腔镜手术机器人

资料来源：Getty、国金证券研究所。

2.国内机器人辅助腔镜手术逐渐普及，国内产品依然稀缺

腔镜手术机器人在治疗早期前列腺癌等方面具有独特优势，中国的机器人辅助腔镜手术普及速度较快。2020年国内腔镜手术机器人的市场规模为3.18亿美元，中国被视为具有最大增长潜力的市场。

腔镜手术机器人在中国具有巨大的需求增长潜力。中国市场对机器人辅助腔镜手术的需求强劲,达芬奇Xi及达芬奇Si手术系统基本主导了国内腔镜手术机器人市场,在中国所有三级甲等医院中使用的比例不足10%。威高妙手-S手术机器人2021年10月获得药监局批准上市,成为国产第一款获批上市的手术机器人产品。此外,微创机器人的图迈腔镜手术机器人已提交注册申请,康多腔镜手术机器人目前处于临床试验阶段。目前国内市场上市获批产品稀缺,竞争格局良好。

　　(二)骨科手术机器人:机器人辅助关节置换手术应用广泛

　　骨科手术机器人是指用于辅助骨科手术的机器人,其优势主要包括可定制三维术前方案、手术部位成像更清晰、减少震颤和提高手术精准度。骨科手术机器人的使用有助于减少对健康骨骼及组织的损伤、减少失血、缩短住院时间及加快康复。骨科手术机器人主要应用于3类手术:关节置换手术、脊柱手术及骨科创伤类手术。

　　1.关节置换手术机器人:国内手术量仍处于起步阶段

　　关节置换手术机器人主要用于髋、膝关节置换或关节内骨折手术。手术机器人精确截骨,会提高假体和骨骼匹配的精准度,增加骨骼与植入物的接触面积,从而提升手术效果,并延长植入物的寿命。如图7-50所示。

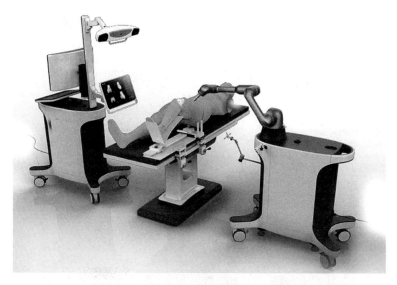

图7-50　手术中的关节置换手术机器人

资料来源：微创机器人官网、国金证券研究所。

机器人辅助关节置换手术在骨科3类手术中属于应用最广泛、最复杂的一类。关节置换手术可进一步分类为全膝关节置换术（TKA）、单髁间膝关节置换术（UKA）和全髋关节置换术（THA）。全膝关节置换术是机器人辅助关节置换手术中最复杂的类型。中国在2016年首次进行了机器人辅助关节置换手术。自此，机器人辅助关节置换手术因其植入物定位的准确度及一致性提高、术后疼痛减少及功能较早恢复而日益受到关注。中国对机器人辅助关节置换手术的需求量不断增长，由史赛克旗下Mako开发的RIO手术机器人是目前仅有的获国家药监局批准注册的关节置换手术机器人。"鸿鹄"微创机器人是唯一由中国企业开发、配备自主开发机械臂的关节置换手术机器人，未来有望成为国产企业获批的首款关节手术机器人。此外，键嘉、元化智能与和华瑞博的机器人产品同样进入了临床试验阶段。

2.脊柱手术机器人：长期市场规模具备潜力，国产企业崭露头角

机器人辅助脊柱手术是骨科手术机器人的另一项重要应用（见图7-51）。过去外科医生仅凭人手，或在手术中大量拍摄的X光照片的协助下，在脊柱骨中放置螺丝以进行复杂的脊柱手术,患者及外科医生均存在辐射暴露的风险。此外,脊柱手术对螺丝位置的精确性要求较高,脊柱手术机器人能够提供基于电脑化术前规划的指引系统,显著提高准确度,降低错置螺丝的风险。如图7-51所示。

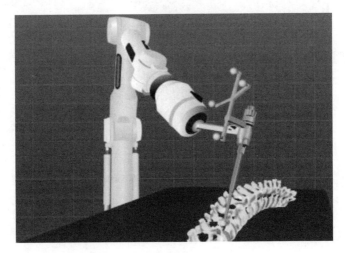

图7-51　手术中的脊柱手术机器人

资料来源:Brainlab、国金证券研究所。

美敦力旗下的 Mazor 是当前全球脊柱手术机器人的龙头企业,也是全球脊柱机器人的开创者,其研发的机器人产品一直代表了全球最前沿的技术水平。捷迈邦美旗下 Medtech 研发的 ROSA 手术机器人同样具备一定的竞争力,且都已在国内上市。国内企业中,仅有天智航的天玑手术机器人和鑫君特的 Orthbot 已获批上市,且相比于外资企业销售额较小。

（三）泛血管手术机器人:手术量巨大,国内尚未起步

泛血管手术机器人（图7-52）主要用于治疗心脏、脑部或外周血管系统中的血管或相关器官疾病。泛血管手术机器人通常包括外科医生的控制台、遥距导管操纵器以及可转向的引导导管。机器人辅助泛血管手术的优势在于,可以使外科医生免受过度X光的辐射,外科医生的控制台可以远距离放

置在与手术室分离的房间。此外,泛血管手术机器人提供了更好的视野,有助于切开主动脉,植入导管更准确。

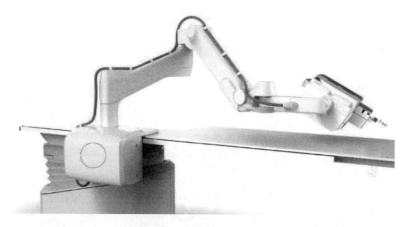

图7-52　泛血管手术机器人

资料来源:Robocath、国金证券研究所。

全球每年都会进行大量的泛血管手术,其中机器人辅助泛血管手术处于早期发展阶段,手术量占比较低。国内目前没有获得国家药监局批准的泛血管手术机器人,机器人在泛血管手术领域还没有得到正式应用,不过其长期潜在市场空间广阔。目前全球仅有3家企业拥有获得FDA批准或CE认证的泛血管手术机器人。西门子旗下Corindus的CorPath系统是国内主要在研产品。此外,微创机器人与法国Robocath通过设立合资公司,与上海知脉共同推动R-One手术机器人在国内的研发推广,2021年第四季度产品已进入临床阶段。此外,奥朋医疗与深圳爱博医疗的手术机器人产品均已进入临床试验阶段,未来国内外企业将共同推动泛血管手术机器人在国内医疗体系中的应用。

(四)经自然腔道手术机器人:市场仍处于早期阶段

经自然腔道手术机器人是指通过人体的自然腔道进入目标部位,并可控制其进行诊断或手术的机器人。经自然腔道手术机器人应用于自然腔道腔镜手术,如支气管镜检查(肺检查)(图7-53)、结肠镜检查(肠道检查)及胃镜检查(胃检查)。经自然腔道手术机器人为目标部位提供了更清晰的视野,使外科医生能够更灵巧地操作工具。

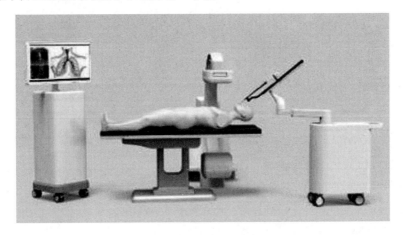

图7-53　经支气管手术机器人

资料来源:微创机器人招股书、国金证券研究所。

全球每年都会进行大量的经自然腔道手术,其中机器人辅助经自然腔道手术还处于早期发展阶段,手术量占比较低。微创机器人的经支气管手术机器人正在临床前阶段,随着经自然腔道手术机器人在我国获批上市,机器人辅助经自然腔道手术将不断渗透,预计未来新安装的经自然腔道手术机器人数量将稳步增长。

(五)经皮穿刺手术机器人:国内多家企业已展开布局

经皮穿刺手术机器人主要用于诊断(收集组织样本)和治疗。诊断方面,应用MRI、超声及CT等成像技术,将目标解剖结构定位,并使用影像反馈引导针头到达目标解剖结构;治疗方面,经皮穿刺手术机器人可以用于清除肾结石的肾造口碎石术,通过患者背部的微小切口插入针头,并清除肾结石。机器人可以实时导航跟踪穿刺针相对病人的精准位置,提高穿刺成功率。

国内机器人辅助经皮穿刺手术还处于早期发展阶段。随着机器人辅助经皮穿刺手术的不断渗透,预计未来新安装的经皮穿刺手术机器人数量将稳步增长。国内已有多个产品获批上市。中国市场方面,印度 Perfint Healthcare 公司的 MAXIO、Robio、Veran 的 ig4,医达健康的 IQQA-Guide 已获得 NMPA 认证。微创机器人和 NDR 合作的 ANT-C 仍在研发阶段。

(李微、宋菲,河北传媒学院)

第八章　数字人的分类与产业链结构

近两年来，国内外各大企业纷纷投身"元宇宙"领域，带动了相关概念、技术与行业的崛起，"数字人"便是其中之一。作为现实世界与虚拟世界的链接节点，数字人行业迎来了井喷期。随着技术的更新，它们走向了智能化，拥有近似真人的外表与更为快速的交互反应；随着理念的更迭，它们被赋予更鲜明的个性，并不断解锁新的应用场景。虽然数字人产业还处于发展期，尚未成熟，但已然成为一种潮流涌入人们的日常生活，与数字人共生的新时代或将来临。

第一节　数字人的定义

"数字人"一词来自英文 Digital Human，是指存在于数字世界，通过计算机技术生成的、具备人类的外观和行为模式的产物。其身份及外观设定既可以是单纯虚构而成的，也可以是现实世界中的人物的虚拟化，或是现实世界中的人物复刻。

与数字人相关的概念有虚拟人和虚拟数字人。虚拟人是指通过计算机图形学技术进行虚拟制作的完全虚构的类人形象；虚拟数字人则是指只存在于非物理世界中，由计算机图形学、图形渲染、动作捕捉、深度学习、语音合成等计算机手段创造及使用，并具有多重人类特征（外貌特征、人类表演能力、人类交互能力等）的综合产物。从广义上看，若不强调交互能力，数字人、虚拟人、虚拟数字人可被认为是等同的；从狭义上看，三者之间存在着细微差别（如图8-1所示），数字人强调其身份与形象存在于数字世界中。虚拟人强调其身份的虚构性，即现实世界不存在。虚拟数字人则强调虚拟身份和数字化制作特性。由此可以看出，数字人的概念更为宽泛，虚拟人与虚拟数字人的概念被包含在内。

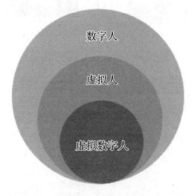

图8-1　数字人、虚拟人和虚拟数字人三者关系

资料来源：CG世界、智东西、中国人工智能产业发展联盟、亿欧智库。

第二节　数字人的分类

数字人市场处于高速发展阶段。面对不断涌现的多元化的数字人，从不同的维度出发，可将其分为不同类型。

一、按技术划分

根据驱动方式的不同,数字人可分为真人驱动型和算法驱动型。

真人驱动型数字人是指真人利用动作捕捉设备捕捉面部及形体动作,再通过驱动与渲染技术驱使静态模型,将人的行为予以呈现的数字人;算法驱动型数字人是指通过 AI 技术自动识别并解析外界信息,根据解析结果自行决策且驱动人物模型生成相应的行为来与用户互动的数字人。

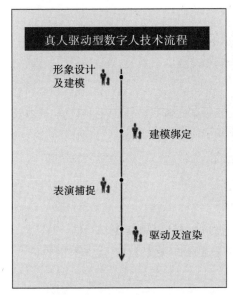
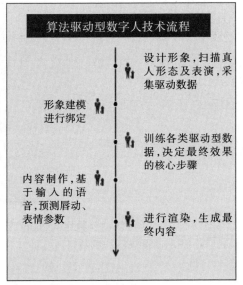

图 8-2 真人驱动型与算法驱动型数字人技术流程对比

资料来源:SDI 数字创新。

二、按核心功能划分

根据核心功能及应用场景的不同,数字人可分为服务型和身份型。

服务型数字人是指可提供咨询、陪伴、指导等具体功能,能够满足特定人群需求的数字人,它在一定程度上可替代真人完成相关工作,其本质是为了提升工作效率。

身份型数字人可分为两类。一类是虚拟分身,即依托现实世界中的真人形象与身份所打造的虚拟形象,如依托杨颖所打造的Angela3.0、嘉行传媒依托迪丽热巴推出的虚拟形象"迪丽冷巴"、依托周杰伦推出的虚拟形象"周同学"等。它将现实生活中的人物性格与形象进行更为集中与抽象化的表达。另一类是虚拟偶像,即通过数字技术构建的,在数字世界进行演出、商业等文娱类活动的虚拟形象。随着娱乐方式的拓展,目前,虚拟偶像领域内出现了以网络直播为主要工作的虚拟主播(Vtuber)。

三、按视觉维度划分

根据视觉效果的不同,数字人可分为2D型和3D型。

2D型数字人的本质是根据真人视频的相关数据,深度学习技术,生成与真人相同的图像。

3D型数字人则需要依托建模、驱动及渲染等技术来完成。

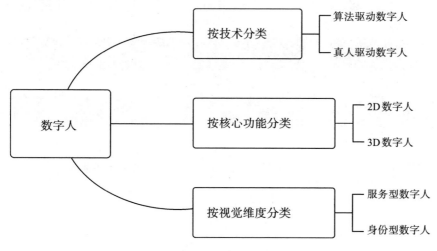

图8-3　不同视觉维度下的数字人分类

第三节　数字人的产业链结构

目前,数字人的产业链结构可拆解为基础层、平台层与应用层。

一、基础层

基础层为数字人的制作提供必要的基础软硬件支撑。目前,数字人的打造需要多项技术的支持。根据《2020年数字虚拟人发展白皮书》的总结,数字人的生成过程涉及"五横两纵"的技术架构。这一生产框架的背后既需要芯片、传感器、光学器件及显示设备等硬件,也需要呈现和交互软件、建模软件及渲染引擎等软件的支撑。

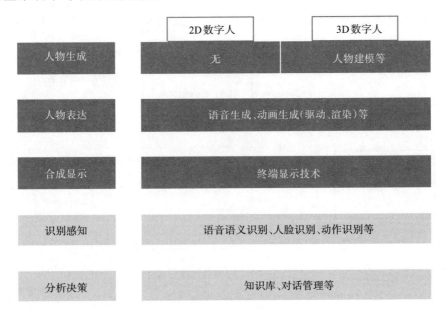

	2D数字人	3D数字人
人物生成	无	人物建模等
人物表达	语音生成、动画生成(驱动、渲染)等	
合成显示	终端显示技术	
识别感知	语音语义识别、人脸识别、动作识别等	
分析决策	知识库、对话管理等	

图8-4　数字人基础层技术架构

资料来源:《2020年数字虚拟人发展白皮书》。

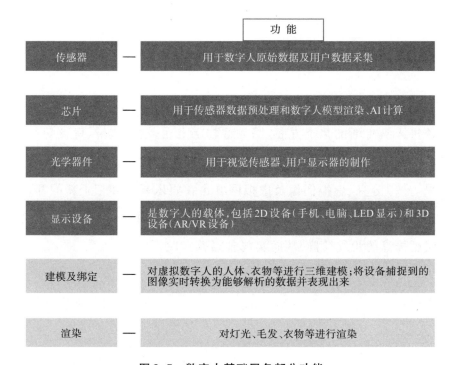

图 8-5 数字人基础层各部分功能

资料来源：亿欧智库。

二、平台层

平台层旨在将独立的基础技术进行串联，并结合一定的文化设计能力，形成便于操作的、整合式的数字人解决方案。在平台运转的过程中，建模系统和动作捕捉系统借助传感器和光学硬件收集真实人物的数据信息，通过软件算法建立数字人模型，并利用渲染系统实现云端渲染。如有需要，还可通过 AI 能力平台中的深度学习、语音合成、NLP 等技术赋予数字人感知与交互的能力。目前，平台层处于高速发展阶段，国际与国内市场均有较为成熟的平台层公司出现。例如，国际市场中的 EpicGames、Unity 均基于自身的基础技术优势向下游生产技术服务平台延伸，国内的领先企业则更多通过自研 AI 系统，对数字人进行训练，并不断拓展其应用场景。

三、应用层

应用层是指数字人在各场景与各行业中的应用方案。目前，数字人已逐渐渗透进人类生活的多个方面。服务型数字人在金融、旅游、医疗等行业落地，释放自身价值，其目的是提高企业生产与运营效率，力图达到代替真人的效果。虚拟分身、虚拟偶像及虚拟网红也在娱乐领域开拓了新的赛道。凭借其交互性与成长性，泛娱乐领域的数字人能够将粉丝变为内容共创者，打造忠诚度极高的粉丝社群，从而实现多渠道变现。

（张楚琦，河北传媒学院）

第九章 全球数字人发展概况

从全球市场的角度出发,数字人已成为最受关注的行业之一,各国政府都在逐步将其纳入未来发展战略之中。因此,数字人行业参与者不断增加,产业链日趋成熟与规范,其价值与市场前景十分广阔。

第一节 全球数字人发展历程

数字人是信息技术与商业需求共创的产物,因此其发展史也围绕着技术的更迭与应用场景的延伸而展开。

一、1964—1998年:萌芽阶段

数字人起源于对人体的研究。1964年,波音公司研发了第一个具有人的形象的数字人,即"波音人"(Boing Man),用于驾驶员座舱设计及功效学研究。之所以将"波音人"界定为数字人,是因为在我们的定义中,"数字"是与计算机技术相关的,而"波音人"是第一个用计算机建成的人物形象。随后,

医学领域开始了人体的数字化研究与实践。

直至20世纪80年代，数字人的应用逐步延伸至文化娱乐领域。1982年，日本动画《超时空要塞》中的女主角林明美作为世界首位虚拟歌姬出道，其专辑成功登上音乐排行榜Oricon。1984年，世界首位虚拟电影演员"Max Headroom"诞生，出演电影，并拍摄数支广告，在英国家喻户晓。1990年，日本正式提出虚拟偶像的概念。1996年，艺人经纪公司Horipro联合株式会社Visual Science研究所，斥资数十万美元，利用CG技术开发出虚拟偶像伊达杏子。可以说，伊达杏子是如今超写实虚拟人的鼻祖，但在当时因技术和IP热度不够，伊达杏子未能大获成功。1998年，英国虚拟乐队Gorillaz出现，由主唱2-D、贝斯手Murdoc Niccals、吉他手Noodle和鼓手Russel Hobbs 4位虚拟角色组成。

此时，在文娱领域，虚拟形象的概念先行，但受制于技术发展。其"数字化"的特点并不鲜明，人物形象多由手工绘制，以2D卡通的形式展现，展现方式以事先完成的音频和视频为主，并不具备实时交互功能。制作者多通过对虚拟形象的故事性表达，赋予其"人情味"，将其带入大众视野。

二、21世纪初：探索阶段

技术的进步使虚拟形象的数字化特征逐渐明显。2000年，日本公司YAMAHA率先开发了电子歌声合成软件VOCALOID，创作者将原创歌曲输入，VOCALOID便能演唱出来。同时，在形象创建上，数字人开始从手绘转向CG（计算机动画，Computer Graphics）和动作捕捉等计算机技术。2007年，Crypton Future Media以VOCALOID2引擎为基础，采用声优藤田咲的音源数据资料，开发了音源库，并依托CG和动作捕捉技术设计了"初音未来"这一虚拟形象，为其打造全息投影虚拟演唱会，将其推向市场，俘获了6亿粉丝，展现了虚拟偶像巨大的商业价值。2010年3月9日，初音未来在日本举行名为"初音未来日的感谢祭"的演唱会,这是史上首场3D全息投影演唱会。全息影像成像面积超过15平方米,由4块全息投影膜拼接而成,并采用高流明的投影,配合三维动画内容投射到全息投影膜上。该技术"复活"了初音未来,其首次以3D形象现世。从形象创建、演唱方式到互动形式,初音未来在"数字"上跨了一大步。诞生仅5年,初音未来已经收获了超100亿日元的经济效益,正式掀起了虚拟偶像热潮,成为数字人在这一阶段的里程碑。

三、近十年:初级阶段

2016年,数字人的发展迎来了重要节点。在这一年,3D电脑动画公司Modelingcafe制作了一位巴西和西班牙混血女孩Lil Miquela。不同于二维的平面人物,Lil Miquela由三维建模技术生成形象,辅以动作捕捉技术丰富其表情与行为,这使她更接近于真实人类。Modelingcafe还为她申请了Instagram账号。在Instagram上,她分享自己的穿搭和社交日常,参与各类社会事件的探讨。

同一时间,世界上首位虚拟主播绊爱诞生。绊爱是基于CG建模和实时真人动作捕捉技术出现的,属于真人驱动型虚拟数字人,由此也延伸出了"中之人"的概念,即穿戴着动作捕捉设备的幕后演员。绊爱的背后是虚拟艺人经纪公司Activ8。Activ8以艺人运营的思维对绊爱进行全面推广,以二次元人群为核心受众,绊爱在YouTube与Twitter上积累了大量粉丝。

在这一阶段,3D建模技术与动作捕捉技术的进步使得数字人再次得到了市场的关注。此外,这个阶段数字人的个性特征越发凸显,越来越多的公司试图通过运维,借助社交平台拓展数字人的社会影响力。

同时,随着AI深度学习算法获得突破,数字人的另一条制作路径(即AI技术的应用)逐渐清晰,越来越多的企业与平台开始利用AI算法来提升数字人的驱动效率，并赋予其更准确的语音表达、语义理解以及对话等能力，在简化数字人制作过程的同时，提高了其交互性。这进一步拓展了数字人的应用场景，服务型数字人由此蓬勃发展，虚拟客服、虚拟老师、智医助手、数字员工等开始涌现。

从成本上来讲，数字人的成本支出非常大。高昂的建设成本使得数字人难以在商业领域大规模落地。

四、现在：成长阶段

近年来，图像识别技术、人体识别算法不断进步，这使得昂贵的光学动捕设备不再是建模和驱动的必备工具。普通摄像头、传感器等设备也具备了相关能力，能够帮助消费者完成人物形象的创建并实现精准驱动，这意味着数字人的制作成本在逐步下降，各类面向C端消费者的数字人制作平台也逐渐出现。例如，美国的初创企业Spatial以线上社交服务为主营业务，推出了VR化身创建平台，用户只要在线拍摄或上传自己的照片，便可生成专属于自己的3D自定义VR头像。该平台还在VR耳机中设置了手部追踪功能，使其化身能够跟随用户的手势与身体形态。应用于移动终端的虚拟主播软件FaceRig则更为直接。通过面部追踪技术，消费者能够将自己的脸变为卡通形象，并实时展现表情与动作。虚拟分身由此兴起。

同时，面捕、动捕技术及设备的家用化进一步打开了创作者市场，帮助人们建立了由现实世界走向虚拟世界的通道，实现人机互动。越来越多的Vtuber出现在各类社交平台上，通过虚拟形象的创建及驱动，与外界进行交互。

此外，数字人的商业路径也在不断拓展。数字人与NFT作为元宇宙领域内的重要组成要素，正在逐渐走向融合。数字人的商业化路径为构建影响力、放大影响力，最终变现。NFT的商业化路径为通过专业性或流量形成一

定的影响力,从而提升其流动性,并通过放大流动性来实现价值重估,最终
变现。综上所述,数字人与NFT的本质为IP,通过影响力带来辨识度与认可
度,二者的结合能够进一步放大他们的影响力,增强其IP属性。目前,国际
市场中已有多位虚拟偶像发布了相关NFT:Brud工作室发布了虚拟偶像Lil
Miquela的第一个NFT"维纳斯的重生";新加坡虚拟偶像Rae推出了她的首
个NFT系列"Take A Byte",包含了3幅她的个人肖像。未来,在Web3.0的大
背景下,围绕数字人构建DAO①的模式可能会盛行,即对于分布式的数字
人,通过构建去中心化的创作者社区,对所生产的内容进行投票,并将通过
筛选的作品制作为NFT进行发布,所获收入为社区所有。例如,人工智能艺
术家Botto便通过空投治理Token打造了创作者社区。Botto每周会创作350
件作品,该社区成员可为这些作品投票,以决定其最终作品与Botto的创作
风格,并且得票最高的作品会被制成NFT进行拍卖。目前,Botto已是市场上
收入最高的艺术家之一,总销售额超过200万美元。

　　目前,数字人的应用场景与商业路径还在不断拓展。回顾其发展历程,
可以发现技术与人类的想象力推动着数字人的进阶,使其从2D动画走向
3D超写实,从定制化走向通用化,从商业端走向用户端;使人的数字化成为
元宇宙时代的又一条发展路径。

---

① DAO 是 Decentralized Autonomous Organization 的缩写,即去中心化自治组织。根据
　以太坊官方网站的定义,DAO 是一群志同道合的人围绕某一个使命而建立起来的组
　织,该组织通过在区块链上执行的一套规则(智能合约)进行协调和合作,最终达成该
　使命。DAO 可被视为一个自治的、基于互联网的社区。该社区通过共享的银行账户
　和同一个目标将成员结合在一起,并通过在区块链上实施一组规则来创造价值。这
　组规则由 DAO 的成员创建,由开源的区块链协议管理,不需要中介就能自主行动。
　DAO 秉持着权力分散的理念,每个 DAO 的治理和规则都被编码在智能合约中,除非
　DAO 成员投票,否则不能更改。同时,由于在区块链上,任何人都可以看到 DAO 的
　所有操作和资金情况,这使得 DAO 的运转更为透明。

第二节　全球数字人产业规模

放眼全球市场,随着技术的逐渐成熟与开发成本的下降,越来越多的企业进入了数字人领域,这为数字人相关产品的供给提供了保障。同时,数字人能够创造消费需求,与数字人相关的虚拟产品十分强调体验感与交互性,使其更易与成长于互联网背景下的新时代消费者产生情感共振,能够为提升企业运营效率、满足受众娱乐需求等方面提供助力。在供需驱动与技术催化下,数字人的发展已进入快车道,并成为全球数字经济充满潜力的新风口。

一、全球数字人产业整体规模与投资情况

2021年全球数字人数量已突破3万台,市场规模约为34亿美元,同比增长23%。根据IDC预测,到2023年虚拟数字人市场规模将达到84亿美元。[1]从细分市场看,虚拟偶像受到较多关注,亚洲地区文娱公司等企业方的参与尤为突出;而在欧美,更关注情感关怀类的虚拟顾问、助手类的数字人和用于打造数字人的应用。

资本也闻风而动。全球虚拟数字人产业投融资事件从2020年的12起增加至截至2022年8月的36起,同比增长2倍。同期投融资规模从1.65亿元扩大至37.36亿元,同比增长21倍。分区域来看,2021年开始,中国投融资市场情绪持续高涨,投融资事件达21起,超过海外市场。[2]分领域来看,具备原生IP性质的数字人与具有特色风格的虚拟分身平台更受投资者的欢迎。[3]

---

[1]　国际数据公司:《中国AI数字人市场现状与机会分析2022》,2022年6月。

[2]　陀螺研究院:《2023全球虚拟数字人产业图谱》,2023年1月。

[3]　青亭网:《2022年AR/VR行业融资报告》,2022年8月。

从竞争格局来看,全球数字人的竞争格局尚未成熟,行业集中度相对较高,全球虚拟数字人头部厂商主要包括微软、歌力思、克理普敦未来媒体、UneeQ、Unreal Engine等。尽管玩家数量在快速增长,但由于行业对综合的技术实力和合作渠道能力要求较高,具有相当实力的头部公司仍相对有限。整体而言,国内外在细分市场上的主要企业仍处于试验产品可行性、打造标杆客户的阶段,与商业化规模推广仍有一段距离。

二、全球数字人产业链各环节发展概况

从产业链角度看,数字人的基础层处于成长期,全球数字人专利申请至今仅有20年的时间。从专利申请量来看,截至2022年12月14日,全球专利申请量合计28524项,专利申请数量相对一般,行业整体专利申请还处在成长期。[①]其中,全球数字人第一大技术来源国为美国,其数字人专利申请量占全球数字人专利总申请量的比重超35%;其次是中国,专利申请数量占比与美国相差不大。

数字人平台层的竞争较为激烈,技术能力与文化设计能力的融合与配平是竞争的核心。同时,由于基础技术的不断更新与迭代,数字人制作的过程更加简明,其所需成本不断下降,平台使用者也逐步由C端走向B端。

在应用层面,虽然目前全球数字人依然处于人工智能的初级形态,但其应用场景已越发多元。在服务型数字人领域,虚拟客服、虚拟导购、虚拟导游、虚拟主持、电商直播等各类数字人的涌现已表明了其广阔的应用前景。*Global Intelligent Virtual Assistant Market*(2020—2027)预测,到2027年,全球智能虚拟助手市场规模预计将达到451亿美元,复合年增长率为34%。[②]此

---

① 前瞻产业研究院:《2023年全球数字人行业技术全景图谱》,2023年1月。

② Research And Markets, *Global Intelligent Virtual Assistant Market*(2020—2027),2020年12月。

的技术壁垒。

2021 年的数据显示,硬件入口领域内,Meta（原 Facebook）旗下的 Oculus 的出货量已经占到全球 VR/AR 头显出货量的 75%。[①]英伟达则在重要算力载体——图像处理芯片（GPU）领域保持着领先地位。2019 年前,AWS、谷歌、阿里巴巴、Azure 四大云供应商中,97.4% 的 AI 加速器实例（用于提高处理速度的硬件）都部署了英伟达;Top 500 超级计算机中,近 70% 使用了英伟达的 GPU。[②]后端基建领域内,美国聚集了众多国际 IT 巨头,它们在网络通信、人工智能等技术领域拥有一定的主导权。例如,微软将人工智能技术渗透到其布局的各个领域,打造了小冰聊天机器人、Cortana 虚拟助理等应用;亚马逊则依托其强大的云计算服务能力,与全球 90% 以上的大型游戏公司达成了云在线托管方面的合作。

在底层架构方面,开发了雕塑和绘画软件 ZBrush 的 Pixologic、提供软件设计和数字内容创建服务的 AUTODESK 等早期成立的公司,为美国特效、CG、电影制作提供了技术支撑,也为美国数字人产业发展奠定了基础。

表 9-1　美国数字人基础层代表企业及产品

企业	产品
Meta	主要专注于 VR 方向。硬件方面有 Oculus Quest2、Meta Quest ProVR 等头显设备;平台方面则打造了 VR 社交平台 Horizon Worlds,并在其中推出了 Meta Square 的 VR 空间,同步直播
微软	小冰聊天机器人、Cortana 虚拟助理
亚马逊	Amazon Kinesis、Amazon Lambda、Amazon Outposts 等云计算服务以及增强现实工具 Amazon AR Room Decorator
Pixologic	雕塑和绘画软件 ZBrush
AUTODESK	AutoCAD、Autodesk Maya、Arnold

以基础技术为支撑的美国数字人平台层的发展遥遥领先。发明了 GPU

① 国际数据公司:《全球 AR/VR 市场调查研究（2021）》,2022 年 3 月。

② 《全球视角下的元宇宙竞争》,华尔街见闻,2021 年 11 月,https://baijiahao.baidu.com/s?id=1716826716501262446&wfr=spider&for=pc。

的英伟达,从视觉传达、虚拟语音、机器学习、云端进出等方面构建了技术矩阵与产品体系,于2021年11月推出了用于创建AI虚拟形象的平台Omni-verse Avatar。该平台集成了视频渲染(Omniverse)、语音识别与交互(Riva、Maxine)、自然语言处理(NeMo Megatron)、AI推荐(Merlin)等功能,致力于帮助开发者打造立体的、具备交互能力的虚拟形象。目前,Omniverse Avatar已经落地的应用场景主要是服务型的虚拟数字人,涵盖订单处理、项目预订、银行交易等领域。互动娱乐公司Epic Games则早已打造了在高品质3D写实风格的内容创作方面独具优势的虚幻引擎,并于2021年2月推出了基于虚拟引擎驱动的MetaHuman Creator平台。它通过高效模板混合技术与云端渲染技术,辅助用户生成虚拟形象,其优势在于能够将构建虚拟人的时间压缩至1小时之内,并可通过动捕设备与真人链接。目前,该平台的主要应用场景为视频、游戏、电影、电视与其他制式性的人机交互服务。与Epic Games旗下的虚拟引擎并驾齐驱的是Unity的跨平台开发引擎,二者在游戏引擎市场中已形成了寡头垄断的竞争之势。Unity虽并未打造针对数字人的平台,但其重点研发的Auto Streaming流式渲染技术、目前使用的通用渲染管线URP、HDRP高清渲染管线技术等都是开发虚拟人的必备技术。基于此,依然有专业开发者运用Unity的跨平台开发引擎,进行虚拟人的制作。同时,Unity近两年收购了多家工具型公司,逐渐从游戏引擎拓展至交互式内容创作引擎。未来,Unity将进一步向满足所有创作者需求的一站式集成平台演变。

(二)应用层:应用领域广泛,头部IP效应显著

美国虚拟数字人的应用场景较为多元,服务型数字人与身份型数字人兼具,但基于其电影工业与社交平台的背书,数字人的应用更加聚焦于泛娱乐领域。同时,美国超强的IP打造与运营能力为塑造具备人格真实感的数字人提供了强大的支持,不断拓展着数字人的市场体量。

在服务型数字人领域，美国企业倾向于打造交互式、私人化的助手型数字人。医疗平台 Sense.ly 与 IBM 公司合作，借助医疗传感、远程医疗、语音识别、增强现实等技术，打造了虚拟护士 Molly。患者可以通过移动终端与 Molly 进行实时咨询与交互，用户提供的信息则会被 Molly 传递给 IBM 的超级计算机 Watson 进行分析，并据此提出解决方案。目前，Sense.ly 的大型付费客户已达 10 家，并获得了 120 万美元的天使轮融资。Fable Studio 则将目光投向了私人陪伴。秉持着为人类的孤独时刻提供情感关怀的理念，Fable Studio 推出了 Charlie 与 Beck 这两个陪伴式 AI 虚拟生命，运用生成式语言模型，为用户提供可以一起交流、学习和活动的朋友。

在身份型虚拟人领域，美国的虚拟分身与虚拟偶像并行。在虚拟分身层面，Genies 与 ObEN 两家企业暂时处于市场领先地位。其中，Genies 专营 3D 虚拟分身的制作，用户可通过该平台创建个性化的 3D 卡通形象，并用其数据库连接至其他社交媒体，以虚拟形象与好友进行交互。Genies 还依托 NFT 技术建立了虚拟形象周边商品的交易市场，并联合贾斯汀·比伯、Cardi B、蕾哈娜等明星进行推广，与 Gucci、New Balance、世界卫生组织等品牌或组织达成合作，推出定制化虚拟物品，拓展市场的同时，进一步强化用户的数字身份。目前，Genies 的市场估值已超过 1 亿美元；ObEN 则是一家横跨 AI、AR 和 VR 的科技企业，利用语音合成、图像视觉重构等技术打造个性化的人工智能。在虚拟形象的制作上，ObEN 只需用户上传自拍照及一段语音，便可生成人工智能形象，且结合 ObEN 在硬件入口方面的资源，用户能够将虚拟形象应用于 VR 空间。目前，从合作企业与明星来看，ObEN 已经与软银（Soft Bank）和 HTC Vive 的 VR 体验、韩国 SM 娱乐和中国 SNH48 等偶像团体达成合作，但其广度、深度以及知名度均不及 Genies。

在虚拟偶像层面，美国大部分企业专注于运营一个或几个数字人，并将其作为真人偶像开展营销工作，以获取其商业价值。例如，Brud 工作室打造的 Lil Miquela。作为 Instagram 平台粉丝数量排名第一的数字人，其最大的特色是"真实"。除了超写实的形象外,Brud工作室为她打造了作为真实人物的各类要素,如家庭成员、真人男友,与粉丝私信互动,并让她在社交媒体上为各类社会事件发声。随着粉丝量的不断提升,Lil Miquela 开启了商业变现之路,发行了音乐单曲,与 Chanel、Prada、Calvin Klein 等品牌合作拍摄广告,进而创办了时尚品牌 Club 404。2020 年,Brud 工作室依托 Lil Miquela 实现了约 1200 万美元的盈利。目前,虚拟偶像已经开始与 Web3.0 融合,2021 年区块链游戏服务商 Dapper Labs 收购了 Lil Miquela 背后的工作室 Brud 并推出了相关 NFT。未来或许会聚焦虚拟偶像,形成围绕他们的 DAO,开启虚拟偶像的更多可能性。美国数字人平台层与应用层代表企业如表 9-2 所示。

表 9-2　美国数字人平台层与应用层代表企业

企业名称	企业定位	融资状况	企业特点
英伟达	主攻人工智能计算,是全球可编程图形处理技术领袖	已上市	硬件方面,英伟达的 GPU 架构历经多次变革,基本保持两年一迭代,从最初的 Tesla,到现在的 Ampere。Ampere 建立在 RTX 的强大功能之上,进一步显著提高其渲染、图形、AI 与计算工作负载的性能。基于 Ampere 所打造的 Omniverse 实时图形仿真平台是软、硬件技术的集大成者。2021 年,英伟达推出了 Omniverse Avatar 这一用于创建 AI 虚拟形象的平台。该平台集成了视频渲染、语音识别与交互、自然语言处理、AI 推荐等功能,主要打造服务型数字人
Epic Games	游戏及图形交互技术开发商	2021 年获得 D 轮融资 10 亿美元	其著名产品 Unreal Engine 能够帮助消费者创建、修改并实时渲染逼真的 3D 效果,目前已被广泛用于游戏、电影制作中。依托该引擎,Epic Games 打造了针对数字人的平台——Meta-Human Creator,消费者可通过自定义创造高还原度的虚拟形象。该平台服务免费,所有数据均来自真实、合理的人脸,并使这些虚拟人与现实生活中的动作捕捉演员相互连接,极大降低和减少了 CG 的技术门槛和时间消耗

续表

企业名称	企业定位	融资状况	企业特点
Unity	实时3D互动内容创作和运营平台	已上市	Unity引擎是实时3D互动内容创作和运营平台。该引擎可覆盖包括游戏开发、美术、建筑、汽车设计、影视等多个领域。其在用于数字人制作时，流程相对复杂，因此面对的是更加专业化的人群
Fable Studio	沉浸式VR叙事类型娱乐公司，以打造陪伴式虚拟生命为目标	Fable融资超过4轮，曾获得来自GFR Fund和DVentures等基金融资	Fable Studio依托自研的AI向导引擎和GPT-3技术制作数字人，同时更重视虚拟人的故事感，意在营造温暖的情感关怀。目前Fable Studio的合作伙伴集中在时尚和医疗保健领域
Genies	基于个人形象，生成虚拟分身	2021年获得B轮融资6500万美元，总融资约1.17亿美元	3D卡通化身生成，早期主要为明星打造代营业的虚拟化身，现已支持社区交流和NFT物品交易
ObEN	虚拟分身制造商	2023年获得B轮融资1000万美元，总融资2300万美元	3D卡通化身生成，附有其他图像增强等功能。目前已和韩国文娱公司SM成立合资公司，用于打造虚拟偶像

二、欧洲地区：服务型数字人应用广泛，注重交互性与真实感

欧洲地区对于数字人与元宇宙的发展持相对保守的态度，更倾向于从监管的角度维护欧盟在虚拟市场的竞争力。基于此，欧盟近年来通过了《人工智能法案》《数字服务法案》《数字市场法案》等，提出了增强透明度、尊重用户选择权、严格保护隐私、限制高风险应用等导向。

欧洲本身的基础与发展态度使其在数字技术创新领域较为薄弱，但在数字人应用场景的开发方面独具特色。其主要发展方向为具有陪伴性质的服务型数字人，在提升企业效率的同时，为用户提供情绪价值，甚至提供特殊场景下的情感支撑。

（一）基础层与平台层：基础技术较为薄弱，本土企业相对较少

在基础层与平台层方面，由于美国在技术上的强势输出，加之欧洲大型互联网公司的缺乏，市场基本被美国巨头占领，欧洲本土的数字人企业相对较少。

目前，数字人基础层领域，欧洲较有竞争力的企业为英国的 Plessey。其作为增强现实（AR）屏幕厂商，通过专有的单片 GaN-on-Silicon 技术，提升了 VR/AR 设备中的亮度。目前，Plessey 与 Vuzix 合作开发了 Vuzix AR 智能眼镜，并与 Facebook 签订了技术授权协议。在平台层，卢森堡的 Artec 走在创新型 3D 技术的最前沿。该公司不仅生产手持式 3D 扫描仪，还开发了 3D 建模软件 Artec Studio，提升了 3D 建模的速度，丰富了 3D 建模的细节。此外，英国的 Vicon 是世界上最大的动捕设备生产及服务提供商，致力于结合光学与运动学进行技术的创新与迭代。2022 年，Vicon 与 Sandbox VR 签订了系列合同，以加深用户的沉浸式体验。荷兰的 Xsens 则以 3D 运动追踪技术为突破口打造动作捕捉系统，为各领域用户提供物理世界与数字世界之间的无缝交互。瑞典的沃尔沃公司则研发了"Teslasuit 动作捕捉服"，以便精确捕捉车手和乘客在赛道上试驾时的生理感受，从而提升车辆的用户满意度。

（二）应用层：多模态 AI 助手发力，提供情感关怀

欧洲数字人多为多模态 AI 助手。其功能在于为消费者提供情感价值，因此欧洲服务型数字人的发展较为前沿，较为重视拟人化外观与交互行动的设计，应用场景也较为多元，包括医疗顾问、日常陪伴、个性化理财顾问、心理咨询顾问、购物助理等。在这一领域，英国的 Synthesia 占据了欧洲市场的大部分份额。除此之外，虽不属于欧洲本土地区，但新西兰的 Soul Machines 与 UneeQ 所生产的产品也主要服务于欧洲市场。

Soul Machines 是通用人工智能领域的代表性公司，其开发的数字人多

为高保真3D虚拟数字化身，并能够借助AI技术模拟人类情感。目前，Soul Machines在全球126个国家及地区中，共有50件专利申请，并自主研发了Digital DNA Studio，帮助用户跨平台制作数字人原型，并于2022年完成了7000万美元的B1轮融资。科技公司UneeQ也是一家致力于通过AI虚拟化来改变客户体验的企业，目前已推出数字爱因斯坦、健康顾问苏菲、金融助手丹尼尔·卡尔特等数字人，涉及医疗保健、银行、保险、教育、电信、零售和心理健康等领域。但UneeQ尚未拥有自行研发的核心技术，对外部技术的依赖程度较高。来自英国的Synthesia是一家深耕合成数字人视频的企业，主攻企业传播与数字视频营销方向，其打造的Synthesia Studio能够让用户以简明的方式制作数字人视频内容。目前Synthesia已经服务于全球4500多家公司，包括安永、耐克、谷歌、BBC、乐事等。

在身份型数字人领域，欧洲本土企业主要以虚拟偶像的打造为主，且由于欧洲具备丰富的时尚资源，其虚拟偶像的商业变现路径多集中于时尚领域。Shudu与Noonoouri是欧洲区域知名度最高的2名虚拟偶像。Shudu Gram是英国摄影师Cameron James-Wilson打造的黑人模特。不同于虚拟网红，Shudu Gram的人物设定为高级模特，因此，首次亮相便作为Fenty Beauty模特而出现。此后，她更是与诸多高奢品牌合作，并顺利签约虚拟模特公司The Diiigitals，成为世界上第一个名副其实的虚拟超模。法国Zuber工作室运营的Noonoouri则不同于超写实的Shudu，虽然同样以和高端时尚品牌的代言合作为主要变现路径，但其形象更接近于3D动画人物而非真人。Zuber通过社交平台和高端模特经纪公司不断拓展其影响力，目前她在Instagram上积累了40万粉丝，与Dior和Versace等品牌展开合作，并频繁登上高端时尚杂志封面。目前，Noonoouri的累计营收已经突破960万元人民币。欧洲地区数字人代表企业如表9-3所示。

表 9-3　欧洲地区数字人代表企业

企业名称	企业定位	融资状况	企业特点
Plessey	AR 显示器制造商	—	研发了 GaN-on-Silicon 技术以提升 VR/AR 设备的亮度,与 Meta(原 Facebook)签订了技术授权协议,将联合建立 AR 平台
Artec	专业三维软硬件开发与制造商	—	除生产三维扫描硬件外,Artec 还开发了 3D 建模软件 Artec Studio,搭载了一系列 CGI 工具,如全彩三维扫描数据、自动反光移除、摄影测量纹理捕获,帮助用户制作更为逼真的 3D 模型
Xsens	基于微型 MEMS 惯性传感技术的运动、方向和位置测量产品的供应商	—	Xsens 的主攻领域为 3D 运动追踪技术,它的传感器融合技术能在物理世界和数字世界之间提供无缝的交互,目前其被广泛应用于消费电子以及专业领域,如 3D 角色动画、全身运动捕捉、运动分析、工业控制及定姿
Vicon	世界上最大的动作捕捉设备生产及服务提供商	隶属于 OMG 集团,已于伦敦证交所上市	Vicon 研发了三维运动捕捉系统,可以对人体或者其他物体在真实三维空间当中的运动轨迹进行跟踪、测量和记录,并在经过系统分析后,在虚拟三维空间当中重建运动轨迹。Vicon 的技术主要应用于影视行业、动画行业、医疗及工程领域
Soul Machines	通过 AI 和计算机视觉开发具有智能和情感反应的数字人	2022 年获得 B1 轮融资 7000 万美元	Soul Machines 的核心产品是 Digital DNA Studio(数字 DNA 工作室)与 Digital CXO(数字消费者体验优化系统)。它针对三大主流需求进一步优化业务流程、定制解决方案包,包括为提升消费者体验的商业主体提供的 Cloly CXO solution,为数字人提升品牌形象,为开展营销的企业提供 Enterprise solution,以及为 KOL 个人提供 Fremiumm solution。Soul Machines 的产品应用场景众多,涵盖教育、娱乐、金融服务、医疗健康、公共部门和在线零售等领域
UneeQ	人性化的 AI 互动服务企业,强调赋予数字人拟人化的情绪以带来商业价值的提升	2018 年获得 A 轮融资 1000 万美元	UneeQ 致力于打造无限接近于真人的服务型数字人,其制作数字人的技术可分为三部分:知识计算引擎、CG 数字动画与动作捕捉、语音合成。但目前这三方面的技术都需要其他技术公司的支持。在业务方面,UneeQ 项目制和订阅制并行,单个定制化项目周期为 8 个月(2 个月深度设计,4 个月数据收集及算法训练,2 个月进一步调整)。其产生的数字人可在 PC、手机等多种终端运行

续表

企业名称	企业定位	融资状况	企业特点
Synthesia	数字人视频制作公司	2021年获得A轮融资1250万美元	Synthesia 主要将 AR、VR、计算机视觉、深度学习、Deepfake 等技术应用于数字人视频的生成中。目前 Synthesia 主要的产品是面向 B 端客户的 SaaS 产品——Synthesia Studio 和个性化视频——API。在 Synthesia Studio 上，用户可以选择系统默认的人物或者创建自己的 AI 化身进行视频创作

三、日本：二次元虚拟 IP 储备丰富，Vtuber 商业化发展趋于成熟

日本政府高度重视数字及相关产业的发展，并为此发布了系列政策，如通产省于 2020 年 8 月成立了加速数字化转型研究小组，对数字化转型问题进行调查研究，于 2021 年 3 月成立了半导体和数字产业战略审查会议，研究有关半导体、数字基础设施和数字产业的未来政策方向。2021 年 6 月通产省发布了《半导体与数字产业战略》，提出了半导体产业及数字产业的整体发展战略。2022 年 1 月，通产省成立了"数字产业转型研究组"，就数字产业及其转型的 4 条路径进行深入研究。在这些战略研究中，都包括与数字人和元宇宙相关的 VR、AR、人工智能、5G 等行业。

同时，从内容视角出发，数字人在日本的发展也有着得天独厚的条件，由于具备丰富的动漫 IP 资源，且消费者对二次元领域内的创新具有较高的接受能力，因此日本的数字人产业更重视应用场景的开发。目前，日本数字人的应用主要聚焦于娱乐领域，并围绕 VR 硬件设备及游戏生态展开。例如，2021 年，Avex Business Development 跟 Digital Motion 成立虚拟爱贝克思集团（Virtual Avex），计划举办虚拟艺术家活动，将真实艺术家演唱会等活动虚拟化。

（一）基础层与平台层：聚焦于VR领域进行创新

日本是技术强国，在全球百大科技创新企业中，日本企业占据28个，仅次于美国，且日本的信息技术具备较强实力。虽然在全球数字化转型过程中，日本由于人才的缺乏与高情境文化导致的社会对变革的抵触而略显落后，但具体到数字人领域，日本在相关技术方面的专利申请数量仅次于美国和中国，排在第三位。其创新主要集中于VR领域，Fove公司研发了世界首款眼球跟踪VR头盔，用户可以通过眼睛控制显示器、调整焦距并与人工智能交互。目前，Fove已经成为人眼追踪领域的先驱。索尼也一直关注数字人领域的技术发展，与VR开发商Hassilas打造了Playstation主机系统和游戏生态，旗下的PlayStation VR的全球销量排名行业前三。此外，索尼在2020—2021年2次投资了Epic Games，在虚幻引擎技术等方面有所布局，并在2023年1月发布了基于机器学习的3D虚拟人和动捕方案。

在数字人平台层，日本企业HIKKY和Cluster搭建的元宇宙空间，拓展了数字人的活动范围和进步可能性。HIKKY的主打业务为VR社交，其以举办世界最大的元宇宙展会Virtual Market而闻名；同时，HIKKY还设计了VR内容开发引擎VketCloud与元宇宙娱乐空间Virtual Club Emission。目前，HIKKY已获得65亿日元（约5700万美元）的A轮融资，并将其用于技术层面的研发。2022年12月，HIKKY发布了My Vket测试版，帮助用户在网页浏览器中创建虚拟化身和虚拟房间。Cluster则是一家虚拟社交媒体公司，它推出了"元宇宙平台"，用户可在平台中创造虚拟形象、社交、参加虚拟音乐会等。

（二）应用层：Vtuber产业蓬勃发展，超写实虚拟偶像频出

日本的数字人市场集中于应用层。受动漫文化的影响，日本消费者对数字人的接受度远高于其他国家。目前，日本数字人以身份型数字人（特别是

虚拟偶像）为主要发展方向。User Local 的相关数据显示，自 2017 年年底开始，日本虚拟偶像数量一路飙升，几乎保持在每月 1000 人以上的速度。资本的入场是虚拟偶像得以发展的重要原因。据日本最大的创投企业数据库 INITIAL 统计，从 2016 年到 2020 年 9 月 4 日，5 年间共有 164 亿日元（约合人民币 10.08 亿元）投入 Vtuber 领域。资本的投入和玩家数量的激增反映了整个日本虚拟偶像市场的火热，使得虚拟偶像的商业路径渐趋成熟。目前，日本虚拟偶像市场已形成了"外形及人设打造—在社交平台聚集人气—发行唱片与周边—开演唱会—接广告代言"的商业流程。值得一提的是，在社交平台崛起的大环境下，通过直播积累人气成为日本众多虚拟偶像的首选，他们依托实时动作捕捉技术来操纵虚拟化身，以吸引粉丝。Playboard 发布的统计数据显示，2020 年获得 Superchat（在主播直播时付费发送醒目的评论，类似于"粉丝打赏"）收入最多的 YouTube Channel 前 10 位中，有 9 位来自日本，其中 7 位都是虚拟偶像。同时，随着虚拟偶像的层出不穷，与其相适配的制作与运营类企业也相继出现。截至 2022 年，日本本土共有虚拟偶像近 20000 名，大部分为个人设计者所打造，但在粉丝数量排名前 20 的虚拟偶像的背后，Hololive、Nijisanji（彩虹社）、KizunaAI 株式会社等企业及工作室的实力正逐渐展现。日本数字人代表企业见表 9-4。

Hololive 是 COVER 株式会社旗下专营虚拟偶像的事务所。COVER 株式会社以 Vtuber 和 VR、AR 演唱会的开发与运营为主营业务。截至 2022 年 11 月，COVER 旗下 Hololive EN 订阅数达 1568.43 万，其中，Gawr Gura 在 2022 年 6 月份的粉丝数突破 400 万，刷新了 Vtuber 有史以来最多粉丝数的纪录。COVER 株式会社还积极拓展旗下 Vtuber 的海外活动，与 Among Us、VRchat、世嘉、卡普空等各国各行业开展业务合作，并推出了自制恐怖解谜游戏"Hololive ERROR"。

Nijisanji 的母公司为 ANYCOLOR，旗下有 112 名日语 VTuber、26 名英语 Vtuber 以及 31 名印尼语及韩语 Vtuber，共计 169 人。ANYCOLOR 业务围绕

Vtuber展开,可分为线上直播、内容销售、活动策划与管理、海外业务等4类,已于2022年4月上市。在IP打造方面,ANYCOLOR不仅设立官方商店,出售Vtuber声音的数字内容商品、举办虚拟演唱会,还构建了"彩虹社FAN CLUB"App供粉丝交流。

KizunaAI株式会社为Active8的分公司,Active8旗下有50名虚拟偶像,KizunaAI株式会社则专注于旗下虚拟偶像绊爱的运营。绊爱的出现影响了数字人的发展进程。作为世界上第一位虚拟主播,绊爱开启了二次元风格虚拟人新时代。她出道3个月YouTube粉丝数就超过20万,发布了多首单曲,并开办了虚拟演唱会,还于2018年成为日本国家旅游局访日观光大使,掀起了Vtuber热潮。

表9-4　日本数字人代表企业

企业名称	企业定位	融资状况	企业特点
COVER株式会社	专注于Vtuber运营与AR/VR演唱会打造的娱乐公司	2020年,以第三方分配增资方式融资7亿日元,累计融资约10亿日元	主打精品策略,每一期的虚拟偶像招募都严格限制人数,走精品化路线,部分主播有自己的定制节目,并通过联动扶持低人气主播。重视海外市场,在海外的传播主要依靠民间字幕组、主播自制短视频展开
ANYCOLOR株式会社	以Vtuber运营业务为主的娱乐公司	2022年6月8日在东京证交所上市	主播招募时门槛较低,人数众多,公司没有针对底层主播的扶持机制。海外市场方面,社内本土主播进行海外直播情况较少,会用当地主播打开市场,偶尔会举办多国主播间的联动节目
Active8	综合性的设计、企划公司,业务包含网站开发、游戏视觉设计、内容企划运营等	2020年获得C轮融资10亿日元	相比其他虚拟艺人经纪公司同时推出多个艺人的矩阵化打法,Active8更聚焦于将艺人开发经验与技术相结合进行系统化输出,以虚拟艺人业务的服务商和代理商身份支持各方虚拟艺人创作,提供有期限的代理服务

四、韩国:已形成全链路发展模式,虚拟偶像成为韩娱文化新载体

韩国早在1998年便提出了"文化立国"政策,积极发挥政府的作用,引领文化产业的创新与升级,带动了韩国文化作品的生产与传播。在元宇宙领域,韩国延续其一贯的态度,采用支持性的政策推动相关行业发展。2021年1月,韩国政府公布《元宇宙新产业领先战略》,旨在应对颠覆性创新、新兴技术,并为未来做好准备;2021年5月,韩国政府与SK电信和现代汽车等企业联合成立"元宇宙联盟",试图结合社会多方力量构建元宇宙生态系统;同年6月,韩国推出数字内容产业培育支援计划,共投资2024亿韩元(约合人民币11.6亿元),其中XR内容开发支援473亿韩元(约合人民币2.7亿元),数字内容开发支援156亿韩元(约合人民币0.89亿元),XR内容产业基础建造231亿韩元(约合人民币1.3亿元)。同时,韩国积极打造元宇宙城市,建设元宇宙相关的教育体系,并打造多支元宇宙ETF,吸引各国资金流入本国市场。

聚焦到数字人领域,韩国独树一帜。其技术大厂在元宇宙领域已具备一定话语权,蓬勃的偶像文化则为数字人的应用提供了绝佳的土壤。当下,韩国多家企业以打造"虚拟娱乐集团"为目标,在数字人领域进行开拓与创新。

(一)基础层与平台层:大型集团主导技术创新

在基础技术层面,韩国本土的大型集团已沉淀多年。以三星、LG为代表的韩国显示器行业在2021年被我国赶超之前,曾连续17年位列世界首位,AI技术力量和相关开发能力排在世界第三位,[1]且拥有全球领先的超高速5G网络和光缆网络,为数字人的迭代与创新提供了动力。

---

[1] Tortoise Intelligence:《全球AI指数调查》,2021年7月。

在平台层面，三星的Neon项目具备较大的影响力。该项目专注于数字人的生成，其最终目的是打造出能像真人一样快速响应对话并能够做出真实的表情与神态的智能助手。Neon项目由3条产品线组成：针对手机端的智能应用与视频聊天的Neon View、致力于数字人形象打造与互动服务的Neon Frame、负责接收数据与程序并进行分析与反馈的Neon Studio。上述产品线的技术依托是三星独家开发的Core R3软件，它可用于创建、观看、操作、编辑、存储、发布和输出虚拟人物，实时创建Neon的独特交互和行为。同时，Neon项目还在开发其第二项核心技术——Spectra。这一组件将负责Neon虚拟形象的智能、学习、情感和记忆，进一步提升Neon的智能水平。

（二）应用层：依托粉丝经济，打造虚拟偶像

韩国本土市场对数字人的接纳程度较高，服务型数字人与身份型数字人的发展齐头并进。在身份型数字人领域，基于真人偶像行业的成熟与勃兴，韩国的虚拟偶像市场具备巨大的发展潜力，该领域的入场企业较为多元；在服务型数字人领域，韩国各个初创企业已崭露头角，各行业头部企业也积极与其合作，拓展数字人的应用场景，并提升自身生产效率（见表9-5）。目前，韩国的Deepbrain AI与Klleon已迅速成长起来，成为服务型数字人领域的独角兽。

初创企业Deepbrain AI的主打业务是提供视频和语音合成及聊天数字人解决方案，主要依靠"训练定制版机器学习系统＋人类模型捕捉"的形式进行数字人的快速生成。Deepbrain AI因打造了韩国总统竞选时的参选者尹锡悦的AI形象而备受业界关注，与MBN、Metro News和LG HelloVision等企业均有合作，并在2021年获得了4400万美元的B轮融资。值得一提的是，2022年5月，韩国三大运营商之一的韩国电信宣布与Deepbrain AI合作，将其人工智能平台服务GiGA Genie打造成可与人类自由交谈的AI数字人，并将其应用拓展至配送、金融、旅游等领域。

同为初创企业的Klleon则通过名为Deep Human的AI深度学习技术，借助照片和30秒的语音数据，便能快速创建数字人。目前，它与新加坡城市画廊、现代汽车等知名企业合作，打造数字讲解员、车载秘书等服务型数字人。

在身份型数字人领域，韩国本土的虚拟偶像受到了市场的青睐。在这一领域，技术类企业与娱乐公司共同发力。数字人开发公司Sidus-X率先推出Rozy等虚拟模特，以代替真人代言广告；DOB Studio制作了虚拟歌手；Pulse9则构建了虚拟女团，进军虚拟偶像市场，以单个流量IP的打造为原点，探索运营模式，积累品牌势能，将商业模式从单一虚拟偶像的代言与演出收入转为To B或To C的虚拟偶像平台收入；SM、JYP、YG、HYBE四大娱乐公司目前则更专注于打造基于真实艺人形象的虚拟分身，对纯粹的虚拟偶像抱以观望态度。

数字人企业方面，内容创意企业Sidus-X是韩国3D影像企业LOCUS的子公司，其运用母公司的CG与VFX技术，开发了韩国第一个虚拟模特Rozy。Sidus-X为Rozy打造了热爱环保、瑜伽、时尚与旅行的人设，并让其与韩国顶级模特经纪公司Esteem签约以展开模特事业。目前，Rozy的Instagram帐号粉丝数为10万，代言了Banyantree酒店、新韩生活、GucciX三星电子等品牌，其2021年的收益超过10亿韩元。

AI技术初创公司DOB Studio运用AI脸部数据分析技术，结合多位偶像的脸部特征，推出了虚拟歌手Rui。Rui的团队主要经营Youtube频道，通过在该平台发布Rui的翻唱视频积累粉丝。同时，DOB Studio为Rui打造了关爱儿童的人设，这使得Rui成为韩国新生命福利财团的数字宣传大使。目前，Rui在Youtube有3.05万订阅者，并从翻唱歌手进军到时尚行业，与CJ Onstyle合作推出了时装品牌"the edge"。

AI图像企业Pulse9运用Deep Real AI服务生成了由11名成员组成的虚拟偶像女团Eternity。作为虚拟女团，Eternity的设定具备一定的科幻意味。

Eternity 成员来自与地球拥有平行时间的 AIA 星球,但由于其星球能量源"红花"即将耗尽,特来地球寻找解决办法。新颖的设定为 Eternity 的打造提供了更多的可能性。在变现渠道上,Eternity 目前主要依靠单曲的发行获得收入。未来,Eternity 计划成为 Youtuber 和网络红人。

传统娱乐公司方面,主打艺人的虚拟分身。在韩国四大娱乐社中,SM 最早进入市场,也进行了较多的尝试。它在 2017 年与 2019 年分别与美国 AI 初创企业 obEN、Intel 工作室合作,进行技术层面的布局;并于 2020 年推出了女团 Aespa 及她们的虚拟分身,让她们通过 AI Brain 进行交流,共同演出,丰富了舞台表演的可能性。JYP、YG、HYBE 三大社则对虚拟社交平台 Zepeto 的运营公司 Naver Z 投资共 170 亿韩元,并展开了艺人虚拟形象和虚拟粉丝见面会等合作。

Zepeto 是韩国互联网巨头 Naver 旗下的应用公司 Snow 推出的虚拟社交类产品,这是一个围绕虚拟分身展开的虚拟时尚类社交平台。该平台以 AR 技术为底座,用户上传照片便可生成相应的虚拟形象,并且能够依照个人审美对所生成的形象进行改动与装扮,生成相关表情包,甚至可以在平台的各虚拟场景中拍照与停驻。目前,Zepeto 在全球拥有超过 3.2 亿用户,月活跃用户约 2000 万,并且依然在不断拓展盈利渠道,如与时尚名牌 Gucci、Nike、Supreme 等时尚大牌联名推出了虚拟产品。2020 年 9 月,Zepeto 举行韩国偶像 BLACKPINK 的虚拟签名会,吸引了超过 4000 万人参加。

与 Zepeto 相似的是,SK 电讯开发的基于体积视频捕捉技术的 AR 类移动应用软件,用户可在此软件中设计自己的 AR 形象,并将其应用于照片与视频当中。同时,该软件与多名韩国市场中的真人偶像合作,推出了他们的 AR 形象,这使得用户可以与偶像随时随地合影留念。

表9-5 韩国数字人代表企业

企业名称	企业定位	融资状况	企业特点
三星 Neon	提供视频聊天机器人、数字人形象打造与互动服务	—	三星独家开发了 Core R3 软件，可用于创建、观看、操作、编辑、存储、发布和输出虚拟人物。其制作的虚拟人物具有自己的情感和记忆，可以学习人们的喜好并进行拟人化的回答询问
DeepBrain AI	对话式人工智能企业，提供视频和语音合成以及聊天机器人解决方案	2021 年获得 B 轮融资 4400 万美元	依靠"训练定制版机器学习系统＋人类模型捕捉"的形式进行数字人的快速生成。DeepBrain AI 为了快速回应企业需求，已将虚拟人制作时间缩短为 3—4 周
Klleon	智能数字人制造商	—	依托 Deep Human 的 AI 深度学习技术进行数字人的生成，与其他竞争对手初期 4500 万韩元（约合 3.6 万美元）的昂贵制作成本不同，Klleon 可以用每月最低 10 万韩元的价格生产虚拟人
Sidus-X	虚拟偶像制作公司，其发展目标是成为虚拟名人平台	—	Sidus-X 认为，营销是虚拟模特成功的关键。因此其通过收集新生代喜爱的脸型，利用 CG 对脸部建模后进行 3D 合成，开发了韩国第一名虚拟模特 Rozy，并以社交平台为营销中心进行运营。截至 2021 年末，Rozy 已获得 10 亿韩元以上收益。未来将进一步扩大活动领域，或会出演影视剧
DOB Studio	AI技术开发公司	获特效公司 Dexter Studio 10 亿韩元投资，联合研发虚拟人脸合成技术，并推动项目商业化	运用自研的 Deepfake 技术学习多人面部数据，进行虚拟偶像的生产与运营。目前已制作了 Rui、路易等虚拟歌手与模特
Pulse9	AI图像企业	—	运用 Deep Real AI 服务进行虚拟偶像的制作，相比于 Deepfake，Deep Real AI 技术更为真实，成本更低；同时，Pulse9 通过赋予这些虚拟偶像具有想象力与延展性的设定，打造虚拟团体，展开各类活动
Zepeto	3D 头像社交应用平台	2021 年获得 B 轮融资 1.89 亿美元	Zepeto 更贴近于元宇宙平台，用户可利用其生成虚拟分身，并进行社交。它为数字人提供展示、交流与集聚的平台，与众多时尚品牌和娱乐公司开展深度合作

综上所述,在制作思路上,目前海外市场更倾向于基于"高保真＋计算驱动"的技术思路进行超写实数字人的制作与生产;在商业模式上,大部分海外企业侧重于将平台功能连接至外部系统,并提供大量数字人的模板,由客户自行培训与迭代,而非单纯地进行定制化项目的内容交付;在发展路线上,除去部分引擎类企业,海外大部分企业聚焦于2C市场。

（张楚琦,河北传媒学院）

第十章 我国数字人发展概况

伴随技术的革新进步,特别在元宇宙概念被提出之后,数字人产业得到快速发展,中国多家大型科技公司纷纷加入数字人的研发队伍,部分企业开始使用2D、3D数字人形象开展公司业务。随着资本逐渐布局及研发成本的降低,数字人的应用领域越来越广泛,如金融服务、地方旅游、直播电商、品牌代言等,数字人的快速发展使其释放更大的商业价值。

第一节 我国数字人发展历程

我国数字人发展历程与全球数字人发展历程相似,经历了萌芽期、探索期、雏形期、发展期4个阶段,技术革新在不同的阶段不断推动数字人发展。

一、萌芽期(2000年以前)

在萌芽期,数字人主要依靠手绘CG技术与语音合成技术,仅仅在外形上呈现出人物化的效果,拟人化程度较低且无法脱离屏幕,因此动画、游戏为其主要应用场景。

二、探索期(2000—2014)

随着技术的不断发展,数字人的设计逐渐由手绘转向 CG、动作捕捉等计算机技术。在电影、游戏等行业中,数字替身、数字场景出现得越来越频繁,并且在这一时期,虚拟偶像也越来越多地被创造出来。2012 年中国的虚拟偶像"洛天依"诞生。[①]洛天依是以 VOCALOID3 语音合成引擎为基础制作的全世界第一款 VOCALOID(YAMAHA 研发的歌声合成技术及基于此项技术的软件 VOCALOID 系列的第三代)中文声库和虚拟形象的结合体。10年来洛天依活跃在各大舞台,收获百万粉丝,还为 2022 年北京冬奥会献唱。不过在这个时期,虽然获得了 CG、动作捕捉等技术的加持,但数字人的发展依然处在探索阶段,这是因为这个时期的数字人还不具备人格化的特征。

三、雏形期(2015—2019)

2015 年,中国台北小巨蛋体育馆举办了一场别开生面的跨时空演唱会"如果能许一个愿望·邓丽君 20 周年虚拟人纪念演唱会"。这场演唱会通过数字人技术把虚拟的邓丽君惟妙惟肖地呈现在观众面前,其逼真的形象与原声重现令现场 7000 名歌迷听得如痴如醉。

这个时期的数字人形象已经越发生动逼真,AI 技术正在不断突破发展,数字人也开始朝着更加智能的方向延伸。例如在服务领域,2018 年搜狗和新华社推出的 AI 主持人、2019 年浦发银行和百度合作开发的数字员工"小浦"等。

---

① 洛天依是中国首个虚拟偶像。

四、发展期（2020年至今）

2020年以来，数字人技术取得了突飞猛进的进展，各类数字人层出不穷地出现在大众视野，数字人企业不断获得新融资，技术日趋成熟，数字人的开发愈加智能化、多样化，如虚拟偶像、虚拟网红KOL、明星虚拟分身、虚拟品牌代言人等。虚拟网红与时尚、美妆等品牌合作引起了广大群众的关注，产生了较好的商业价值，例如抖音虚拟美妆博主"柳夜熙"、天猫超级品牌数字主理人"AYAYI"、中国首位超写实虚拟KOL"翎Ling"等。

第二节　我国数字人产业政策与标准

党的十八大以来，我国把数字经济的发展上升为国家战略，加快建设数字中国的步伐，并从中央到地方相继出台了一系列政策举措，从顶层设计到具体实施办法，逐步形成一整套政策支持体系。这为我国数字人的发展奠定了坚实的基础。同时，伴随着数字人市场规模的扩大，我国试图建立相关产业发展的国际标准，以增强我国数字人企业在国际市场中的话语权。

一、国家政策引导

目前，我国对数字经济发展的重视程度不断加深，深入实施数字中国发展战略，出台了一系列政策（见表10-1），为数字人发展提供了充分保障。

表 10-1　我国相关数字人的国家政策

时间	政策名称	发布主体	数字人相关内容
2016年5月	《国家创新驱动发展战略纲要》	中共中央、国务院	发展新一代信息网络技术,增强经济社会发展的信息化基础。加强类人智能、自然交互与虚拟现实、微电子与光电子等技术研究
2017年7月	《新一代人工智能发展规划》	国务院	建立新一代人工智能基础理论和关键共性技术体系,布局建设重大科技创新基地,壮大人工智能高端人才队伍,促进创新主体协同互动,形成人工智能持续创新能力。重点突破虚拟对象智能行为建模技术,提升虚拟现实中智能对象行为的社会性、多样性和交互逼真性,实现虚拟现实、增强现实等技术与人工智能的有机结合和高效互动
2018年12月	《关于加快推进虚拟现实产业发展的指导意见》	工业和信息化部	推动虚拟现实相关基础理论、共性技术和应用技术研究。坚持整机带动、系统牵引,围绕虚拟现实建模、显示、传感、交互等重点环节,加强动态环境建模、实时三维图形生成、多元数据处理、实时动作捕捉、实时定位跟踪、快速渲染处理等关键技术攻关,加快虚拟现实视觉图形处理器(GPU)、物理运算处理器(PPU)、高性能传感处理器、新型近眼显示器件等的研发和产业化
2019年8月	《关于促进文化和科技深度融合的指导意见》	科技部、中央宣传部、中央网信办、财政部、文化和旅游部、广播电视总局	开展人机交互、混合现实等关键技术开发,推动类人视觉、听觉、语言、思维等智能技术在文化领域的创新应用,利用物联网、云计算、大数据、人工智能等新技术对公共文化服务和文化产业进行全方位、全链条的改造,开发数字化文化产品
2021年3月	《中华人民共和国国民经济和社会发展第十四个五年规划和2035年远景目标纲要》	十三届全国人大四次会议	迎接数字时代,激活数据要素潜能,推进网络强国建设,加快建设数字经济、数字社会、数字政府,以数字化转型整体驱动生产方式、生活方式和治理方式变革。虚拟现实和增强现实:推动三维图形生成、动态环境建模、实时动作捕捉、快速渲染处理等技术创新,发展虚拟现实整机、感知交互、内容采集制作等设备和开发工具软件、行业解决方案

续表

时间	政策名称	发布主体	数字人相关内容
2021年10月	《广播电视和网络视听"十四五"科技发展规划》	国家广播电视总局	运用VR、AR、MR和超高清等技术，推出全息化、可视化及沉浸式、交互式内容产品。面向新闻、综艺、体育、财经、气象等电视节目研究虚拟形象合成技术，包括2D虚拟形象的合成、3D虚拟形象的驱动、虚拟引擎构建、语音驱动、动作捕捉、面部表情捕捉等技术，提升节目制作效率及质量
2021年12月	《"十四五"数字经济发展规划》	国务院	创新发展"云生活"服务，深化人工智能、虚拟现实、8K高清视频等技术的融合，拓展社交、购物、娱乐、展览等领域的应用，促进生活消费品质升级。支持实体消费场所建设数字化消费新场景，推广智慧导览、智能导流、虚实交互体验、非接触式服务等应用，提升场景消费体验。培育一批新型消费示范城市和领先企业，打造数字产品服务展示交流和技能培训中心，培养全民数字消费意识和习惯
2022年3月	《2022年政府工作报告》	十三届全国人大五次会议	促进数字经济发展，加强数字中国建设整体布局。建设数字信息基础设施，逐步构建全国一体化大数据中心体系，推进5G规模化应用，促进产业数字化转型，发展智慧城市、数字乡村
2022年3月	《关于推动文化产业赋能乡村振兴的意见》	文化和旅游部、教育部、自然资源部、农业农村部、国家乡村振兴局、国家开发银行	鼓励数字文化企业发挥平台和技术优势，创作传播展现乡村特色文化、民间技艺、乡土风貌、田园风光、生产生活等方面的数字文化产品，规划开发线下沉浸式体验项目，带动乡村文化传播、展示和消费
2022年7月	《关于加快场景创新与人工智能高水平应用促进经济高质量发展的指导意见》	科技部、教育部、工业和信息化部、交通运输部、农业农村部、国家卫生健康委	场景创新成为人工智能技术升级、产业增长的新路径，场景创新成果持续涌现，推动新一代人工智能发展上水平

续表

时间	政策名称	发布主体	数字人相关内容
2022年10月	《虚拟现实与行业应用融合发展行动计划（2022—2026年）》	工业和信息化部、教育部、文化和旅游部、国家广播电视总局、国家体育总局	提升"虚拟现实＋"内生能力与赋能能力，加快近眼显示、渲染处理、感知交互、网络传输、内容生产、压缩编码、安全可信等关键细分领域技术突破，强化与5G、人工智能等新一代信息技术的深度融合

资料来源：网络公开数据。

二、地方方案出台

在国家政策引领与元宇宙概念兴起的时代背景下，全国各省市也接连出台了促进数字产业与元宇宙相关行业发展的行动计划与方案（见表10-2），这为数字人产业的规模化与成熟化提供了技术与平台方面的支持。同时，作为元宇宙的重要组成部分，数字人这一细分领域也逐渐得到各地政府的关注。近年来，越来越多的政府部门推出了政府服务数字人。例如，2022年11月，江西省政务服务移动平台"赣服通"推出全国首个政务服务数字人"小赣事"；2023年1月15日，"2023东北元宇宙创新发展论坛"在沈阳市和平区新世界博览馆举办，会上数字人"小和"播报了《五里河元宇宙创新基地行动方案》。北京市于2022年8月出台了我国首个数字人发展专项政策《促进数字人产业创新发展行动计划（2022—2025年）》，提出重点培育数字人企业的战略目标。

表10-2　我国相关数字人的地方政策

时间	政策名称	发布主体	数字人相关内容
2022年1月	《关于浙江省未来产业先导区建设的指导意见》	浙江省数字经济发展领导小组办公室	优先支持在未来产业先导区布局省级以上重大科研平台和标准化研究机构，加快在AI、自动驾驶、脑机协作、虚拟现实、区块链等领域搭建开放创新平台，促进产业技术赋能、集成创新

续表

时间	政策名称	发布主体	数字人相关内容
2022年2月	《关于加快北京城市副中心元宇宙创新引领发展的若干措施》	北京市通州区人民政府	加快元宇宙相关技术与各行业深度融合，促进产业转型升级，重点围绕文化、旅游、商业等领域，打造一批元宇宙示范应用项目，支持一批元宇宙应用场景建设
2022年3月	《厦门市元宇宙产业发展三年行动计划（2022—2024年)》	厦门市工业和信息化局、厦门市大数据管理局	积极推动科研院所和企业联合打造元宇宙应用平台，推动三维数字空间、虚拟数字人和NFT数字资产在城市管理、民生服务等领域的开发应用，遴选一批优秀元宇宙应用方案，形成可复制推广的示范案例
2022年4月	《广州市黄埔区、广州开发区促进元宇宙创新发展办法》	广州市黄埔区工业和信息化局等部门	培育并引进一批拥有数字孪生、脑机接口、增强现实、虚拟现实等技术，可面向产业发展、社会治理、民生服务等各方面提供元宇宙相关技术服务的软硬件设备
2022年7月	《上海市培育"元宇宙"新赛道行动方案（2022—2025年)》	上海市人民政府	创新线上购物体验，融合数字人等技术，提升直播带货、虚拟购物体验，拓宽线下商业运营模式。支持虚拟形象、数字空间、数字创作等社交工具研发和产业化
2022年8月	《北京城市副中心元宇宙创新发展行动计划（2022—2024年)》	北京市通州区人民政府	汇集建模渲染、动态捕捉、智能视觉、人工智能、深度学习等技术平台企业，孵化推出一批数字人IP，推进数字人在影视文娱、文博文旅、教育、医疗以及智慧城市、智慧零售等领域的典范应用，构建XR（扩展现实）摄影棚等数字人基础设施集群，打造虚拟数字人创意、研发、应用产业链
2022年8月	《北京市促进数字人产业创新发展行动计划（2022—2025年)》	北京市经济和信息化局	到2025年，北京市数字人产业规模突破500亿元。提出培育1—2家营收超50亿元的头部数字人企业、10家营收超10亿元的重点数字人企业等目标
2022年9月	《上海市时尚消费品产业高质量发展行动计划（2022—2025年)》	上海市经济和信息化委员会等	鼓励数字领域企业发展虚拟时尚，重点发展数字精品、数字时装、数字虚拟人等新时尚，打造上海"潮流数字推荐官"品牌形象，上线个性化、高流量、多接口的虚拟应用

续表

时间	政策名称	发布主体	数字人相关内容
2022年9月	《关于推动文化产业赋能乡村振兴的实施意见》	江苏省文化和旅游厅等	鼓励有条件的地方尝试运用虚拟人代言带货地方农产品、手工艺品
2022年9月	《河南省元宇宙产业发展行动计划（2022—2025年）》	河南省人民政府	发展虚拟数字人元宇宙。推广虚拟数字人多领域应用，充分利用虚拟数字人高度拟人化、高感知交互性、高工作效率等特点，替代标准化内容生产中的人工角色。重点发展城市旅游向导、文博讲解、电视节目主持人、医疗虚拟导诊员、电商虚拟主播等功能性虚拟数字人。积极拓展应用范围，探索虚拟偶像培育、虚拟演出等高经济产出应用场景
2022年10月	《武汉市促进元宇宙产业创新发展实施方案（2022—2025年）》	武汉市人民政府	重点培育和引进面向元宇宙场景需求的智能算法框架、三维建模和数字人、动态仿真、图形渲染引擎、语音语义识别和机器视觉、游戏引擎、开源工具等智能软件产品和开发工具。加快推动高校和创新平台相关技术的产品化落地
2022年12月	《浙江省元宇宙产业发展行动计划（2023—2025年）》	浙江省发展和改革委员会等	建设元宇宙虚拟人示范工程；聚焦数字建模、动态捕获和自动渲染等技术，支持企业开展联合攻关，增强虚拟人的社交性、互动性、记忆性和真实性。强化人物形象、动画语音生成、人机交互等模块的通用设计，提供多元化风格虚拟形象制作及智能交互服务，提升用户体验感。加快在数字营销、在线培训、电商直播、影音娱乐、数字文博等场景中的成熟应用，打造场景虚拟形象代言人
2022年12月	《济南市促进元宇宙产业创新发展行动计划（2022—2025年）》	济南市人民政府	促进虚拟演艺赛事发展，引导全息投影、体感交互等技术与赛事、演唱会、音乐会等结合，打造沉浸式"云现场"

第三节 我国数字人产业规模

我国数字人产业规模目前已进入稳定增长阶段，并具备较大的发展潜力。艾媒咨询报告显示，2021年，中国数字人带动产业市场规模和核心市场规模分别为1074.9亿元和62.2亿元，预计2025年将分别达到6402.7亿元和480.6亿元。①随着AIGC技术的进一步迭代，数字人的强交互能力将使其能够满足越来越多新业态的需求，进而产生更大的市场机会，推动数字人产业持续发展。

一、产业链格局

随着我国数字人产业在各个领域的落地应用，产业链已经初具雏形，基础层、平台层、应用层三方共同构成了数字人的产业生态链。

（一）基础层

基础层，也称技术支持层，处于该层的企业为数字人提供软硬件支持，是数字人发展的基础。硬件设备包含显示设备（既包含手机、电视、投影等2D显示设备，也包含裸眼3D、VR等3D显示设备）、光学器件、传感器、芯片等；软件设备包含建模软件、渲染系统软件等。

在硬件方面，知名度较高的技术方往往占据了半壁江山，如提供显示设备的微软、宏达（HTC）等，提供光学器件的爱普生（Epson）、普莱思（Plessey）等，

---

① 艾媒咨询：《2022—2023年中国虚拟人行业深度研究及投资价值分析报告》，2023年2月。

提供传感器的索尼(Sony)、AMN 等,提供芯片的英特尔(Intel)、英伟达等。[①]

在渲染引擎方面,目前数字人制作公司仍以国外的技术公司为主。如游戏引擎开发公司 Unity,专注于虚拟角色的制作,在复杂模拟与模型变形、机器学习与实时角色创作方面较为出众。此外,Epic Games 公司的元人类创建工具(MetaHuman Creator),帮助开发者创建出的数字人有着极高质量的面部渲染效果。

随着数字人在国内的关注度越来越高,相当一部分企业开始投入数字人技术研发之中,例如腾讯、京东、字节跳动等。不过,基础工具和底层平台仍然是国内数字人制作的短板。

(二)平台层

数字人产业链的中游是平台层,由技术和运营两大解决方案服务平台组成。数字人核心技术主要由中游技术服务商提供,国内较为知名的技术端研发厂商主要包括腾讯云、腾讯 NExT Studios、搜狗 AI 开放平台、网易伏羲、百度 AI 开放平台、阿里云、科大讯飞开放平台等。

除了技术支持,数字人的 IP 孵化、形象制作、影响力打造,运营与管理也是必不可少的重要环节。数字人借助运营管理平台实现商业化,目前国内有一批专业团队专注于数字人运营服务,如先前提到的数字人技术服务平台腾讯、百度、阿里云、科大讯飞等,以及以数字人运营服务为主的厂商,如动图宇宙、次世文化、创壹视频、燃麦科技、世悦星承等。

(三)应用层

应用层是数字人与现实应用场景相结合的领域,在不同的行业领域完

[①]　详见陈龙强,张丽锦:《虚拟数字人 3.0:人"人"共生的元宇宙大时代》,中译出版社,2022 年版。

成不同的工作任务。数字人的应用行业较为广泛，如金融、传媒、教育、医疗、影视娱乐、文旅、电商、游戏等。根据客户的不同需求，可分为娱乐型数字人（如虚拟偶像、虚拟主播）、教育型数字人（如虚拟教师）、助手型数字人（如虚拟客服、虚拟导游、虚拟主持人）、影视数字人（如虚拟演员）等。

目前数字人的应用领域以 B 端企业商用为主，C 端消费者服务为辅。例如企业的数字员工、品牌官、主持人、导游、电商主播等替代真人的身份型数字人，如花西子品牌虚拟数字人"花西子"、百信银行虚拟品牌官"AIYA"、浦发银行 AI 虚拟数字人"小浦"、新华社数字记者"小诤"等。面向 C 端的数字人则以虚拟主播和虚拟偶像为主，如"洛天依""许安一""迪丽冷巴""鹿鸣"等。随着市场关注度的提高及制作运营成本的降低，未来数字人的发展将进一步面向民用场景。

二、国内数字人企业发展概况

国内企业率先布局数字人业务的有百度、腾讯、阿里巴巴等互联网知名企业，该类企业进军互联网的时间较早，在技术层面积累了较多经验。此外，科大讯飞凭借领先的智能语音和人工智能技术大力发展数字人业务。随着元宇宙与数字人热度的逐步升温，企业争先进入数字人行业，主要有字节跳动、京东、商汤智能科技、火山引擎、中科深智等，该类企业在垂直领域深耕，规模相对较小，业务多集中在技术层面（如 AI 平台建设方面）。

另外，企查查的相关搜索结果表明，目前以"数字人"为关键词的相关企业数量已达到 85000 家，其中 3 年内成立的企业有 61000 多家，占比超 70%。图 10-1 是根据速途元宇宙研究所《2022 年虚拟人产业研究报告》的数据所展示的虚拟人相关企业。报告预测，到 2025 年，国内虚拟人相关企业数量将突破 40 万家。

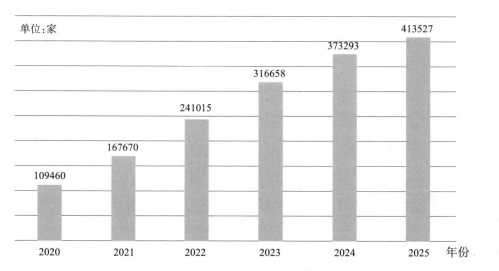

图 10-1　2020—2025 年虚拟人相关企业数量

数据来源：速途元宇宙研究所《2022 年虚拟人产业研究报告》。

根据互联网周刊发布的《2021 年虚拟数字人企业排名 TOP 50》，对比行业内 50 家数字人企业，综合虚拟形象 IP 影响力和主营业务范围等几个因素，做出了综合排名（表 10-3）。百度凭借央视虚拟主播、冬奥手语数字人主播，排在中国数字人产业综合实力第一名，阿里巴巴、洛天依的制作公司天矢禾念分列第二、三名。

表 10-3　2021 年虚拟数字人企业 TOP 50

排名	企业	虚拟形象/主营业务
1	百度	央视虚拟主播"小 C"、冬奥手语虚拟主持人
2	阿里巴巴	冬奥宣推官、虚拟主播"冬冬"
3	天矢禾念	Vocaloid 虚拟歌手"洛天依"
4	字节跳动	"A-soul"虚拟偶像女团
5	马上消费	可信、亲和的虚拟数字人
6	创壹视频	短视频虚拟美妆博主"柳夜熙"
7	次世文化	多种虚拟娱乐形象和数字人产品
8	燃麦科技	"AYAYI"超写实数字人
9	中科深智	"创梦易自动播"电商直播间提供 24 时 AI 主播服务

续表

排名	企业	虚拟形象/主营业务
10	魔珐科技	国风虚拟偶像"翎Ling"
11	小冰公司	虚拟清华学生"华智冰"、数字员工"崔筱盼"
12	山魈映画	虚拟偶像"梅涩甜"
13	蓝色光标	数字虚拟人"苏小妹"
14	中文在线	基于内容IP领域的虚拟数字人
15	腾讯	虚拟航天员"小净"
16	华纳音乐	虚拟艺术家"哈酱"
17	芒果超媒	虚拟人"YAOYAO"、数字主持人"小漾"
18	米哈游	虚拟数字人"yoyo鹿鸣"
19	风语筑	虚拟人"小安"
20	爱奇艺	原创虚拟偶像厂牌"RiCH BOOM乐队"
21	追一科技	虚实结合定制的企业IP形象
22	万象文化	新国风偶像"苏朵朵"、虚拟偶像"Mika"
23	万兴科技	推进数字人产业商业化及生态建设
24	搜狗	手语主播"小聪"（真人分身）
25	摩塔时空	虚拟偶像"集原美"
26	世悦星承	虚拟数字人"Reddi""Vince""Vila"
27	大禹网络	内容IP运营商
28	一几文化	短视频类型的虚拟偶像IP"伊拾七"
29	中国移动	冬奥运动员数智分身如谷爱玲"Meet Gu"
30	川网传媒	虚拟主播"小雅"
31	格兰莫颐	虚拟数字人"ALice"
32	锋尚文化	虚拟艺人制作、运营
33	动图宇宙	虚拟数字人"阿喜Angie"
34	相芯科技	定制形象和声音的虚拟数字人技术
35	鲜衣怒马	"宙予全天播"虚拟偶像运营商
36	华为云	虚拟数字人员工"云笙"
37	偶邦智能	自主研发客户端3D虚拟数字人
38	环球墨菲	明星数字IP形象

排名	企业	虚拟形象/主营业务
39	商汤科技	宁波银行上海分行数字员工"小宁"
40	快手	电商主播"关小芳"
41	七维科技	"ViUP"虚拟主播解决方案
42	山大地纬	可信虚拟现实智能服务研究所,实践虚拟现实服务
43	捷成股份	虚拟人技术提供商
44	云舶科技	"小K直播姬"(无穿戴视频动捕3D虚拟直播产品)
45	华扬联众	景甜的数字虚拟形象"甜小甜"
46	标贝科技	虚拟主播、虚拟员工解决方案
47	完美世界	虚拟主播"古堡龙姬"
48	翰飞科技	3D数字人制作
49	网达软件	虚拟数字人一站式解决方案
50	虚拟影业	3D原创动画设计与运营

资料来源:互联网周刊《2021年虚拟数字人企业排名TOP 50》。

近年来,元宇宙概念受到广泛关注,并为数字人的发展提供了契机。数字人的商业价值正在被挖掘与利用,数字人热潮居高不下,并且形成了一定的粉丝基础,数字人发展不断得到资金注入,数字人企业数量还在呈现上升趋势。

三、国内数字人产业发展趋势

根据艾媒咨询《2022年中国虚拟人产业商业化研究报告》的观点,2021年中国虚拟人带动产业市场规模和核心市场规模分别为1074.9亿元和62.2亿元,预计2025年将分别达到6402.7亿元和480.6亿元。根据量子位硬科技虚拟数字人深度产业报告的观点,2030年我国虚拟数字人整体市场规模将达到2700亿元,其中身份型虚拟数字人将占主导地位,约1750亿元。

（一）多模态驱动技术让数字人更具活力

技术与需求双向推动了虚拟数字人的发展。步入互联网 3.0 的时代，面对消费者日益精细化的需求，国家不断出台新政鼓励新模式新业态的发展，数字人产业将是必然趋势。技术革新是数字人发展的基础。目前数字人的核心技术主要有计算机图形学、动作捕捉、图像渲染、人工智能等，这些技术在不断迭代中推动着数字人制作与智能水平的提升。数字人最大的特点是拟人化。一方面，在视觉层面，目前 2D 显示屏如手机、电脑、投影仍旧是主要显示工具，和 3D 设备相比观众体验感稍弱，未来对于裸眼 3D、VR、AR 等 3D 显示设备的普及要进一步发展，以打造沉浸式交互体验；另一方面，数字人要做到接近真人，还依赖高度优化的 AI 技术。AI 进化的趋势是多模态发展，当下借助多模态技术，AI 整合了图像、音视频、文字等多维度资源，未来 AI 的发展将使得数字人在表达与行为上更接近人类。数字人的交互能力也越来越强大，除了拥有高度逼真的人类相貌、体态外，数字人更具备高度仿真的人物特性。数字人发展将持续依赖基于 AI 技术与多模态动作驱动来产生动作与表情，可以满足多样化数字人应用需求。

随着 ChatGPT 的出现，在人工智能技术的推动下，基于人类反馈的强化学习方式，人机对话的准确度和可控性大大提升，ChatGPT 接近真人的对话能力引发了广泛关注。已经有企业准备下一步将数字人与 ChatGPT 结合，基于 ChatGPT 的超强"AI 大脑"的通用能力，打造数字人的"最强大脑"，未来数字人还将呈现出更多更有趣的人设背景及表达能力。2023 年 2 月 1 日，国内虚拟技术服务商世优科技宣布，其数字人业务已经接入 ChatGPT，正在通过数字人自身的人设背景等相关数据集，并基于 OpenAI 来训练这个数字人专有大脑，形成个性化模型。ChatGPT 与数字人的结合能够为数字人的交互功能带来更智能的体验；不过 ChatGPT 的技术能力还主要集中在自然语言处理领域，ChatGPT 当前只包含文本与代码模态，数字人的发展要借助多模态大模型才能为其生成动作和表情。

（二）数字人应用场景日趋多元化，商业价值将被进一步挖掘与释放

当下大众视野内的虚拟偶像、数字员工、虚拟主播已经开创了数字人的先河，并实现一定的商业价值，正在被广泛地应用于更多行业领域。随着数字人专项政策《北京市促进数字人产业创新发展行动计划（2022—2025年）》的出台，未来数字人的商业应用价值将被深入挖掘。当下身份型数字人（如虚拟偶像、虚拟主播）和服务型数字人（如数字员工）的商业模式各不相同。对于身份型数字人而言，其主要消费市场以C端为主，且具有一定的粉丝效应，是目前较为炙手可热的开发对象，开发的主要方向应放在IP孵化、内容运营上，以实现商业价值。服务型数字人主要针对B端市场，大批数字员工的出现，为不少企业提升产能、降低成本。未来B端市场的数字人制造和运营服务将持续扩大，并且应用领域更为广泛，会有越来越多的企业面临数字化转型。

数字人是社会进步与科技发展的必然产物，作为一种全新的职业形态，能够迎合市场的需要，促进企业数字化发展。数字人以虚拟现实技术为基础，与大数据、人工智能等技术相结合，特点是虚拟化程度高，使用与操作方便，能够满足各种各样受众群体的不同需求。未来我们在看好数字人长远发展的同时，也要避免行业内过度同质化。

（三）数字人制作效能将继续提升，相关法律体系需进行同步建设

未来，基于建模技术的持续发展，数字人的制作周期与制作成本将进一步下降，渲染引擎的迭代与算法的优化则会使数字人的制作趋于精细化与便捷化。以百度为例，其从2018年开始进军数字人领域，第一代数字人的单个生产成本为500万—600万元，制作周期近半年。而目前百度已经可以做到通过上传2D照片即生成相应数字人，高质量数字人的制作也缩短至一个

月左右。这无疑会吸引越来越多的企业与个人借力数字人以提升生产效率或进行品牌宣传。数字人的应用将进一步普及。在此趋势下,市场乱象的出现不可避免。从法律层面看,如果数字人外形存在真人建模(例如在晚会、演唱会中利用虚拟数字人技术制作与名人、明星形象相同的数字人进行演出),则涉及肖像权、姓名权等人身权问题;再或者数字人的形象全部或部分使用了他人作品中的形象,以及表演的歌曲、舞蹈,则涉及著作权等问题。还有一种情况更为复杂,即数字人自动生成的绘画作品、舞蹈、歌曲等内容,是否构成著作权法意义上的作品,也值得讨论。基于此,未来我国相关法律法规的建设需与数字人产业发展保持同步,以提升行业的规范程度,营造良好的市场环境。

第四节　我国数字人消费市场

随着元宇宙概念的普及与各类虚拟偶像、虚拟主播的推广,受众为数字人付费的意愿逐步提升。同时,数字人与各类技术的结合不断拓展着应用场景,与行业的融合使得数字人产业得以产生更大的经济效益。

一、数字人产品消费特点

按照社会功能,可以将数字人产品分成身份型和服务型两种类型。其中身份型数字人以虚拟 IP 或虚拟偶像居多,能够吸引一定数量的粉丝关注,并激发与之互动交流的愿望;服务型数字人具备特定的某类服务性功能,能够代替真人完成公众服务类工作,例如虚拟助手、虚拟教师、虚拟主持人等。

（一）身份型数字人：消费方式较为多元，大众接受程度较高

身份型数字人往往比较注重外形的打造。或以企业IP人物形象出现，通过增加消费者的喜爱度，培养潜在用户群体；或以虚拟偶像出现，基于特定的人设、妆造吸引大批粉丝关注，后期不断进行内容运营。目前身份型数字人的细分市场有潮流时尚类、歌舞演艺类、二次元类、剧情类等。

由于身份型数字人接触消费者的渠道较为多元，且主要面向C端群体，因此，在数字人领域，大众的消费主要集中在虚拟偶像这一品类上。根据艾媒咨询调研数据，2021年中国网民为虚拟偶像日均花费时间主要集中在3小时以内，大多数网民为虚拟偶像的月均花费在1000元以内。[①]

此外，虚拟分身作为元宇宙的一大入口，目前多以明星虚拟分身及捏脸软件的形式为大众所熟。多款捏脸软件的面世让年轻消费者体验到了数字世界的乐趣，也进一步提升了其对数字人的认知程度与付费意愿。

（二）服务型数字人：以B端市场为主，应用场景丰富

服务型数字人相比于外形，更加注重预置功能与应用场景的适配性，多以服务场景中的助手角色出现，能代替真人服务，通过规范化的话术实现业务介绍、回答问询等基本功能，具体应用行业如金融保险、教育、政务，以及一般的销售型企业，如虚拟客服、虚拟教师、政务助手、虚拟电商主播等。服务型数字人通常以B端市场为主，以达到企业降本增效的目的。

服务型数字人产品的需求方通常是企业或政府，在消费模式上大体可分为三种：第一种是全套解决方案的购买，例如科大讯飞提供一站定制式数字人，包括数字人的形象、声音、形态、语言、表情、AI智能互动问答等功能，研发进行播报、交互的虚拟主播、虚拟客服、虚拟导游、虚拟教师等数字人产

[①]　艾媒咨询：《中国虚拟偶像市场环境分析与用户行为调查数据》，2022年3月。

品；第二种是单独项目的购买，例如单独数字人形象定制服务开发、数字人相关技术支持（如直播技术）等；第三种是租赁，企业租用已经定制好的数字人，搭配直播使用的硬件以及系统进行业务开展，不过目前此形式的使用者较少。

值得关注的是，随着AI技术的不断迭代，未来数字人将向多模态交互方向持续发展，其应用场景势必更加广泛。

二、我国数字人商业价值

（一）身份型数字人：依托IP打造与运营，拓宽商业路径

身份型数字人以虚拟偶像、虚拟主播为主要代表。前期对制作的数字人进行IP打造、内容运营，在积累到一定数量的粉丝后，通过演唱会、广告代言、直播等路径进行变现。

1.版权收入

版权收入包括数字人创作的音乐、参演的影视作品，以及周边衍生品等。例如洛天依的原创歌曲、视频，使用者需要支付一定的版权费用。

2.广告代言与商务合作

通常指为品牌进行商业代言，参与品牌的商业活动以及电商的直播带货。表10-4列出了部分数字人的代言情况。

表10-4　部分数字人代言情况

数字人	代言部分品牌
洛天依	百雀羚、肯德基、美年达、浦发银行、必胜客、长安汽车
翎	宝格丽、雅诗兰黛、天猫奢品、百雀羚、100年润发、天梭、KEEP、乐町、奈雪的茶
AYAYI	Bose、水之密语、娇兰、欧莱雅、魅可
柳夜熙	小鹏汽车、VIVO、娇韵诗

数字人	代言部分品牌
A-SOUL	华硕笔记本、肯德基、欧莱雅、小龙坎火锅、KEEP
阿喜	兰蔻、奇瑞、嘉人杂志、花点时间、AZO私护健康、雅迪电动车
希加加	百度、麦当劳、安踏

3.演唱会收入

演唱会有两种形式——线上和线下。线上可以利用在线直播收取门票费和直播打赏费;线下除演唱会门票外,还可以收取广告主的赞助费用。2017年6月17日,"洛天依"在上海梅赛德斯-奔驰文化中心举行了全息演唱会,演唱会上座率高达80%,售价1280元的门票在上架3分钟后被一抢而光。

4.直播收入

虚拟偶像通过直播的方式,可获得直播带货的坑位费和虚拟礼物打赏收入。例如"A-SOUL"是乐华娱乐成立的虚拟偶像女团,2021年6月12日是"A-SOUL"的成员之一"向晚"的生日,当天"向晚"在B站直播歌舞,与粉丝互动了2.8个小时。这场生日直播付费人数达1.17万人次,互动达2.94万人次,发言2.25万人次,弹幕总数达20.65万条,营收为125万元。[①]

(二)服务型数字人:依托专业功能,助力企业降本增效

服务型数字人的商业价值主要体现在通过AI驱动,实现业务流程的自动化,降低现有的服务成本,最终达到降本增效的目的。

1.节约人力成本

传统上,企业往往需要组建庞大的客服部门,设置售前、售后、投诉处理等客服专员,电商企业直播还需招募主播、运营等人员。数字人的出现可以

---

① GPLP犀牛财经:《B站头部虚拟偶像均为A-SOUL成员　向晚大魔王生日当天营收125万》。https://zhuanlan.zhihu.com/p/383036731.2021.6.22—2023.3.20。

实现"36524"全天不间断在线,极大地节约了人力成本。

2.提升用户满意度

数字人客服能够提供7×24小时不间断咨询服务和业务办理服务,与ChatGPT进行结合,还能够为用户提供更加智能和个性化的购物体验,最终达到提升用户满意度的目的。

3.提升品牌形象

随着元宇宙概念的提出以及Z世代(指在1995—2009年间出生的人,又称网络世代、互联网世代)消费群体的崛起,品牌传播已进入潮流化的时代,花西子、欧莱雅、屈臣氏等品牌纷纷推出属于自己的品牌虚拟形象代言人。如果说明星真人代言在受众上具有一定的局限性,那么虚拟形象代言人在年轻消费群体中更易被接受,同时虚拟人物形象从侧面表达出品牌时尚、潮流的风格。

4.提高营销效率

品牌借助明星代言的目的,就是用明星效应吸引消费群体关注以增加销量。但明星真人有"塌房"风险,引用虚拟人作为企业员工,可以高频次地配合企业各项营销活动,同时在营销的内容和视觉呈现上有更多创新,最终提高营销效率。

（冀静,河北传媒学院）

第十一章　数字人产业类型与应用

数字人产业是当前人工智能、5G、虚拟现实等新兴技术发展的产物,对于推动各类产业高质量发展具有重要意义。当前数字人产品已经在影视动画、游戏直播等行业得到广泛应用。数字人的出现,打破了传统认知中人类与科技的边界,为数字经济带来了新机遇和新活力。随着数字经济规模的不断扩大和技术创新,数字化技术不断深入行业内部产业生态,对于整个社会各方面产生的影响将会越来越大。相应地,不同的应用场景和不同的市场需求会催生不同类型的数字人。

第一节　数字人与文化传媒产业

数字人的出现为文化传媒产业的发展提供了新思路,在提升传播效率、扩大传播范围、促进跨界合作等方面都有着重要作用。目前,全球文化传媒产业与数字化技术相结合进行数字人产品研发,已经成为主流趋势,同时涌现出一大批具有代表性的文化传媒公司和产品。数字人在文化传媒领域的应用可以分为两个方面。

一、数字人辅助传媒内容的生产与制作

在文化传媒领域，对已有数字人应用功能的延伸和拓展包括数字人形象应用、数据存储与分析、制作模型与素材等。人工智能类的数字人主要体现为图像、语音等信息内容表现形式，通过"人工智能＋交互类虚拟角色"来帮助人们解决实际问题。例如 Reuters News Tracer，这是一种使用 Twitter 数据自动生成新闻的系统，它能够在无须人工干预的情况下，为记者实时检测、分类、注释和传播新闻。它使用自然语言处理和机器学习来分析类似新闻的内容，并通过生成摘要和主题将每个故事情境化，评估其新闻价值、真实性、新颖性和范围，然后以数字人形式呈现出来。业界普遍认为，数字化与自动化对新闻机构的未来至关重要，技术更新可以帮助新闻媒体迅速发现突发事件，并保证新闻的及时性。鉴于"假新闻"的争议及围绕媒体偏见和公信力的公共议题，新闻自动核实验证系统可以部分减轻人工逐案审查新闻的负担。[①] 例如 BBC 的"The Future of News"项目，该项目探索如何使用虚拟现实、增强现实等新技术，以更具吸引力和沉浸式的方式传递新闻。[②]该项目包括一个名为"BBC Voice"的数字人，旨在以对话和互动的方式提供新闻内容。[③]除了这些例子之外，全球许多地区的新闻机构也在以各种各样的方式探索数字人的使用场景。例如，使用数字人通过社交媒体传递新闻，或向个人用户提供个性化的新闻推荐。

---

① X. Liu, A. Nourbakhsh, Q. Li, S. Shah, R. Martin and J. Duprey, "Reuters tracer: Toward automated news production using large scale social media data," 2017 IEEE International Conference on Big Data (Big Data), Boston, MA, USA, 2017, pp. 1483-1493, doi: 10.1109/BigData.2017.8258082。

② https://www.bbc.co.uk/news/uk-30999914。

③ <BBC Voice + AI: An insider's perspective>, BBC NEWS LAB, Oct 23, 2019, https://bbcnewslabs.co.uk/news/2019/voice-ai-insider/。

当前，全球各地新闻机构的数字人传播新闻的方式多种多样，包括虚拟新闻主播。新华社、韩国联合通讯社等一些新闻机构开发了虚拟新闻主播，以更新颖和个性化的方式传递新闻。2021年3月，百度发布虚拟小编"小C"，得到百度智能云的支持，在《两会C+真探》系列直播节目中担任记者的角色，与梁倩娟、马慧娟等全国人大代表进行独家对话。2021年5月，百度推出虚拟主持人"晓央"，在央视"奋斗正青春——2021年五四青年节特别节目"中担任主持人。通过AI技术进行了为期数月的人像驱动绑定优化，全线采用影视级3D制作技术，实现端到端的面部预测等。这些虚拟新闻主播使用人工智能和自然语言处理来阅读新闻报道，并以自然的声音进行播报。它们还可以根据新闻机构的品牌定位和风格特征进行定制。

数字聊天机器人Chatbot是新闻机构使用数字人传播新闻的另一种方式。这些聊天机器人通过对话方式与用户互动，按需提供新闻报道和更新信息。一些新闻机构（例如CNN和华尔街日报社）开发了聊天机器人，为用户创造更具吸引力和个性化的体验。

数字人交互式新闻报道。新闻机构通过使用数字人让新闻报道更具互动性。例如，《纽约时报》创建了一个关于气候变化对北极地区产生影响的互动剧情故事，其中就包括数字人引导读者浏览故事并提供更多补充信息。总的来说，新闻机构正在通过数字人为观众创造更新颖独特的体验。随着数字人背后技术的不断改进，我们可以期待在新闻行业看到这项技术的更多创新用途。

除了在新闻行业的应用类型外，数字人还可以生成媒体的内容。这些数字实体可以创建原创内容，或使用现有媒体素材生成新作品，这往往会产生出人意料的创意结果。比如，由OpenAI创建的可以用于生成媒体内容的虚拟数字人"DALL-E"，可以根据文本描述生成图像。它使用深度学习模型在图像数据集和相应的文本描述方面进行训练。当给出文本描述时，DALL-E会通过组合数据集中的不同元素来生成与该描述相匹配的图像。用于训练

DALL-E 的数据集包含范围广泛的图像。这些图像生成的对象、场景或概念能够与相应文本描述几乎匹配。①另外还有 Jukedeck，一个使用人工智能生成音乐的平台。它通过分析一组参数（如流派、情绪、节奏和长度）来工作，然后算法生成与这些参数匹配的独特音乐曲目。Jukedeck 使用和弦、旋律、节奏和乐器等音乐元素数据库来创作与人类创作的音乐无异的音乐。Jukedeck 所使用的音乐元素源自现有的、已被分析并分割成更小的音乐组件的数据库，这些组件由算法组合和设计，以创建与所需参数匹配的原创音乐。②DALL-E 和 Jukedeck 都能够根据用户偏好或文本描述生成原创的媒体内容。由此产生的媒体内容可用于从内容创建到广告营销的各个环节。

虽然作为信息资源的数字人在文化传媒行业的使用还处于起步阶段，但数字人快速准确地生成定制内容的优势，能够提供的成本效益，将彻底改变内容生产，彻底改变媒体行业。随着机器学习和人工智能的不断发展，我们期待看到数字人在内容创作及提供信息资源等其他方面更多的创新应用。

二、以数字人自身为核心的文化传媒产品

数字人本身可以作为数字世界中内容与文化意象的载体，为受众传达产品的内涵、气质与价值观。比如：利用数字人并结合图片、视频、音频等形式来进行知识传播；通过语音合成技术实现让数字人发行有声读物；通过 VR 技术让数字人与受众互动。具体来看，在《故宫》系列纪录片中，数字人作为参演人员，带领观众从游客的视角游历故宫，展现了故宫的现实场景。同

---

① ＜How to use DALL·E 2 to create AI images＞, zapier, March 16, 2023, https://zapier.com/blog/how-to-use-dall-e-2/。

② ＜JukeDeck-Incredibly Fast Online AI Makes Original Music!＞, beatlab academy, https://beatlabacademy.com/jukedeck-incredibly-fast-online-ai-makes-original-music/。

时,《故宫》纪录片利用3D建模技术,还原了太和殿等历史场景,数字人作为虚拟形象,能够很好地融入虚拟的场景,进一步展示故宫宏伟、庄严、古老和神秘的形象;在《诗画中国》节目中,节目组通过数字人将古代诗词中的意象再现出来,利用音乐合成技术,展现"数字乐库"中传统经典诗词歌曲内容以及相关背景故事,借助动作捕捉技术模拟古典名曲演奏,还依托三维建模技术为观众构建出古人生活的沉浸式虚拟世界;《我是文物》系列纪录片使用了虚拟形象"小走",解说每一件文物背后的历史故事,并与观众产生交互效果。

数字人不仅在文化领域应用日益广泛,也在游戏领域持续发力,包括基于数字人的角色扮演游戏(RPG)、第一人称射击游戏(FPS)、多人在线战斗竞技场游戏(MOBA)、大型多人在线角色扮演游戏(MMORPGs)、沙盒和开放世界游戏、模拟和战略游戏、体育和赛车游戏、虚拟现实和增强现实游戏、教育和培训游戏、社交和休闲游戏等类型。对于用户玩家来说,数字人在游戏中的具体应用体现在角色扮演、社区互动、游戏进阶奖励、个人表达等方面。比如《王者荣耀》采用多种游戏体验与虚拟形象相结合的方式吸引年轻用户,其中最具代表性的是皮肤系统与虚拟形象相结合,通过人工智能建模和动作捕捉技术创造出皮肤质感与形象细节出色、技能效果丰富有趣、人物动作自然流畅且极具表现力的游戏角色。这种方式不仅使玩家获得了更好的视觉体验,同时大大增强了游戏场景的互动感与真实性,使玩家能够在虚拟世界中获得更为真实、更为丰富、更具沉浸感和互动性的体验。这种模式极大地丰富了玩家对游戏本身及相关文化产品本身的兴趣与感受。在《堡垒之夜》等游戏中,数字人被用来识别玩家,并在游戏世界中创造一种社区感。玩家可以用不同的服装和配件来定制自己的人物,这些服装和配件可以通过游戏购买获得。玩家可以定制自己的数字化身,表达自己的个性,使其看起来更像他们最喜欢的超级英雄或名人;创造一种身份感,并与其他具有相同兴趣的玩家建立联系。从人群中脱颖而出的同时,也在更大的游戏社区中创造一种归属感。在《动物森友会》这样的游戏中，数字人跟踪玩家的进展，并在他们达到某些里程碑时给予奖励。玩家可以用不同的服装和配件来定制他们的数字化身，这些服装和配件可以通过购买或游戏获得。随着玩家在游戏中的进展，可以为他们数字化身的家园解锁新的物品和装饰品，为他们提供游戏成就感和进步感。个人表达体现在像《模拟人生》这样的游戏中，玩家利用数字人创造和定制他们自己的虚拟世界。玩家可以创造和定制数字化身的外观、个性，甚至他们的家和周围环境，以反映他们自己的个人风格和喜好，让他们对游戏产生拥有所有权的体验。

总体来看，数字人在文化传媒产业的应用，目前处在技术发展与产业融合的实践初期阶段，在未来发展中仍有许多需要注意的问题。一是加大对数据标注、模型训练等相关知识与经验的积累；二是加强对已有模型、素材的有效利用与开发；三是对已有内容进行智能化改造和创新升级；四是充分发挥现有人才的作用，引导其朝着专业化方向发展；五是完善相关技术标准体系建设。

第二节　数字人与演艺娱乐产业

近年来，由于数字技术的发展，以及演艺娱乐行业对个性化和沉浸式体验的热捧，虚拟数字人在表演艺术领域的应用出现了明显的上升趋势。根据Market Research Future 的报告，2019—2025 年，虚拟现实在表演艺术方面的全球市场预计将以 54% 的年复合增长率增长。虚拟数字人在现场音乐表演中的使用率一直在上升，Travis Scott，Lil Nas X，Marshmello 等流行艺术家的虚拟表演在 Fortnite 和 Roblox 等平台上吸引了数百万观众。2020 年，哔哩哔哩视频网站举办了一场名为"Bilibili Macro Link 2020"的演唱会，以中国流行歌手的虚拟数字人为主角，吸引了超过 10 万名观众。可见数字人可以应用到各种表演艺术中,通过融合当代技术和传统艺术形式,创新表演模式。虚拟数字人在表演艺术中的应用为表演者展开了新的创作途径,使他们能够以前所未有的方式与观众互动,从而创造了沉浸式环境,提供了独特的体验,并将观众带入另一个世界。由此不仅产生了虚拟数字人直接参与到表演艺术中的热潮,还激发了人们对虚拟和增强现实等技术的兴趣,这些技术能够丰富表演内容,为观众和参演人员提供全新的观演体验。

一、数字人作为表演主体:创新表现形式,丰富表演内容

在表演艺术中使用数字人,是希望突破艺术的界限,创造更多的创意表达形式。其方式多样,最常见的是虚拟表演。随着技术的兴起,艺术家们已经能够使用虚拟数字人在虚拟世界中进行现场表演。无论是音乐会还是舞蹈演出,虚拟表演使表演者能够接触到更多的观众,并以极具创造力的方式展示他们的创意和作品的机会。2017年,上海交响乐团举办了一场名为"从巴赫到未来"的多媒体音乐会,由一名叫"豪瑟"的虚拟小提琴家进行表演。该虚拟数字人以动作捕捉技术为支撑,通过大屏幕投射与现场交响乐团一起完成表演。2020年,英国国家芭蕾舞团利用动作捕捉技术,同虚拟数字人创造了《天鹅湖》的虚拟表演。表演者穿着动作捕捉服跳舞,虚拟数字人则实时反映他们的动作,为观众带来身临其境的虚拟观赏体验。在舞蹈表演方面,虚拟数字人作为舞者的互动伙伴,由舞者控制,创造出一种独特的动态表演,模糊了虚拟和物理现实之间的界限。2019年,中国编舞家陶冶创作了《8》。这是陶冶"直线三部曲"的最后一部,通过将中国传统舞蹈与现代技术相结合,使用动作捕捉和投影映射的组合,创造出独特和创新的视觉体验。在 *Avatar Orchestra Metaverse* 的表演中,舞者使用虚拟数字人在虚拟世界中表演。这些虚拟数字人由舞者控制,在现实中无法实现的环境中起舞。通过精妙的环境设计,观众分不清是真实还是虚幻。2017年,澳大利亚墨尔本大

学的研究人员和音乐家团队创作了莫扎特《魔笛》的虚拟现实表演。该表演使用虚拟数字人作为表演者，并需要通过虚拟现实头盔观看。2018 年，日本东京艺术大学使用虚拟数字人创作了一个虚拟舞蹈表演，该表演完全由机器人编排和表演。这场名为 Alter 的表演是使用动作捕捉技术创作的，旨在探索人类和机器表演之间的界限。2020 年，总部位于纽约的戏剧公司伍斯特集团为他们的戏剧《市政厅事件》(The Town Hall Affair)创作了一部虚拟作品，使用虚拟数字人来代替表演者。该剧是在新冠疫情期间创作的，旨在探索在隔离时期创造和体验现场表演的新方式。

虚拟数字人也可以用于即兴表演，让表演者不受固定的剧本或编排的限制。这使得表演者可以尝试不同的动作和行动，虚拟数字人则可以实时做出反应。在 The Avant-Garden of Delights 的表演中，表演者使用虚拟数字人来探索虚拟空间中的即兴表演。表演者与虚拟数字人进行互动，创造出一种独特的实验性表演。①将数字人用于实验性表演，突破了传统戏剧和舞蹈的界限。在 A (micro) History of World Economics, Danced 的表演中，表演者使用虚拟数字人通过舞蹈和运动来探索经济的历史。

混合现实表演也是数字人在演艺娱乐行业中的一种应用。混合现实将虚拟和物理现实结合起来，创造了一个混合的表演空间。在这些表演中，经常使用虚拟数字人作为虚拟空间中的表演者和现实舞台上的表演者一同演出。美国纽约市芭蕾舞团在《时代在奔跑》的表演中采用了现场舞者和虚拟数字人的组合。虚拟数字人也可以用于合作表演。在这种表演中，需要来自世界不同地区的艺术家们共同表演，而虚拟数字人可以代替艺术家们，让他们不用考虑现实地理位置而在虚拟空间中进行合作。虚拟数字人还可以参与教育性表演，向观众传达某一特定主题或话题。例如，在 Body Code 的表演

---

① Barcelona Cultura, The garden of delights, May 6, 2021, https://www.barcelona.cat/barcelonacultura/en/recomanem/garden-delights-sant-pau-recinte-modernista。

中,表演者使用虚拟数字人来探索人体及其不同的系统。数字人参演的另一种途径是动作捕捉表演,表演者穿上动作捕捉服,跟踪他们的动作并将其转化为数字动画。这种技术通常被用于动画和视频游戏开发,也被用于现场表演。2019年,英国皇家莎士比亚公司使用动作捕捉技术,为 *Richard II.* 的制作创造了演员大卫·坦南特(David Tennant)的虚拟数字人,该数字人逼真还原了广受好评的坦南特经典表演。

数字人作为表演主体,可以为表演融入新的创造力和参与空间,突破舞台的界限。虚拟数字人的使用,为舞台表演注入了一种独特的艺术魅力,同时探索了与观众接触的新方式。然而,使用虚拟数字人会对艺术本身产生影响,比如,会导致演员与观众之间情感联系的缺失,破坏表演体验的真实性。由于虚拟数字人在表演者和观众之间产生一种距离感和疏离感,会导致观众分心或感到不安,产生恐怖谷(Uncanny Valley)效应,即数字人表演者的表现不太令人信服。在表演艺术中使用数字人还有可能会挑战观众的期望和传统的表演模式。[1] 因此,使用数字人的艺术家和表演者必须认真考虑这种技术对艺术作品本身呈现的影响,并与观众就表演体验进行沟通,以创造最佳的表演形式。

二、数字人辅助表演:结合现场演出技术,拓展现场艺术的边界

随着消费者越来越习惯于数字技术带来的便利性和可及性,对个性化和沉浸式体验的需求量增加,这是推动在表演艺术中使用数字人的主要动力。使用数字人可以在现场表演时为观众带来华丽的视觉体验和丰富的声音效果,增强观众的整体体验。例如2018年,由张艺谋导演的一部名为《对

---

[1] <What Is the Uncanny Valley?>, verywellmind, Nov 14, 2022, https://www.verywell-mind.com/what-is-the-uncanny-valley-4846247。

话·寓言 2047》的新舞台剧进行了首演。其中有一系列大型表演，将中国传统的舞蹈、音乐与虚拟数字人相结合。"2047"寓意未来，该剧展现了人性与科技的对话，是寓言，也是现实。秉持"打造一场传统与现代相结合的舞台剧"的理念，《对话·寓言 2047》试图打破人们固有的思维模式和欣赏惯性，带给观众新的体验。作品围绕"人与科技的关系将何去何从"这一命题，在人性本质与科技裂变之间展开对话，用一系列行为艺术的展现方式，呈现人类面对飞速发展的科技所产生的困惑，并且提供了一个"态度"——科技为人，它应与人性奏出美好的和音。数字人可以重现历史表演和事件。例如，在 *Renaissance Experience* 的表演中，表演者使用虚拟数字人来重现文艺复兴时代的景象和声音。虚拟数字人可用于增强现实的表演，将其叠加到现实世界中，为观众创造一种身临其境的体验，表演者可以与虚拟人物或虚拟物体互动。2017 年，伦敦国家剧院使用增强现实技术为他们的 *Amadeus* 演出创造了一个虚拟场景。这个场景由虚拟数字人创建，并允许表演者以一种无缝的方式与虚拟物体互动。

虚拟数字人可以作为戏剧和电影中角色发展的辅助工具。使用虚拟数字人可以让演员在虚拟空间中探索他们的情绪和动作。在电影《阿凡达》中，演员们使用动作捕捉技术来创造角色 Na'vi 的表演。演员在表演时穿着动作捕捉服，虚拟数字人的行为是根据他们的动作和行动创造的。虚拟数字人可以用来帮助残疾人接触表演。例如，虚拟数字人可以提供手语翻译或表演的音频描述。英国皇家莎士比亚公司使用虚拟数字人为表演提供英语手语翻译。

虚拟数字人可以用来创作互动表演，观众可以控制虚拟数字人的行动。这可以为观众创造一种沉浸式的体验，让他们成为表演的一部分。例如，"互动剧场"或"互动舞台剧"，在这种表演中，观众可以通过下载相关应用程序或使用网站上的特定功能，通过智能手机或其他设备与舞台上的虚拟数字人进行互动。观众可以通过触摸屏幕或使用其他交互方式，控制数字人的动作,使其在舞台上呈现出不同的行为或情境。这种表演方式创造了一种全新的舞台体验,使观众成为表演的一部分,提高了他们的参与度和沉浸感。同时,艺术家也可以通过这种方式创造出更加创新和生动的表演效果,将数字艺术与实际表演相结合,使舞台表演更加生动有趣。

从增强视觉效果到创造沉浸式环境,数字人在艺术家和制作人的创意表达中发挥着越来越重要的作用。数字人的应用能够为观众带来更加身临其境的体验,也使艺术家能够尝试新形式的叙事和表演。但是,在表演艺术中使用虚拟数字人会带来一系列的技术挑战,比如开发能够创造出可信的、反应灵敏的虚拟数字人的软件和系统,实时协调多个虚拟数字人的动作,以及确保用于创造和支持虚拟数字人的数字系统的稳定性和安全性。虽然在表演艺术中使用虚拟数字人会带来一系列的挑战,但它为创造性的探索和创新提供了前所未有的机会。随着艺术家和表演者不断探索虚拟数字人和其他数字技术在表演中的可能性,我们将会在表演艺术领域看到更多艺术与技术完美融合的场景。

除了对表演艺术主体及客体层面的技术场景加持外,数字人赋能演艺娱乐行业还会产生诸如成本问题、技术问题、知识产权、安全与隐私、道德等方面的影响。就成本而言,一方面,使用虚拟数字人可以降低一些类型表演的实体布景、服装和道具等制作成本。使用虚拟数字人可以为表演者和艺术家提供新的收入来源。另一方面,虚拟数字人会带来一系列后期维护方面的开支。开发虚拟数字人技术需要在软件和硬件方面进行大量投资,以及具备操作和维护系统所需的培训和技术支持。就技术问题而言,在现场表演中使用虚拟数字人需要大量的技术人员和系统支持,包括安全协议和风险管理程序等,一旦出现诸如虚拟数字人动作捕捉技术的问题、软件或硬件的问题以及网络连接的问题,都可能导致演出的延迟,甚至无法完成。在选择使用数字人时,创作者需要对演艺项目中艺术和技术水平进行权衡并充分考量,看清风险所在,避免出现"一次性"的数字人演艺产品。就知识产权而言,需要考察数字人的设计是否为原创，或是否经过授权，还需注意数字人的使用方式是否涉及侵权，例如数字人演唱未授权作品等。对于安全和隐私问题而言，如果用于创建虚拟数字人的动作捕捉技术没有得到适当保护，可能面临黑客攻击或其他安全漏洞的风险。此外，如果观众需要提供个人信息来参与演出，可能涉及隐私和数据保护方面的问题。最后，在表演艺术中使用虚拟数字人可能会引起道德与劳动保护方面的争议。例如，如果使用虚拟数字人代替人类表演者，可能会导致原本的表演人员丢失工作。为虚拟数字人提供动作捕捉数据的表演者的待遇也需要被关注，因为他们可能面临被要求以非自然的方式或长时间进行表演，例如虚拟偶像团体"A-SOUL"成员"珈乐"的配音演员就被怀疑遭受不公待遇，且该团体可能存在职场霸凌、薪资分配不公等问题。① 总的来说，数字人受到演艺娱乐行业热捧的现状将在未来一段时间持续下去，因其可复制的商业模式及高收益率吸引各方资本争相入局，但如何平衡多方权益，维护市场健康有序发展才是行业需要努力的方向。

第三节　数字人与时尚产业

随着 AI、大数据、云计算等新一代信息技术在各行各业的应用，时尚行业的数字化转型和升级已是大势所趋，其中数字人技术的应用成为时尚产业的重要一环，数字人在虚拟模特、虚拟形象以及真人直播等领域都有着非常广阔的应用空间。数字人不仅可以帮助服装设计师打造出更具个性和表现力的人物形象，还可以实现虚拟模特产品试衣、虚拟导购等功能，并且能

---

① 《虚拟偶像，该被劳动法保护吗？A-SOUL 事件再深析》，澎湃新闻，2022 年 5 月 19日，https://www.thepaper.cn/newsDetail_forward_18163901。

够为用户提供更精准的信息服务,与主播等一起参与时尚直播活动,增强用户对服装产品的购买欲,提高购买转化率。目前,国内外时尚企业及相关机构已经开始将数字人应用于设计研发与生产运营各个环节。在时尚产业中,数字人技术应用主要集中在以下几个方面。

一、数字人介入服装设计环节,助力时尚产品的创意表达与成品展示

利用智能视频分析、3D建模、AI驱动等技术实现时尚作品的立体建模和效果渲染。这类数字人的主要目的是协助设计师完成在创意表达、数据分析等方面的工作。具体来说,数字人帮助时尚设计师分析顾客的体型和尺寸等数据,用来定制设计,寻找适合的服装,改善服装的设计和合身性,创建更准确的尺寸表,并模拟不同的设计理念与风格在用户身上的呈现效果。通过使用数字人,设计师可以创造更准确和个性化的服装设计,提升客户满意度和忠诚度。

比如,2018年,日本时尚品牌ZOZO推出了一项身体测量服务,顾客可以通过该项服务来创建自己身体的3D数字人,然后用这个数字形象来虚拟试穿服装,并定制个性化的服装。这套服务技术包含15000个传感器,来测量顾客的体型和尺寸,并以此创建身体的数字模型。ZOZO还推出了一个移动应用程序,客户可以使用智能手机的摄像头来创建他们的虚拟身体,该应用程序将根据客户体型和尺寸推荐合适的服装。还有Fit3D,一家创造三维扫描技术的公司,开发了可用于创建客户体型和尺寸的数字人。该技术被一些品牌用来收集顾客的体型和尺寸数据,为设计过程提供更准确的信息。该技术还被应用于健身和健康应用程序,以跟踪体型和尺寸的变化,让服装设计紧跟客户身体变化。时尚品牌Tailored Republic也在利用数字人协助定制服装设计。顾客可以使用3D扫描应用程序来创建他们身体的虚拟形象,用来匹配定制服装的合身与否。该品牌旗下的各种品类的服装,包括西装、夹

克和衬衫，都可以实现顾客自拟数字人定制。数字人已经成为时尚设计师的重要工具，帮助设计师掌握消费者的身体数据和风格喜好，以提供更准确和个性化的设计。通过使用数字人来协助定制化的服装设计，设计师可以根据需求调整设计风格，顾客也能获得更舒心的购物体验。

除了辅助设计师进行服装设计与款式验证外，数字人在产品发布前的虚拟模特展示、新品发布等活动中同样表现不俗。数字人模特通过计算机视觉技术模拟真实的人体外观，利用多模态的数据，包括人脸识别、姿态跟踪、骨骼追踪等，生成真实人体的数字模型用于品牌展示。2018年，快时尚品牌H&M在他们的营销活动中使用虚拟模特"Imma"来展示他们的产品，"Imma"也出现在他们的在线商店和社交媒体平台上。同年，奢侈时尚品牌巴尔曼（Balmain）也在其新系列的发布活动中使用了基于3D扫描和建模软件的虚拟模特，在一个高度逼真的虚拟环境中展示品牌新季度产品。意大利时尚品牌Moschino也在2020年新品展示时，使用虚拟模特在符合品牌定位的高度风格化和未来主义的虚拟环境中展示季度新产品。

在增强现实（AR）技术的帮助下，时尚品牌可以创建客户的数字人，用于虚拟试穿。这可以帮助顾客在购买前直观地看到某件服装在他们身上的效果，调整心理预期，最终达到减少退货的目的。时尚服装Urban Outfitters在2016年推出了一款名为"Dressing Room"的虚拟现实应用程序，顾客可以使用符合自身体型和尺寸的数字人试穿衣服。该应用程序与HTC Vive虚拟现实头盔配合使用，即可浏览和选择Urban Outfitters的衣服，在虚拟试衣间看到衣服上身的样子。该应用程序为顾客提供在虚拟环境中试穿衣服，而不需要亲自到商店去的独特购物体验。Stitch Fix是一个在线个人造型服务，利用数据和算法向客户推荐服装和配件。顾客填写一份风格档案，然后由造型师根据他们的喜好和需求选择商品。顾客可以在家试穿，保留他们喜欢的东西，并将他们不喜欢的东西寄回。眼镜品牌Lenskart和Ray-Ban都在其网站和移动应用程序中设计了虚拟试戴功能，让顾客可以看到不同镜框在他们脸上的效果。顾客可以上传自己的照片,或使用实时摄像头查看镜框在自己脸上是否合适,外观是否满意。

二、数字人赋能服装生产及零售环节,促进产业链协同发展

将智能技术融入时尚产业中,可以促进产业链上下游协同发展。目前已有不少企业开始使用智能技术来提升供应链管理水平,并促进各环节的高效协同。如李宁公司利用云计算、大数据和人工智能等核心技术推动供应链效率提升,在柔性供应链方面取得了显著成效。在产业融合方面,越来越多的服装品牌开始利用 VR(虚拟现实)、AR(增强现实)等人工智能技术与设计师进行更高效、更智能的交互设计,同时利用计算机视觉等技术实现服装款式风格与面料模拟及设计方案的输出。其中比较特别且具有颠覆性的是时尚 AI 面料,是指使用人工智能(AI)和机器学习来创造新的面料和纺织品,产生独特、创新和适合特定需求的新面料设计。人工智能可以分析客户数据与偏好、时尚趋势和历史数据,从而进行适合特定市场细分的新面料设计,例如开发生态友好和可持续面料。可持续是时尚行业持续关注的一个重要趋势,而人工智能可以分析不同天然材料的特性,如棉花或天然麻,并开发出更具可持续性、性能更好的新混纺产品。目前已经有一些时尚品牌和公司正在使用人工智能开发新的面料和纺织品。例如,时尚品牌 Unmade 开发的软件平台能够让客户使用人工智能算法定制设计服装。该平台使用机器学习,根据客户的输入和喜好,生成独特的面料设计。运动品牌阿迪达斯与3D 打印公司 Carbon 合作,创造了一种新型的 3D 打印中底。这种中底由格子状结构制成,并基于客户的体重、步态和步幅等因素,使用人工智能算法生成模型,创造出适合客户需求的中底。运动品牌 Lululemon 开发了一种名为"Everlux"的新面料,该面料的特点在于高效吸汗,使穿着者在运动中保持凉爽。这种面料是人工智能和人类反馈相结合的成果。Lululemon 使用 AI 学

习来分析客户对其现有面料的评价反馈，并利用这些数据开发出新的面料以满足客户需求。同样在可持续面料上发力的企业还有 Bolt Threads，这是一家利用人工智能开发新的可持续面料的创业公司，他们开发了一种名为"Microsilk"的面料，由蜘蛛丝中的一种蛋白质制成。Bolt Threads 利用机器学习来分析蜘蛛丝的特性，并利用这些数据创造出一种比天然蜘蛛丝延展性更好的合成版本面料。[1]还有可持续时尚品牌 Rothy's 正在使用人工智能来开发新的面料和纺织品。该公司使用 3D 编织机优化编织过程，在减少浪费、节约成本的同时，提高了产品的质量。

数字人在提升顾客购物体验方面拥有很大的潜力，例如使用虚拟导购进行产品推介。全球各大奢侈品牌当前纷纷上线虚拟现实购物、虚拟导购、品牌数字代言人和相关应用程序，虚拟导购通过文字或语音与顾客进行互动，引导他们浏览产品，并回答客户关于风格适配和尺码选择的问题。基于各品牌广泛的产品目录和过往客户经历进行互动训练的数字人能够确保用户拥有匹敌现实的购物体验。虚拟导购或品牌数字大使的推出是国际大牌吸引年轻一代、与数字时代接轨的策略。创建虚拟导购，除了提供独特创新的客户体验外，还产生了广泛的关注和话题，展示了时尚产业对技术的日益关注以及其提高客户体验的潜力。时尚品牌上线各类虚拟数字人是推动品牌认知、与年轻消费者建立联系、促进品牌年轻化的有效尝试。[2]2020年，奢侈时尚品牌博柏利推出了一项名为"R Message"的虚拟造型师服务，客户可以与虚拟助理聊天并获得个性化的时尚建议。品牌还会可以根据客户的喜

---

[1] https://boltthreads.com/technology/microsilk/。

[2] Virtual reality shopping, AI store assistants, branded online avatars and apps aplenty – what the 5G revolution means for luxury fashion, STYLE, Jan 12, 2020, https://www. scmp. com/magazines/style/tech-design/article/3045208/virtual-reality-shopping-ai-store-assistants-branded。

好对虚拟助理进行编程,以提供更精确的定制。[①]

三、数字人依托自身IP,助力时尚品牌的营销推广

传统时尚品牌做宣传时,一般通过明星或有影响力的网红代言或合作。而现在能够看到,在社交媒体平台上,数字人已经实现虚拟偶像代言、直播带货、虚拟偶像商演等一些品牌推广,并得到业界普遍认可和广泛应用。一方面,因为科技性、话题性等固有属性,虚拟人更容易在短期内成为营销热点;另一方面,品牌与数字人IP进行联合营销,数字人可以根据品牌风格与特点进行二次创作,在保留数字人IP自身特质的同时,配合品牌调性,渗透式参与品牌营销推广。数字人在时尚品牌营销领域的应用主要集中在虚拟模特与明星网红数字人两个方向。

虚拟时装秀是元宇宙时代下时尚品牌通过数字平台向更多观众展示其最新产品的一种更方便、更经济、更可持续的方式,而秀场虚拟模特是其中不可或缺的部分。当前,几乎各大时尚品牌都在自己的虚拟时装秀中使用虚拟模特,如2020年7月Channel举办的"2020—2021年秋冬高级定制时装虚拟秀"、2020年11月GUCCI春夏系列等。通过虚拟模特的展示,品牌能够传统秀场脱离成本和地域的限制,展现更多大胆新颖的创意和概念的自由创作。在SS23中国国际时装周上,安踏以"重新想象运动"为主题,牵手百度虚拟偶像希加加亮相虚拟秀舞台,展示安踏新产品数字化创意。此次与数字人的合作成为时尚圈与科技圈热议的焦点,提升了品牌曝光度,也展示了品牌设计的创意灵感。随着元宇宙时代的到来及技术的不断成熟,虚拟模特在时尚行业的应用将更为广泛。

---

① <Apple and Burberry develop 'R Message' chat tool for personalized shopping>, 9to5mac, Sep 2, 2019, https://9to5mac.com/2019/09/02/burberry-apple-r-message-shopping/。

　　明星网红数字人让很多时尚品牌看到了营销的另一种可能，通过选择或创建符合自己品牌的数字人IP，链接消费者群体，突破圈层，实现破壁增长。以博柏利为例。2022年春夏系列，博柏利邀请了来自西班牙的数字人"Karen Preuz"担任模特。同时，为了进一步提升时尚品牌的价值与知名度，博柏利还在Instagram上开设了一个名为"Burberry Classic"的账号，该账号将专注于展示博柏利2022秋冬系列的艺术设计和时尚趋势。未来一年，博柏利还将与其他品牌合作，将虚拟模特作为其广告宣传的一部分。除此之外，还有许多奢侈品牌开始使用明星网红数字人进行广告宣传。虚拟网红代言作为时尚产业新的营销模式，以其高流量和高影响力来吸引消费者，以高灵活性和高创造性服务于品牌，因此越来越多的品牌开始将虚拟网红作为品牌推广合作对象。例如，Sidus Studio X旗下的虚拟主播"Rozy"在Instagram拥有超过12.8万名粉丝，得益于母公司得天独厚的业务资源，"Rozy"已经在广告、电影、动画、短视频等领域签署了8份独家合同；来自美国洛杉矶的Superplastic旗下的虚拟特技演员"Janky"于2019年6月首次亮相后，便收获了许多品牌的青睐（包括奢侈品牌Tinder、Prada和Red Bull），并在Instagram上获得了超过100万的关注者；彪马与UM Studios x Ensemble Worldwide合作推出的东南亚区品牌大使、虚拟时尚网红"Maya"，主要推广彪马的Future Rider系列运动鞋。[①] 这些虚拟网红无一例外地在社交媒体上收获了大量的追随者。这足以表明，虚拟网红在年轻群体中具有强大的影响力和吸引力，对品牌的价值不言而喻。虚拟网红与时尚品牌的合作可以令品牌接触到更年轻、更多样化的受众，而这部分受众往往难以通过传统的营销渠道触及。同时，虚拟网红与时尚品牌的合作引起了媒体的关注和社交媒体的热议，提高了该品牌知名度，可谓一举多得。

[①] 10 Top Virtual Fashion Influencers to Follow>，DESIblitz，July 5，2022，https：//www。desiblitz.com/content/10-top-virtual-fashion-influencers-to-follow。

数字人在时尚产业的应用,具有跨界融合、协同创新、赋能增效等多重价值。未来,数字人将通过"人机共生""虚实共生"等途径,实现时尚产业的智能化、智慧化、数字化转型升级。

第四节　数字人与电子商务产业

在过去几十年间,电子商务一直处于蓬勃发展的态势,现已成为一个十分成熟、市场规模巨大且具有高附加值的服务行业。数字人在不断地迭代,从虚拟偶像到虚拟主播、虚拟代言人,再到数字员工。这些技术的运用与普及为电子商务产业带来了新的发展方向。从早期的视频网站、社交网络、直播平台再到电商平台、品牌营销等领域,电子商务产业中越来越多地出现了数字人的身影,这意味着数字人将会成为电子商务产业新的增长点。在过去3年中,我国电商产业交易规模不断扩大。中国信息通信研究院相关数字经济报告显示,2021年我国数字经济规模达到45.5万亿元,较"十三五"初期扩张了1倍多,同比增长16.2%;占GDP比重达39.8%,较"十三五"初期提升了9.6个百分点。[①] 在新一轮科技革命和产业变革背景下,电子商务与数字经济的蓬勃发展推动了产业数字化转型,电子商务企业在数字人的应用方面不断探索。虚拟数字人在电子商务中的应用随着时间的推移不断发展,在不同的阶段呈现出不同的特点。

早期应用阶段:虚拟数字人技术在电子商务中的早期应用集中在基本的客户服务上,如回答常见问题的客服聊天机器人。

能力发展阶段:随着人工智能技术的发展,虚拟数字人的能力得到了提

---

① 《中国数字经济规模已达 45.5 万亿元　天眼查发布〈2022 中国数字经济主题报告〉》,第一财经网,2022 年 12 月 17 日,https://www.yicai.com/news/101634304.html。

高,可以进行更复杂的互动,如虚拟购物助理和产品演示。

虚拟购物阶段:虚拟数字人在电子商务中的使用方面转向创造沉浸式的虚拟购物体验,如虚拟现实产品演示和互动产品教程。

个性定制阶段:虚拟数字人开始为客户提供个性化的购物体验,根据客户过去的购物行为和购买历史提供定制的推荐内容和促销产品。

人工智能整合阶段:通过人工智能技术的整合,虚拟数字人变得更加复杂,具有对客户行为的预测分析、智能产品推荐等先进功能。

平台扩展阶段:虚拟数字人在多个平台上变得越来越普遍,包括网站、移动应用程序和智能家居设备。这使虚拟数字人技术更容易为客户所接受,并使电子商务公司能够接触到更多的受众。

技术整合阶段:VR和AR技术的整合使虚拟数字人技术能够为客户提供更加沉浸和互动的购物体验,这增加了客户的参与度,提高了客户的满意度和忠诚度,使购物体验上升一个层次。同时整合包括电子商务网站、移动应用程序和智能家居设备在内的多个渠道,使客户能够与虚拟数字人进行更直观、更高效、更拟人的互动。

风格化阶段:现在可以对虚拟数字人进行定制,以反映不同电子商务公司的具体需求和偏好,将自己与竞争对手区分开来,体现电商品牌定位与风格,提供独特的客户体验。

近年来,随着人们生活习惯的改变和消费能力的提升,网络购物的市场需求直线上升。当前线上购物已经成为主流的购物方式,电子商务产业逐渐从"人找货"到"货找人"。与传统电商模式不同的是,电子商务模式下不仅需要商品本身具有吸引力和诱惑力,而且需要在虚拟世界中进行展示和交互,以起到吸引用户下单并完成交易的目的。比如,虚拟主播可实现实时互动、无延时互动、多任务并行、多链路交互等功能。虚拟员工如虚拟销售助理、客户服务代表、个人购物助理可以通过文本、语音和视觉界面与客户互动,提供个性化、全天候的支持和建议。据不完全统计,目前包括阿里、腾讯、字节跳动、快手在内的国内主流电商企业都推出了数字人产品,如阿里巴巴达摩院推出"灵眸"数字人形象。数字人是虚拟与现实融合的产物,它既是人又是虚拟内容,既能完成基础的信息交互功能,又可以自主进行知识和技能的学习、执行任务等,同时还具备人性化的交互能力。综合来看,目前各电商企业的数字人主要集中在虚拟客服、虚拟主播、虚拟IP等方面。

一、虚拟客服

虚拟客服可以通过智能化算法和自然语言处理技术,为电商平台用户提供快速、准确的客户服务,同时可以提高客户体验感和销售额。在电子商务中,虚拟客服可用于商品咨询、订单管理、支付和退款处理、售后服务等各个环节。此外,虚拟客服还可以提高客户满意度,降低客户流失率,为电子商务企业节约人力成本。虚拟客服是电子商务中不可或缺的一部分,为电商企业带来了更高的效率和更好的客户体验。目前,电商企业应用的虚拟客服可实现24小时在线、7×24小时不间断服务,并用于售前咨询、商品咨询等场景。例如,天猫虚拟客服"小蜜"、百度智能外呼、京东数字人"京小智"等。虚拟客服通过结合图像识别、语音识别等技术,可实现语音交互,同样适用于售后咨询、客户服务等场景。例如阿里巴巴推出的"灵眸",具备自动回复、主动对话、智能问答等功能。此外,通过语音识别与语音合成技术的应用,虚拟客服系统还可实现人机交互对话等。虽然虚拟客服机器人能够实现部分人工客服功能,但是它存在以下问题:一是由于缺乏真人自然语言处理能力,在与用户的对话中仍存在"冷场"现象;二是在处理海量的在线客服消息时,会产生大量的冗余数据;三是目前用户画像体系还不完整,没有更好地将虚拟人与实际场景相结合;四是虚拟客服更适合在标准化、重复性的客服场景中使用,对于非典型问题的处理能力有限。因此,当前市场上的虚拟客服还未真正能够完全代替人工客服。随着人工智能技术的发展,虚拟客服将会得到更多应用,能够完成自动化重复性的任务,使人类员工能够专注于更复杂的任务。

二、虚拟主播

电商虚拟主播是一种新兴的电子商务营销策略,利用虚拟主播的形象和声音来对电商平台上的产品进行宣传和销售。虚拟主播通常是通过计算机技术生成的虚拟人物,它们可以以视频直播、短视频、图文等多种形式进行推销,以吸引消费者的注意力,促进产品的销售。虚拟主播的优势在于,它可以为消费者创造更加生动有趣、互动性更强的购物体验。虚拟主播可以通过互动、问答等形式与观众建立联系,从而增强消费者对品牌和产品的认同感和信任感。此外,虚拟主播还可以通过独特的形象和声音设计来吸引年轻用户的关注,提高品牌的影响力和知名度。与真人主播相比,虚拟主播有以下特点:

一是降低了人力成本。虚拟主播无须真人进行表演或展示,只需要通过摄像头实时采集人物表情、动作数据,后由 AI 算法进行实时合成。

二是扩展了场景的边界。与真人主播相比,虚拟主播可以在多种场景中实现多角色的切换,且无须在不同场景中频繁切换,从而更好地拓展直播内容的边界。

三是提升了用户体验。虚拟主播可以为用户提供个性化的定制服务。对用户来说,不仅能观看到精彩的直播内容,还能与虚拟主播进行互动,从而带来更好的体验。

随着虚拟主播市场需求的不断扩大及技术的发展,多家电商平台已开始布局虚拟直播领域。京东数字科技集团联合京东集团打造数字人,依托京东智能供应链技术能力,打造了一款全场景、全链路的数字人直播平台;快手 Stream Lake 助力蒙牛打造 3D 写实虚拟人"奶思",通过"蒙牛牛奶旗舰店"快手账号带来直播首秀。值得注意的是,近年来数字人市场迎来爆发式增长,2022年全球虚拟主播市场规模约107亿元,预计未来将持续保持平稳增长的态势,到2029年市场规模将接近155亿元,未来6年复合年均增长率为5.3%。[①]当前除了电商品牌原生虚拟主播外,虚拟网红、虚拟模特等数字人也加盟电商直播领域,如知名二次元虚拟歌姬"洛天依"亮相淘宝直播间"天猫青年实验室",与"言和""乐正绫"等5名虚拟歌姬一起配合真人进行直播带货。当晚,这场直播观看人数突破213万,除了在直播间上线9款商品外,商品栏中还上架30多款云端动漫嘉年华的商品,包括手办、盲盒、JK制服等。美国美妆类数字人"Rae"、日本虚拟模特"Imma"都参与过品牌的直播商务活动。

在直播电商领域,比赛拼到最后的是耐力,尤其是在直播带货时长比拼。受人类生理机能限制,大部分主播带货时长在5—6小时,因此主播们会采用轮流上阵的方式来保证直播间的整体时长。相比之下,虚拟主播具有24小时全天候不间断直播的优势,它们可以不断学习后台知识库,自动介绍商品信息并与用户互动。市面上有专门提供虚拟主播的定制软件及后期运维服务的商家,几万元就可以实现直播间24小时不间断。因此,很多品牌已经选择虚拟主播和真人主播相结合的模式进行直播带货。虽然虚拟主播的带货成绩与真人主播存在较大差距,但随着"Z世代"消费力量的崛起,虚拟主播商业变现模式的空间越来越大。在直播电商领域,技术是虚拟主播面临的一道坎,因为目前市场上虚拟主播的互动体验感不如真人流畅。在《2022新数智消费趋势报告》中,调查对象认为虚拟主播的互动性不强,也不够生动。[②]因此,要想在直播电商领域取得成功,虚拟主播需要通过构建信任来获

---

① 《虚拟主播行业2023年全球市场调查报告及未来趋势分析》,CSDN,2023年2月16日,https://bbs.csdn.net/topics/613480268。

② 《2022新数智·消费趋势报告Z世代,"内外兼修"的虚拟人能许你一个未来吗?》,每经网,2022年3月15日,https://www.nbd.com.cn/articles/2022-03-15/2166593.html。

得消费者的认可。

对于电商平台来说，虚拟主播的加入不仅可以丰富平台的内部生态，还能够吸引更多年轻化、多元化的用户。同时，虚拟IP运营方通过直播带货，能够拓宽商业变现的路径，带来更多的商业机会。在这方面，也有一些未曾接触过虚拟主播的公司想尝试用虚拟人物代替真人进行直播带货，以作为吸引用户的一种策略。在真人带货领域竞争日益激烈的背景下，虚拟主播带货似乎呈现出一定的发展空间。但虚拟人物直播带货并不像想象中那么容易，尤其是从长远来看，带货能力仍是主播的核心，这与二次元ACGN圈的偶像养成截然不同，不能单纯依靠粉丝数，而需要在直播能力、产品介绍能力、带货种草能力、个人魅力等方面向真人带货主播看齐。不过，作为一种新的竞争模式，电商虚拟主播已经呈现出一定的活力。未来是否能够走得更远，能否出现一些具有代表性的头部带货主播，还需要持续观察。

三、品牌虚拟IP

品牌虚拟IP是指品牌方通过设计、开发并运营虚拟形象，打造具有独特个性的虚拟品牌形象，从而吸引目标受众，并提升品牌的知名度、美誉度和忠诚度。数字人与电商场景的结合围绕全产业链进行。通过虚拟人打造自身IP形象，与真实的人相比，虚拟数字人更加可靠，并且虚拟数字人是属于品牌方自己的数字资产。IP虚拟人可以作为企业的宣传形象，提升消费者对品牌和产品的认知，以其通俗易懂的形象让人记忆更深刻。当前品牌形象只是一个标记、图案或者符号，虽然Logo能加深人们对品牌的印象，凝练品牌最核心的元素，传递品牌最重要的信息，但对于消费者来说，它只是一个平面的、无生命的符号。而品牌虚拟IP是一种企业文化虚拟符号再现的叙事方式。虚拟形象比真人代言具有更强的可塑性和更低的制作成本，并且能够永久地代言品牌。品牌可以通过打造符合自身调性的虚拟IP作为代言人来进行推广,并且不必担心虚拟形象的人设崩塌,更符合当下消费者的"无塌房审美",从而为品牌带来正面的营销效果。营销大师沃尔勒曾说:"如果品牌名称是让人记住的脸,品牌吉祥物则是与消费者产生情感关系,紧紧抓住他们的手。"虚拟IP的人格化身份的赋予能够增强品牌叙事的生动性和合理性,以及与消费者在心理上的接近性,从而提升消费者对IP的接受程度。比如京东的虚拟IP"JOY"是一个具有人格化形象的电商客服,主要应用于京东的售后服务和客户咨询。其名称"JOY",意为"快乐、愉悦",代表了京东希望为用户提供愉悦的购物体验的愿望。"JOY"可以通过语音、文字、图片等多种形式与用户进行互动,解答用户关于商品、订单、退换货等方面的问题,提供一对一的售后服务。语音识别和自然语言处理技术使得与JOY的交流更加智能化和自然化,用户可以得到更快速、更准确的回答。此外,京东推出了"JOY超市""JOY星球"等品牌营销活动,通过"JOY"形象和用户的互动,提升品牌知名度和用户黏性。"JOY"主要应用于京东售后服务和品牌营销方面,提升了客户体验和品牌形象。

品牌虚拟IP是一种企业文化虚拟符号再现的叙事方式。任何虚拟IP的打造,最终都是为了增加品牌的附加值,吸引更多的消费者为产品买单。要想借势赋能产品,实现商业变现,品牌必须讲好IP故事,用优质的内容强化人们对品牌虚拟形象的认知。正因虚拟形象具有可塑性和代言的优势,品牌在打造虚拟IP时需要注重以下几点:首先,要考虑虚拟形象与品牌调性的匹配程度,确保虚拟IP代言的产品与品牌文化相符。比如屈臣氏推出的虚拟IP为"屈臣曦",是一个拥有粉色头发和可爱外表的二次元形象,代表了屈臣氏对年轻人的关注和对时尚美妆的理解。"屈臣曦"的形象主打时尚、年轻、个性化,同时与屈臣氏的实体店进行深度结合,为顾客提供更多与"屈臣曦"相关的线下活动和体验。通过屈臣氏的推广,"屈臣曦"成为备受年轻人喜爱的虚拟形象。其次,要注重虚拟IP的形象设计,包括外观、个性、特点等方面,以确保虚拟IP在消费者心中留下深刻的印象。譬如2022年花西子品牌推出的虚拟IP"花西子"，拥有精致的脸型，耳上垂坠了莲叶的装饰，头发还挑染了一缕黛色，既融合了花西子的品牌色，又将东方美人的气质和神韵彰显得淋漓尽致。此外，品牌还需要建立一个完整的虚拟IP生态系统，包括各种娱乐内容和互动体验，以吸引更多的消费者关注和参与。最后，品牌需要投入足够的资源和精力来维护虚拟IP的长期发展，提高其商业化运营能力。例如，华凌家电对其虚拟IP"凌魂少女"进行了深耕，从抖音号坐拥10万＋的粉丝到连载漫画《我要的未来不是灰烬》。该品牌通过将该IP融入年轻人喜爱的流行文化中，在不同平台上活跃，构筑IP护城河，并通过提供优质的内容和长期互动，维护了粉丝的忠诚度，最终助力IP实现商业价值变现。然而，在虚拟IP领域，很多品牌在尝试新的领域时仍然处于浅水区，由于成本、技术等因素影响，品牌打造的虚拟IP仍然存在不成熟的问题，缺乏持续的发展能力。

在虚拟IP的发展过程中，品牌需要注重与消费者的互动，扩大并维护虚拟IP的粉丝群体，从而为品牌赋能。同时，品牌还需要通过优质的内容输出和有效的运营方式，加强消费者对虚拟IP的认知和信任，最终实现商业变现。欧莱雅集团的虚拟形象"欧爷"首次亮相是在2019年，是欧莱雅为了扩大在中国市场的影响力而推出的。"欧爷"一经推出就获得了"宠粉狂魔""美妆一哥"等称号。"欧爷"不仅拥有丰富的时尚经验和专业知识，还通过社交媒体和直播平台与消费者互动，向消费者提供挑选化妆品、护肤品等方面的建议和指导。无论是在人设塑造、IP叙事还是在服务风格上，"欧爷"都将"致力于让所有人拥有美"的理念贯穿始终。"欧爷"在欧莱雅集团中还有多重身份和栏目，譬如在《欧爷百事通》栏目中作为新闻部长，为用户带来最新美妆动态；在《欧爷说成分》栏目中作为专家，揭开化妆品的秘密；在《欧爷面对面》栏目中作为社交圈顶流，带用户认识名人朋友，聊聊他们的观点，分享多元化的美；在《欧爷做公益》栏目中作为可持续达人，呼吁大家做公益。"欧爷"的成功证明了虚拟数字人IP在中国市场上的潜力，品牌虚拟IP可以为品牌带来更多的曝光和关注,吸引更多的年轻消费者。虚拟IP的打造不仅是一种代言方式,更是品牌文化的传承和表达,为品牌增加附加值,提升品牌形象,增强消费者的忠诚度和认可度,为品牌的可持续发展打下坚实基础。

流量崛起,虚拟主播商业变现模式的想象空间越来越大。然而,在直播电商领域,技术是虚拟主播面临的一道坎,因为目前市场上虚拟主播的互动体验感不如真人流畅。在《2022新数智消费趋势报告》中,调查对象认为虚拟主播的互动性不强,也不够生动。因此,要想在直播电商领域取得成功,虚拟主播需要通过专业构建信任来获得消费者的认可。

对于电商平台来说,虚拟主播的加入不仅可以丰富平台的内部生态,还能够吸引更多年轻且多元化的用户。同时,虚拟IP运营方通过直播带货,能够拓宽商业变现的路径,带来更多的商业机会。在这方面,也有一些未曾接触过虚拟主播的公司想尝试用虚拟人物代替真人进行直播带货,作为吸引用户的一种策略。在真人带货领域竞争日益激烈的背景下,虚拟主播带货似乎呈现出一定的发展空间,但虚拟人物直播带货并不像想象中那么容易。尤其是从长远来看,带货能力仍是卖货的核心,这与二次元ACGN圈的偶像养成截然不同,不能单纯依靠粉丝数,而是需要在直播能力、产品介绍能力、带货种草能力、个人魅力等方面向真人带货主播看齐,如此才能有竞争力。不过,作为一种新的竞争模式,电商虚拟主播已经呈现出一定的活力。未来能否迈得更远、能否出现一些代表性的头部带货主播,还需要进一步观察。

第五节 数字人与文化旅游产业

文化旅游产业作为文化经济的重要组成部分,是推动"文化+"的重要领域。数字人是构建虚拟现实体验、沉浸式互动娱乐等场景的重要工具,能有效解决文化旅游产业发展中的痛点和难点。数字人在旅游场景中的应用能够为游客带来全新体验,提高用户黏性。文旅项目的旅游虚拟人物一般是根据项目的人文、历史、地域等特点,通过动画设计出的虚拟 2D 或 3D 人物形象;并采用视频特效制作和剪辑技术,实现虚拟人物在景区真实场景下的动态表演。数字人与文旅产业的结合本质上是数字化技术赋能文旅新型业态。我国文旅消费具备较强的韧性,2022 年我国旅游收入达 3.81 亿元,同比上涨 19%,且随着新冠疫情被有效控制、旅行限制的逐步放开、国内大循环战略的提出等,文旅业的恢复、发展势必会对其科技化、数字化水平提出更高要求。[①] 数字人可以以景区员工、文旅大使等身份在短视频、虚拟直播、互动大屏等平台进行展示,发挥景点讲解、门票预订、日程规划的应用功能,在实现游客体验虚实共生的同时,推动其向更高层次的沉浸感和个性化发展。数字人赋能文化旅游业主要体现在对已有文化产品的升级上,包括赋予其新的技术内涵,如语音合成技术、智能生成技术等。通过以上应用场景的扩展与延伸,数字人将会对现有文化产品产生新的赋能效应,这也是当前国内外数字人文旅领域较为关注的方面。对已有文化产品的升级主要体现在两个方面:一是对已有文化产品内容、场景进行改造和赋能,如将数字人与传统文化相结合,为消费者带来沉浸式体验;二是对已有文化产品形态进行改变、创新或升级,如通过 AR、VR 等新技术手段创造新体验,数字人助力文化产品数字服务升级。

一、数字人应用于传统文化的场景改造,提升文化体验

在我国传统文化中,有大量的神话传说、历史故事、文学名著等,其中大部分属于非物质文化遗产,需要长期保护和传承。通过对现有传统文化内容

---

① 《中国旅游研究院:预计 2022 年国内旅游将达 39.80 亿人次 收入达 3.81 万亿元》,新华财经,2022 年 1 月 1 日,https://www.cnfin.com/yw-lb/detail/20220101/3502320_1.html。

的数字化改造,人们可以更直观地了解传统文化。一方面,景区可以根据游客的需求对数字人进行定制化开发,利用数字人的语音交互功能以及智能设备的硬件功能来提供旅游服务;另一方面,由于景区大多有自己独特的历史文化、人文景观等,因此在为游客提供服务时,可以结合数字人技术对内容进行个性化呈现,形成文化IP,进而实现流量变现,产生粉丝经济。在文旅领域的形象形态展示平台上,数字人主要集中在短视频、虚拟直播、互动大屏、小程序、应用程序、平面素材及广告中。例如以敦煌飞天为蓝本打造的虚拟数字人"天妤",借助5G和AI技术打造虚拟人景区IP形象,打破次元壁,释放多重IP价值,赋能全业务运营,探索及深耕新商业路径。"天妤"在抖音平台上线月余后,粉丝量就突破百万,在海外多个平台上线不出几日,粉丝量也突破10万,总播放量突破百万次,获得海内外网友的一致称赞。

作为第一个来自敦煌的国风数字人,"天妤"在"元宇宙""传统文化""高颜值"等标签的加持下获得巨大流量。在这背后值得借鉴的有三点:第一,精准定位,国风和元宇宙都是当下最时兴的热词。"天妤"精准地把握了"国风"这一文化破壁的趋势。相较于目前市面上的虚拟数字人,"天妤"最大的特征是在东方古典美造型中融入了现代审美元素。作为第一个定位国风的虚拟偶像,"天妤"借助国潮的东风,激发了大众内心深处的文化自豪感。第二,认真打磨,还原中国文化之美。作为中国文化传承者,以传统飞天和唐代女俑为灵感,"天妤"从传统文化中汲取养分,成就了"天妤"国风虚拟人的形象与精神内核。为了还原飞天之美,"天妤"团队邀请了敦煌文化研究领域的专家学者参与设计,参考了大量的史料。天娱数科元梦工作室总经理郑屹呈在介绍"天妤"背后的创作理念时说道:"我们推出的每集2分钟的《千壁寻踪》系列短剧,在情节、表演等方面都进行了精心设计,每一集寻找一块碎片,每一块碎片都代表着对传统文化的传承。"第三,高品质、高频率的内容输出,维持粉丝黏性。在短视频时代,更新频率是能否稳定受众群体的关键。"天妤"团队坚持走短剧故事路线,保持高质量、高频度更新,不仅稳定了粉丝群体,还催生了粉丝二次创作的兴趣。无论是仿妆还是二创画作，都围绕天妤这个核心IP逐渐形成圈层文化。数字人可以成为文化旅游品牌打造的有力工具，因为它们提供了一种独特的方式来与消费者接触，并提升他们的文化体验。

类似的还有数字人"少年李白"，于2023年3月24日李白故里文化旅游节开幕式当天首次亮相。绵阳江油地区打造的"少年李白"数字形象，通过数字技术再现了李白少年时期在江油青莲镇求学时的生活。在发布仪式上，"少年李白"数字形象进行了一场诗歌朗诵表演，展现了中华传统文化和现代科技相结合的魅力。后续"少年李白"数字形象将担任江油景区的向导，与游客进行互动，并深度参与江油文旅和城市公共服务，助推绵阳市文旅产业标杆，将文化软实力数字化地转为硬动力，成功将IP资源转化为特色旅游资本。同时，"少年李白"数字人还与真人主播一同亮相带货直播间，以真实场景和情景故事为主，结合慢生活理念，辅以数字人带货、云旅游等表现形式，为当地特产好物带货。

在提升文化体验方面，我国各省纷纷推出了自己的城市星推官。比如在2023年数字文旅品牌创新大会上推出的山西文旅虚拟星推官"青鸟"，引发了在场嘉宾及行业内外的高度关注和广泛热议。作为山西首个超写实虚拟数字人，"青鸟"由山西智胜传媒科技股份有限公司打造。该公司团队充分利用其专业技术和团队合作精神，深入研究山西历史和文化，以AI技术为支点，通过超写实技术展现了"青鸟"的灵魂之美。作为传递幸福佳音的使者，"青鸟"从山西博物院的镇馆之宝——"晋侯鸟尊"背上的小鸟幻化而来。作为连接过去和未来的纽带，"青鸟"以山西文旅虚拟星推官的身份，通过全新的方式演绎山西文化，讲述三晋故事，吸引更多人来到山西、体验山西。同样，广西文化和旅游厅推出了超写实文旅数字推广大使"刘三姐"，以随身旅行助手的身份陪伴八方游客游玩广西。"刘三姐"可以提供美食推荐、住宿推荐、景点攻略等行程信息，还提供民族舞蹈、民族音乐、民俗风情等文化体验项目的数字内容。在2022年7月的山东旅发大会上，青岛城市推荐官"青岛小嫚 v4.0"结合了实时动作捕捉技术和实时渲染技术,实现更真实、更灵活的实时交互画面,数字人"青岛小嫚"经过多次改版升级后,已经可以适配各种文旅产业宣传场景,赋能青岛文旅高质量发展。[①] 为深入推动文化和旅游业融合发展,浙江省湖州市德清县在 2023 年 3 月莫干山赏花节之际,推出了超写实文旅 IP 数字人"莫小邪",作为德清的数字代言人及文化推荐官,持续赋能地区文化传播和城市品牌建设。拥有千年历史的名城武昌也推出了自己的虚拟人"武畅儿"。推出虚拟人既是为了创新城区形象宣传的推介手段,又是为了布局元宇宙文旅赛道,培育新型文化业态,构建数字化文化创意产业生态圈。[②]

近年来,随着元宇宙的搭建和数字技术的广泛应用,虚拟数字人已成为国内外文旅行业的热门话题。虚拟数字人通过多维、多元的方式展现了数字科技与传统文化的碰撞与融合,将传统文化推向了潮流前沿。未来,虚拟数字人将继续满足"Z 世代"的审美和消费需求,不断推陈出新,通过建构和扩展文化产业链,创造更丰富多彩的文化产品,在社交和娱乐中为公众持续带来新鲜的体验。

二、数字人助力文旅产品数字升级,服务自动化满足游客定制需求

数字人和文旅的应用场景正在不断地融合和深化,这得益于人工智能、大数据和元宇宙等技术的迅猛发展。这两者相互协作,实现了数字化升级文旅服务、扩展文旅产业链、创新内容输出等效果。虚拟数字人不仅提升了传统文旅行业的商业价值和产业价值,而且为文旅数字化的高质量发展注入

---

① 《顶流代表! 数字人"青岛小嫚"全新亮相》,元宇宙界,2023 年 3 月 27 日,https://www.yuanyuzhoujie.com/2023/0327/20176.shtml。

② 《文旅数字人莫小邪发布,虚拟人武畅儿成形象代言人 》,搜狐新闻,2023 年 3 月 31 日,https://www.sohu.com/a/661395442_121323274。

了强大的动力。此外,工业和信息化部、教育部、文化和旅游部、国家广播电视总局以及国家体育总局在2022年联合发布了《虚拟现实与行业应用融合发展行动计划(2022—2026年)》,提出了"虚拟现实+文化旅游"的重点任务,促进文旅数字化升级成为国家发展战略的一部分。[①] 在这样的趋势下,如何利用虚拟数字人的优势,成为文旅行业面临的重大挑战。数字人在助力文旅融合方面,提供了更加沉浸式、互动性更强的旅游体验。数字人的商业价值在于强大的规模化和可复制能力。为广大游客服务的虚拟向导成为数字人在文旅领域的重要应用场景。

虚拟向导通常有两种方式。第一种是为游客提供定制化服务,例如城市日历、日程规划、酒店预订、景区门票预订、重点讲解、行政意见收集等服务。通过实时语音交互技术,为用户提供信息查询、导览讲解、休闲互动、推广景区等人机交互功能,促进文旅文化的推广,增强旅游产业的竞争力。通过数字人技术,游客可以与虚拟数字人进行交互,了解文化、历史、艺术等方面的知识,增强对景区的了解和认知。比如,国家5A级景区的皇城相府生态文化旅游区,在疫情对旅游业的持续冲击下,通过加快科技与文旅融合及向"数字化"靠近的步伐,逆势而上,开启了数字文旅元时代。

2022年春节前夕,皇城相府生态文化旅游区虚拟数字人通过线上拜年的方式在大众面前亮相。视频中,虚拟数字人在皇城相府生态文化旅游景区前灵动起舞,最后借助过年的契机向大众推广景区,介绍景区历史文化。该虚拟数字人具有人的外观、特点、行为,能够在各种显示设备上展示,利用计算机数字技术让用户感觉到其不仅拥有人的外观,还拥有人的行为和类似人的"思想",具有识别外界环境、与人交流互动的能力。类似的还有作为虚拟导游和文化讲解员的广州乞巧文化博物馆推出的虚拟数字人"班昭"、南

[①] 《〈虚拟现实与行业应用融合发展行动计划(2022—2026年)〉解读》,中国政府网,2022年11月1日,http://www.gov.cn/zhengce/2022-11/01/content_5723274.htm。

宋德寿宫遗址博物馆的虚拟数字人"谷小雨"、城市游览应用程序虚拟数字人"Pocket Guide"。同时,数字人技术还可以为旅游业带来更多的商业机会,例如纪念品售卖、景区食宿推荐、数字主题餐厅。比如Sublimotion 3D感官餐厅(Sublimotion 3D Sensory Restaurant)是西班牙伊比沙岛(Ibiza)上的一家高端餐厅,由米其林星级大厨Paco Roncero创立。该餐厅的特点是将食物、技术和艺术结合起来,提供一种独特的多感官体验。Sublimotion餐厅的菜单和表演在高科技设备的支持下,利用3D技术、立体声、投影和其他技术,为客人带来沉浸式的多感官体验。除了美食,这家餐厅还提供音乐、舞蹈和其他表演,使客人可以在一个充满艺术和创意的环境中享受美食。当前虚拟人应用于文博场馆、文旅景点和线上文旅宣传中,以"Z世代"的沟通方式,建立起与当代年轻人日常化、长效化的对话与链接,开辟新的文化传播道路。

第二种虚拟向导是为景区提供自动化服务,比如作为虚拟导游、重现历史场景、互动展品等。景区数字化升级,实现了景区自动化,真人虚拟形象成为旅游场景的导领员,向消费者提供实时解说。虚拟向导丰富的知识储备,可以为游客提供更好的游览体验。同时对于历史场景的重现,可以使用虚拟数字人再现历史事件或人物形象,为游客提供更多的互动和参与体验。同时虚拟向导还提供语言支持,以帮助外国游客实现无障碍沟通,提供实时翻译服务。虚拟数字人还可被用于创建互动展品,使游客能够通过游戏、动作捕捉等其他互动活动参与展品互动。比如国内首个文博虚拟宣推官"文天天",人物形象集传统和现代于一身,年轻和古典交织在一起。文天天计划在各大博物馆持证上岗,提供讲解、导览、主持、直播等服务,还将作为文博界的首位虚拟宣传大使,跟随国家级展览赴海外出访,传播交流中国文化。

相比于当前博物馆的线下讲解员,虚拟讲解员可以跨越时空进入文物所在的时代;还能实现数字人分身,同时服务于上百家机构,同时服务于大量游客。经过AI技术训练的数字人在掌握文物历史艺术价值、科学研究知识等方面可以做到事无巨细、如数家珍。在国外,虚拟人提供景区自动化服务的案例有：2023年2月，澳大利亚达尔文市与北领地政府、UneeQ公司合作探索数字人导游概念，希望通过数字人导游改善当地旅游环境。该项目作为一种定制的路标工具，游客可以通过访问城市中的路标亭在手机上激活数字人导游。数字人导游可以高度个性化地为每个游客提供服务，询问他们想要做什么，帮助他们安排行程或导航外国交通路线，并推荐他们可能会喜欢的活动。数字人导游还可以提供陪伴服务，为游客解决语言障碍问题。对于城市本身来说，数字人导游可以提升旅游业和本地企业的机会。这种交谈型AI指南可以帮助游客按照自己的需求探索，不需要跟旅行团走，这对行动不便的游客尤其重要。数字人导游也可以融合当地文化元素，穿着当地人的衣服，像当地人一样说话，使游客能够感受到当地特色。[①]在西班牙格拉纳达的阿尔罕布拉宫，游客可以使用虚拟数字人导游来浏览宫殿，了解其历史和文化意义。该虚拟数字人提供多种语言服务版本，可以实时翻译、回答游客的问题。英国大英博物馆的虚拟博物馆展览，将古代文物带入生活。游客可以与代表历史人物的虚拟数字人互动，了解文物的历史和文化意义。美国纽约州的历史遗址提康德罗加堡，使用虚拟数字人来重现历史事件，活灵活现地再现历史人物。游客可以与代表士兵、将军和其他历史人物的虚拟数字人进行互动，获得身临其境的互动体验。

在当今数字技术不断发展的时代，数字人作为一种新型的人机交互形式，为文化旅游产业带来了前所未有的机遇。数字人的应用，可以让游客更加身临其境地了解历史、文化和风土人情，提高旅游体验的质量和深度。同时，数字人还能够提供更加便捷、智能的导览服务，为游客带来更加高效、舒适的旅游体验。文化旅游产业的数字化转型已成为趋势，数字人的出现为其提供了有力支持和推动。通过数字人的应用，文化旅游产业可以实现从传统

---

① <UneeQ digital human tour guide concept launches in Darwin>, UNEEQ, Feb 24, 2023, https://www. digitalhumans. com/blog/uneeq-digital-human-tour-guide-concept-launches-in-darwin。

模式向数字化模式的转型,提高旅游服务的智能化水平,为游客提供更加个性化的服务体验。在数字人与文化旅游产业共同发展的过程中,双方将不断互相促进,推动彼此发展,为文化旅游产业注入新的活力和动力。

（顾焱,河北传媒学院）

第十二章　国内外数字人产业应用案例

随着数字人的蓬勃发展，国内外涌现出非常多的代表性案例。各企业通过实践，不断提升数字人的专业能力，拓展数字人的应用场景。目前，数字人已渗透进人类生活的方方面面。

第一节　国外医疗保健数字人应用案例

数字人在医药领域的应用得到了越来越多的关注，它们如今已介入辅助护理、模拟手术、药物研发、心理治疗、健康教育等多个方面，为医学领域带来了新的机遇，为人类的健康提供了更好的保障。

一、数字护士

以新西兰人工智能公司 Soul Machines 为代表的企业开发了能够与患者互动、提供医疗必需的信息和情感帮助的数字人。例如辅助护理的数字护士"Florence"，她可以与患者交流他们的健康状况、药物使用注意事项和治疗计划,还可以监测患者的生命体征,并提醒他们按时服药。同时,该数字人可以辅助戒烟,为尝试戒烟的人提供专业的支持和指导,回答有关戒烟的问题,为戒烟者提供动力和鼓励,帮助他们制订戒烟计划并监督他们完成。[①]针对婴幼儿护理,Soul Machines 开发了数字婴儿"BabyX",帮助研究人员研究婴儿的学习和发育方式。"BabyX"可以与研究人员即时互动,并对他们的面部表情和手势做出反应。研究人员可以使用"BabyX"来研究婴儿对不同刺激的反应,以及他们如何发展社交和认知技能。[②]

此类数字人的制作依托于人工智能、神经科学和计算机图形学,无论是外形还是行为上都与真人无异。它们具有自然的面部表情、言语和肢体动作,在客观上降低了人类与其沟通的心理门槛,保证了数字人在提供辅助护理服务时的高度参与性和有效性。

二、虚拟患者

数字人可以用于手术辅助,例如通过三维成像和模拟提供更准确的解剖学信息,帮助医生制订更好的手术计划。在数字人的帮助下,医生可以更好地练习手术技能,提高手术安全性。瑞典 Mimic Technologies 公司开发了 Mimic 虚拟医学模拟系统。它是一种模拟手术平台,以数字人为手术对象,帮助医生和外科实习生进行手术实践,提高手术技能和安全性,降低手术风险和失败率。数字人基于虚拟现实技术和人工智能技术,可以提供高度逼真的手术模拟体验。该系统拥有多种手术场景,如普通外科手术、心脏手术、神经手术等,医生和实习生可以在虚拟现实环境中进行真实手术操作,包括插管、止血、缝合等。在手术过程中,虚拟数字人可以提供实时反馈和评估,帮

---

① <Florence: Digital Health Worker>, Soul Machines, Sep 2, 2020, https://www.soulma-chines.com/2020/09/florence-digital-health-worker/。

② <BabyX>, Soul Machines, https://www.soulmachines.com/resources/research/baby-x/。

助医生和实习生改进手术精度。[①]

三、虚拟健康咨询师

数字人可以根据患者的需求提供定制的教育内容，如收集有关药物的信息，提出饮食建议和锻炼计划等。Sensely公司开发的虚拟护士"Molly"主要被应用于提供健康教育和咨询服务。"Molly"可以通过语音、文字等多种方式与患者进行交流，帮助患者了解自己的疾病和健康状况，并根据患者的病史、症状等信息，为其提供包括疾病的预防和管理、药物的使用和副作用、饮食和运动等方面的建议。在提高患者的治疗依从性方面，"Molly"还能提醒患者按时服药、进行检查等，帮助患者保持良好的治疗依从性，从而提高治疗效果。[②]"Molly"可随时随地为患者提供健康咨询服务，无须等待医生的预约，这对于那些需要长期管理疾病的患者而言具有重要意义。

四、虚拟心理医生

数字人可以提供个性化的心理治疗服务，帮助患者应对情绪困扰问题。例如，"Woebot"数字人是由美国公司 Woebot Labs 开发的一种基于人工智能技术的心理治疗数字人。它可以通过自然语言处理技术和机器学习算法与用户进行交流，并根据用户的情绪和行为模式提供专业的心理治疗服务，包括认知行为疗法、正念和情感调节等。"Woebot"数字人能够帮助用户管理情绪问题，减轻压力、焦虑等负面情绪，了解其情绪和行为模式并提供相应的

---

① <Mimic Hospital Programs>, https://mimicsimulation.com/programs/。

② <Sensely: Conversational AI to improve health and drive member engagement>,
   SENSELY, https://sensely.com。

建议,帮助用户防范和监测心理问题,提高用户的心理健康水平。[①]

　　数字人在医药领域的应用具有广泛的前景,它们不仅能够为医学领域带来新的技术和思路,也能够为患者提供更加准确和个性化的医疗服务。从药物研发到疾病诊断和治疗,数字人可以模拟人体的生理机制,为医生和科学家提供更加全面和精细的数据分析,从而更好地指导临床实践和药物研发过程。此外,数字人的出现促进了医疗系统的智能化和信息化,进一步提高了医疗行业的效率和质量。虽然数字人的应用还面临不同程度的挑战和制约,但客观来看,随着技术的不断创新和实践,数字人在医药领域的应用将会不断发展和完善,为人类的健康事业做出更多贡献。

第二节　国外公共事务数字人应用案例

　　公共事务是指涉及组织或机构与公众之间关系的活动和过程,包括与公众沟通、管理公众舆论、公共政策实践等相关活动。公共事务的主题内涵广泛,包括政务服务、公共关系、企业社会责任、社区参与等。公共事务服务的质量是一个组织或机构建构正面形象并建立信任、提高公信力的重要方面,而公共事务服务当前普遍面临预算紧张、工作量增加、工作人员减少、监管要求增加、数据安全威胁、公民期待提高等问题。虚拟数字人的引入可以为公众提供更加便捷、高效、个性化的服务,帮助政府和机构实现数字化转型和智能化升级,提升服务质量。为了更高效地处理事务、减少错误、优化工作流程、提高合规性和公民满意度,越来越多的政府机构正在探索机器人流程自动化(Robotic Process Automation, RPA)技术的应用。当前数字人在公共

---

① <Woebot Health: Relational Agent for Mental Health>, Woebot Health, https://woebo-thealth.com。

事务服务中的应用主要包括智慧政务、意见收集、公众参与。

一、数字员工

数字员工能够模拟人类执行业务流程中可预测、重复、单调和易出错的部分，几乎任何高容量、高接触、业务规则驱动、可重复的流程都可以成为数字员工流程自动化的候选对象，例如新员工入职流程、员工调动处理、财务对账、采购申请、记录管理、发票处理、资产管理等。数字员工遵循编程规则，可以自动提高流程的质量、效率、一致性、准确性和合规性，使部门和机构能够更专注于处理更多的高价值工作。数字员工增强了人类工作力量，使政府机构的业务运营更加敏捷和具有成本效益。例如，由新西兰技术公司 Intela AI 和 Soul Machines 联合开发的"Ella"作为新西兰惠灵顿警察局的首名人工智能警察，可以与个人进行面对面的交互，接待来访者并指引他们到惠灵顿警察总部大厅领取通行证，还可以协助访客完成警方调查程序，处理一些非紧急部门号码的来电咨询。随着时间的推移，"Ella"在部门中的作用范围逐渐扩大，因为她可以通过与访客的接触学习完善工作流程。当前 Ella 已经能够完成帮助人们报案、提供犯罪预防建议、提供实时数据分析和预测等工作。与此同时，Ella 的肢体语言、语音和语调不断得到改进，她能够更好地与人类沟通。随着 AI 技术的快速发展，越来越多的警察局开始引入人工智能警察来帮助处理日常事务。这些虚拟助手可以自动执行许多烦琐的任务，从而使警察局的工作效率得到提高。他们还可以为警察局提供实时的数据分析和预测，从而更好地了解犯罪趋势和社区需求。[①]

此外，数字人在公共事务中的使用案例还包括进行公众舆论调查。数字

---

① <Ella Is the New AI Cop of New Zealand Police Department>, Beebom, Feb 15, 2020, https://beebom.com/ella-ai-cop-new-zealand-police-department/。

人可以通过与人的语言对话来收集关于各种话题的意见和偏好数据,这些信息可以用于制定政策决策和沟通战略。数字人还可以用于增强公众对公共事务的参与度。例如,数字人可以提供关于如何参加公共会议、如何提供有关提议政策的反馈、如何参与社区活动的指导信息,通过提供可访问和交互式的公民参与渠道,提升公共事务的透明度、民主参与度。

二、数字手语翻译

数字人可以帮助残障人士更好地了解世界与感知世界。在不同的场景下,通过语音识别、自然语言处理、计算机视觉等技术提供不同的翻译服务,如手语翻译、口语翻译、文字翻译等,为残障人士提供重要信息和指导。

Deaf AI 基于听障人士所面临的困境开发了人工智能的手语翻译数字人。与实时转录选项一样,Deaf AI 的虚拟口译员可以检测音频并进行实时翻译。在由德国联邦教育和研究部(BMBF)资助的联合项目 AVASAG(Avatar-based Language Assistant for Automated Sign Language Translation)中,由交互式化身辅助系统专家(Charamel)领导的 6 个研究和开发合作伙伴正在开发一种实时 3D 手语翻译数字人。在该项目中,研发人员主要依托机器学习方法与基于规则的合成方法,将文本映射到手语翻译中,开发一种全新的以3D 手语翻译数字人为载体的手语动画展示方式。[①]

随着人工智能和自然语言处理技术的进步,数字人在手语翻译中的准确度大幅提高,数字人有望在各种场景中为听障人士提供手语翻译服务。

---

① <AVASAG-3D sign language avatar for automated translation of text into signs>, Charamel, May 5, 2020, https://www.charamel.com/en/blog/avasag-signlanguageavatar-05-05-2020。

第三节　国外教育数字人应用案例

近年来,随着科技的迅速发展,数字人已经成为教育行业中的一项热门技术。数字人被应用于教学辅助、虚拟辅导员、校园心理咨询、虚拟同学、模拟培训等多个领域,在提高学生学习成绩、提高教学效率、提供心理健康辅导、增强学生参与度、激发学生学习兴趣等方面具有潜在的优势。

一、数字助教

数字人可以用来增强学生对教学内容的理解和记忆,可根据学生的学习习惯和进度提供个性化的教学内容,并通过模拟实验和互动帮助学生更好地理解抽象概念。例如,佐治亚理工学院开发的数字助教"Jill Watson"可帮助学生答疑解惑。她在在线论坛和课程讨论区与学生互动,回答他们的问题,并就他们的作业提供个性化的反馈,在课程期间能够处理来自学生的上万条消息,协助教师提供高质量的教育方案。[①]目前,国际多所高校引入了数字助教,为学生提供更及时的辅导与更好的学习体验。

二、虚拟青少年心理咨询师

现代社会对"健康"的概念已扩展至心理、精神层面。尤其在竞争激烈的社会中,学生面临较大的升学压力,容易引发焦虑、抑郁等心理问题,需要关

[①] <Jill Watson, an AI Pioneer in Education, Turns 4>, Georgia Institute of Technology, Jan 24, 2020, https://ic.gatech.edu/news/631545/jill-watson-ai-pioneer-education-turns-4。

注其心理健康。考虑到学生的沟通意愿和心理咨询师的资源有限,数字人可以作为校园心理咨询资源的有力补充。当前国外正在使用的提供心理健康咨询辅导的代表性数字人有"Ellie""Woebot"与"Replika"。"Ellie"是由南加利福尼亚大学创意技术研究所研究人员创造的数字人,能够使用自然语言处理和面部识别技术与患者互动,并根据他们的情绪和行为提供反馈。多名学生表示,在与 Ellie 互动时感到舒适自在,并且表示通过治疗,他们的心理健康状况得到了改善。数字心理健康指导员"Woebot"是临床心理学家 Alison Darcy 研发的聊天数字人。它以 Facebook Messenger 这一应用程序为载体,帮助广大人群进行压力和焦虑等情绪问题的管理。"Replika"是由俄罗斯初创公司 Luka 开发的数字聊天机器人。"Replika"可以充当虚拟朋友和心理导师,基于机器学习算法来了解用户的行为和情绪,并提供相应的反馈和指导,为用户提供情感支持和陪伴,以改善用户的心理健康。

三、虚拟同学

数字人可以与学生进行对话和互动,在学生的学习过程中提供陪伴,让学生可以在线上的学习环境中进行实践和训练。例如,日本的 SoftBank Robotics 开发了名为"Pepper"的数字人形机器人,作为儿童的虚拟同学陪伴学习。"Pepper"能够在教室、家庭等各种环境中与孩子互动,并可以说很多种语言,帮助儿童学习语言、练习对话,并为儿童提供情感支持。数字人在教育场景中充当虚拟同学或助教,为学生提供陪伴学习的氛围和课堂讨论的对象,弥补了线上教育缺失的在场感。[①]

---

① https://www.softbank.jp/en/robot/。

四、模拟培训师

数字人可以模拟各种真实场景，如火灾、地震、飞机失事等，让学员在模拟场景中进行应对和训练。这种模拟培训可以提高某些行业内学员的应变能力和危机处理能力。例如，英国国民健康服务（NHS）使用"SimMan"数字人来完成针对医疗保健专业人员的医疗程序培训。"SimMan"是一款逼真的患者模拟器，它可以让医疗人员在安全和受控的环境中练习操作程序，如插入呼吸管或心脏骤停急救模拟。"SimMan"还可以提供实时反馈，帮助医疗人员提高技能熟练度和增强面对患者时的信心。[1] 美国波音公司使用虚拟教练（Virtual Trainers）数字人来培训公司飞行员和维修人员。虚拟教练模拟各种场景，例如发动机故障和系统故障，让飞行员和维修人员在安全的环境中练习他们的操作技能和遇险决策能力。[2] 荷兰的 XVR Simulation 开发了虚拟事件指挥官（Virtual Incident Commanders）数字人，以在各种突发紧急情况下培训应急响应人员，例如建筑物遭遇火灾和恐怖袭击。虚拟事件指挥官可以帮助应急响应人员练习救援技能和设计救援方案，从而提高他们的响应效率，进而能够安全高效地帮助受困者。[3]

综上所述，数字人作为一种新兴的教育技术，已经在教育行业中得到了广泛的关注和应用，为学生提供了更加灵活、互动和个性化的学习环境。然而，数字人在教育行业中的应用也存在一些挑战和限制。首先，最大的挑战

---

[1] <SimMan Essential>, North Doven Health, April 17, 2019, https://www.northdevon-health.nhs.uk/services/simulation-suite/our-manikins/。

[2] <Virtual Procedures Trainer | Boeing Services>, https://services.boeing.com/training-solutions/flight-training/virtual-procedures-trainer。

[3] <XVR Simulation Provides Incident Command Training to Emergency Teams Around the World>, HEALTHY SIMULATION, Nov 30, 2018, https://www.healthysimulation.com/17346/xvr-simulation/。

之一是数字人的真实性和互动性。尽管数字人能够模拟人类的行为和语言，但它们的行为和语言仍然受到程序设计和算法的限制。因此，在某些情况下，数字人可能无法像真实的人类一样进行复杂的交流和做出复杂的行为。其次，数字人技术的成本也是一个重要的问题。数字人的开发和制作需要大量的人工和资金投入，因此数字人的使用成本比较高。特别是在资金匮乏的地区和学校，数字人在教育场景中的应用也会受到限制。最后，数字人技术在教育行业中的应用还需要进一步研究和探索。虽然数字人技术已经取得了一些成功的案例，但是在数字人的设计、开发和应用方面还存在很多未知的领域，需要进行进一步研究和探索来优化数字人的功能。

第四节　国外金融数字人应用案例

随着科技的不断发展，金融行业也逐渐向数字化和智能化方向转型。其中一个关键的发展趋势就是数字人技术的广泛应用。在金融行业中，数字人被应用于客户服务和支持，包括银行、保险和投资等领域。数字人可以通过语音和文本与客户进行交互，提供各种服务，如账户查询、交易处理、提供投资建议等，同时还能够根据客户的需求和偏好提供个性化服务。数字人技术的应用不仅可以提高客户体验感和满意度，还可以提高银行的工作效率、降低成本。在金融领域，数字人的应用案例包括以下几个方面。

一、虚拟助手

数字人可以作为虚拟助手，回答常见问题，提供账户信息，帮助客户进行交易，为客户提供在线服务和支持。例如，美国银行（Bank of America）推出的虚拟助手"Erica"是一款利用人工智能和自然语言处理技术，为客户提供全天候个性化银行服务的虚拟助手。"Erica"可以回答账户和交易相关的问题，帮助客户查询余额、付款、转账等。①

此外，数字人还可帮助机构完善风险管理方面的服务。通过对交易和市场数据的监视，数字人能够及时发现和预测风险，为机构提供风险管理方案，甚至自动执行风险管理策略；通过机器学习技术，不断提高自身效率和准确性。

二、数字金融顾问

与传统的金融顾问相比，数字人在提供金融教育信息方面更加便捷和实惠。因此，目前有许多银行引入了数字金融顾问。例如，由北欧瑞典银行（SEB）开发的"Amelia"数字人能够通过自然语言处理和对话系统，为客户提供关于财务计划、投资、退休储蓄等方面的建议和理财知识学习指导。客户可以根据自己的投资目标和风险承受能力，从个性化的投资组合中获得帮助。同时，"Amelia"还可以为客户提供关于如何理解信用评分、如何管理信用卡、如何降低债务负担等方面的建议。通过这些建议和支持，客户可以进一步理解和管理自己的财务情况，更好地实现自己的财务目标。②"Amelia"的介入减轻了瑞典银行客服团队的工作负担，使客服团队能够更加专注于处理复杂的问题和提供高价值的服务。③同样还有Ally Bank的数字人工智能助手"Ally Assist"，作为提供在线银行服务和金融教育的数字人工智能助

---

① <Meet Erica, your virtual financial assistant in the Bank of America Mobile Banking app>, BANK OF AMERICA, https://promotions.bankofamerica.com/digitalbanking/mobilebanking/erica。

② <Amelia Provides 24/7/365 Services for a Nordic Bank>, AMELIA, June 17, 2019, https://amelia.ai/customer-story/amelia-provides-24-7-365-services-for-a-nordic-bank/。

③ <Amelia to join SEB's customer service>, SEB, Oct 6, 2016, https://sebgroup.com/press/news/2016/amelia-to-join-sebs-customer-service。

手,它通过聊天界面为用户提供个性化的金融服务和教育内容。用户不仅可以通过 Ally Assist 进行查询余额、转账、支付账单等操作,还可以获得有关储蓄、投资和信用等方面的信息和建议,包括如何制订有效的储蓄计划,如何投资股票、债券和基金等。[①] 还有通过 Facebook Messenger 应用程序向用户提供个性化的投资建议和市场信息的"TD Ameritrade Facebook Messenger Bot"智能机器人。该机器人可以提供最新的股票报价和市场趋势,以及关于如何构建和管理投资组合的建议;它还可以为用户提供个性化的投资建议,帮助用户更好地了解股票市场和投资风险。[②] 这些数字人工具可以帮助投资者更好地理解和管理自己的投资组合,为用户提供个性化的市场信息和投资建议,帮助用户学习金融知识,更好地了解投资的风险和把握新的机会。

三、数字反欺诈专员

数字人可以利用自然语言处理技术和机器学习算法,分析客户行为和交易模式,帮助金融机构检测潜在的欺诈行为和风险情况,并通过不断改进欺诈检测模型和算法,提高准确性和可靠性,以保护客户的资金安全。

比如 Mastercard 的虚拟智能助手"KAI"主要用于反金融欺诈,旨在帮助银行和其他金融机构提高客户服务的安全性。"KAI"可以通过与客户的语音和文字交互进行自然语言处理,理解他们的需求和问题,并提供有关他们账户的信息。在反欺诈方面,"KAI"使用机器学习和数据分析来识别可能的

---

① <Ally Bank Bot-ChatbotGuide.org>, https://www.google.com.hk/search? q=ally+assist+ from+ally+bank&newwindow=1&biw=1199&bih=747&ei=gxkpZMHTC5iI0PEPkMCNqAs &oq=Ally+Assist+Ally+Bank&gs_lcp=Cgxnd3Mtd2l6LXNlcnAQARgAMggIABAHEB4Q EzIHCAAQgAQQEzoJCAAQgAQQDRATSgQIQRgAUIIGWLsXYJwmaAFwAHgAgAG 8CYgB1A-SAQcyLTMuNy0xmAEAoAEBoAECsAEAwAEB&sclient=gws-wiz-serp。

② <TD Ameritrade-ChatbotGuide.org>, https://www.chatbotguide.org/td-ameritrade-bot。

欺诈行为，并发出警报，以帮助银行和其他金融机构采取必要的措施，例如暂停账户或通知客户。通过分析客户的交易模式，"KAI"可以监测客户账户中的活动并自动检测异常行为。譬如，如果账户从未进行过大额交易，但突然进行了大额交易，"KAI"将发出警报并通知银行；或者如果一个客户通常只在特定的地理区域或时间段内进行交易，但突然在另一个地方或时间内进行大量交易，"KAI"会立即识别这种行为，并向银行发出警报，以帮助银行采取相应的措施。此外，数字人还可以通过与客户的对话和交互，收集更多的信息，以改进其欺诈检测模型和算法，并提高准确性和可靠性。[①]

还有 Capital One 推出的名为"Eno"的虚拟助手，可以帮助用户管理信用卡账户，同时提供多项支持和帮助服务。其中包括实时欺诈警报功能，如果"Eno"发现任何可疑或未经授权的交易，它将立即通知用户并发送实时欺诈警报。此外，用户还可以通过与"Eno"交互来查询其信用卡账户余额、最近的交易记录和历史交易记录。"Eno"还可以为用户设置付款提醒，确保他们按时支付账单，避免被罚款或对信用评分产生负面影响。[②]

总的来说，数字人在金融领域中的应用，可以帮助机构提高客户服务质量、降低管理风险、提高交易效率和降低成本，同时还可以为客户提供更好的投资体验和服务。

第五节　国内娱乐数字人应用案例

在娱乐领域，数字人正在加速渗透。虚拟偶像起源于娱乐行业，通常表现为4种类型：演艺型、时尚型、国风型以及名人明星的虚拟分身。演艺型虚

---

① <Mastercard Bot-ChatbotGuide.org>，https://www.chatbotguide.org/mastercard-bot。

② <ENO IS LOOKING OUT FOR YOU>，https://www.capitalone.com/digital/eno/。

拟偶像,主要是指歌手、演员等;时尚型虚拟偶像,是指以时尚达人、艺术家、超模等角色出现,引领时尚潮流;国风型虚拟偶像,是指以传统文化为个性定位的虚拟偶像,扮演传承艺人、历史角色、推广大使等角色;名人明星的虚拟分身,通常是指以名人或明星为原型的虚拟偶像。

一、演艺型虚拟偶像

"洛天依",是基于雅马哈 VOCALOID3 语音合成系统打造的全球首个 VOCALOID 中文声库和虚拟形象,于2012年7月正式出道,现隶属于上海禾念资讯技术有限公司。"洛天依"取自"华风夏韵,洛水天一",体现了深厚的中华文化底蕴。"洛天依"作为国内首家以 VOCALOID 为基础的汉语声库,一经发布就吸引了众多乐迷与创作人的高度重视。其中《普通 DISCO》《万古生香》《达拉崩吧》都是她的经典之作。"洛天依"曾经在 B 站的跨年晚会活动中露面,并于2017年在上海梅赛德斯-奔驰文化中心举办了一场盛大的音乐会。她还是第一个在国内大型卫视上露面的虚拟歌手,已经参与了湖南卫视、江苏卫视等多个频道的节目,并与钢琴大师郎朗、明星王源等有过同台表演。在2022北京冬奥会文化节开幕式上,她出现在舞台上演唱歌曲《Time to Shine》。

"A-SOUL"是字节跳动和乐华娱乐共同打造的国内虚拟偶像团体,2020年11月出道。该团体共有5名成员,全部由真人饰演,利用人体运动捕捉装置和光学运动捕捉技术,完成了虚拟形象的动作。"A-SOUL"的代表作有《Quiet》《超级敏感》《传说的世界》《除夕》等,目前在 B 站、抖音、微博等多个平台上活跃,主要通过直播、广告、商业活动、时尚杂志等方式进行商业转化。遗憾的是,2022年5月10日,"A-SOUL"的官方账号声明,其团队队员"珈乐",由于身体和学业情况,将中止日常直播和大部分偶像活动。

"yoyo鹿鸣"是2020年12月米哈游推出的旗下虚拟演员,随后在 Bilibili、抖音、快手等多个短视频网站上活动，并成为"人工桌面"的主角。2022年7月，"yoyo鹿鸣"在B站进行了第一次直播，借助虚幻引擎、动作捕捉与AI语音等技术，整场直播画面流畅、细节清晰。这场30分钟的直播，观看者达到50万人以上。

"Purple"是由次世文化开发运营的虚拟人，依托慧夜科技的人工智能引擎，为用户创造了全国首个基于电子音乐的虚拟DJ，具备即时互动和灵活多变的表现方式。自2021年1月出道后，受到了"Z世代"年轻消费群体的喜爱。2021年12月，"Purple"作为网易未来大会灵感无界论坛的特邀嘉宾，带来了一出超级火爆的开场秀表演。

二、时尚型虚拟偶像

"阿喜"作为国内超写实类虚拟偶像而出道，凭借其健康红润的皮肤、清澈的眼睛、柔顺的短发、治愈系少女的形象，在抖音收获了超20万粉丝。2020年10月至今，在出道还不到3年的时间里，已经与钟薛高、花点时间、奇瑞、OPPO、雅迪等一系列知名品牌合作。

燃麦科技公司推出了一款超写实数字人"AYAYI"，定位为时尚博主。作为用Unreal引擎开发的3D高保真数字仿真人，"AYAYI"身上带有冲破虚实界限的美。相比其他虚拟偶像，"AYAYI"有着更贴近真人的虚拟形象，无论是肤质、发质还是微表情等都做到了高强度还原真人，并且可以依据不同光影条件做出相应的模拟和渲染。2021年5月"AYAYI"出道后，超过40个潮流品牌纷纷选择与之合作，其中包括LV、保时捷、纪梵希、迪士尼等国际知名品牌。

德漾娱乐旗下的中国首个超写实虚拟男模"Ask"于2021年7月出道。"Ask"在设计上聘请了国内一流概念艺术家团队进行原创设计，并通过特效制作，将其皮肤质感、毛发、妆容等细节展示得惟妙惟肖。2021年11月11日，

"Ask"以天猫奢品"双11数字推荐官"身份,受邀参加天猫奢品双11活动。

AR科技潮牌李未可科技有限公司于2021年10月发布了同名虚拟人IP "李未可",外形超酷、科技感十足。目前,"李未可"活跃在多个平台,拥有众多粉丝,曾作为智能科技合作伙伴参与了巨量引擎举办的"文旅生态大会"; 2022年6月,携手大理州政府推出大理元宇宙版城市大片,并打造话题"大理元宇宙版城市大片"。

三、国风型虚拟偶像

传统文化、汉服、国风已经成为年轻人当下讨论的热点话题,年轻人对传统文化的认同感日趋高涨,国风渐渐开始兴起。如2020年5月出道的虚拟偶像"翎Ling"是中国首个超写实虚拟KOL,在外形上具有精致五官和优雅端庄的清冷气质,有着鲜明的东方色彩,以传统文化为内核,通过数字化的沟通方式,增进了与年轻一代的情感交流。目前"翎Ling"已与众多知名品牌展开合作,如宝格丽、雅诗兰黛、特斯拉、奈雪的茶等,还登上了2023年CCTV网络春晚的舞台,演绎歌曲《向上的光》。

当越来越多的虚拟偶像被推到人们眼前,如何塑造虚拟偶像独特的人格就成为市场检验的重要内容。将传统文化以潮流形式再创造为特征的国风型虚拟偶像也开始受到大众的喜爱,例如由魔珐科技打造的国风武侠虚拟偶像"令颜欢",以其英姿飒爽的形象和鲜明的人物性格,兼具时尚与古韵,再一次突破了大众眼中虚拟偶像的人物设定。国风型虚拟偶像借助中国传统文化的独有魅力,深受年轻群体的喜爱,用户黏度较高。"令颜欢"以出道视频《蓬莱客栈》获得大众的关注后,又以"古籍寻游者"身份与国家典籍图书馆演绎了一场跨时空的联动。"令颜欢"变装女史学家班昭,再现史学巨著《汉书》的传奇故事。该视频在网上爆火并迅速传播。2023年4月,"令颜欢"以元宇宙虚拟武侠形象亮屏纽约时代广场,实现中国传统文化的大众化和青年化传播，创造了一种新的海外传播形式。

当数字人市场几乎都是女性角色时，2022年4月，复星影视文化集团开发的国风虚拟男艺人"秦佑之"亮相。以传承践行东方美学生活方式为人物设定，"秦佑之"在造型上既有符合国人审美的古典气质，也有古典中体现潮流的元素。出道后，其年度微博话题阅览量超8亿次，微博、抖音粉丝量均破百万，成为护肤品牌李医生数字推荐官、2022北京时装周云潮计划推广大使、第十一届上海高定周元宇宙推广大使。

四、名人明星虚拟分身

名人明星利用广泛的粉丝基础，在虚拟与现实世界中双重"破圈"，逐渐成为元宇宙"娱乐圈"中重要的一类角色，受到互联网用户的广泛关注。已有的名人明星虚拟分身有迪丽热巴的虚拟形象"迪丽冷巴"、黄子韬的虚拟形象"韬斯曼"、欧阳娜娜的虚拟乐队"NAND"、演唱会上和周深合唱的"邓丽君"、谷爱凌的数字分身"Meet Gu"等。

借助AI技术打造的虚拟分身，不仅可以复刻出如原型一般逼真生动的容貌，还可以通过人工智能，对原型的动作、表情进行深度分析，实现表情、口型、动作都与现实中的名人偶像一模一样。此外，人工智能技术能够实现语音智能识别，从而完成虚拟分身与观众们的实时交互。虚拟分身的应用，能够为明星工作室、合作商家等各方主体节约许多时间，提高工作效率，同时拓宽了商业应用场景的边界。

第六节　国内金融数字人应用案例

数字化浪潮下，各家商业银行纷纷推出虚拟数字员工。例如，浦发银行推出 AI 虚拟数字人"小浦",百信银行发布虚拟数字员工"AIYA 艾雅",宁波银行推出数字员工"小宁"等。不难看出,使用数字人正在成为金融行业数字化转型的一个标志性"动作"。

一、虚拟理财经理

浦发银行与百度智慧云联手打造首个虚拟数字化员工的人工智能驱动3D 理财数码人"小浦"在 2019 年 4 月上线。通过大量的机器学习,"小浦"可以让用户更好地感受理财服务、了解理财服务、享受理财服务,并在人机界面服务交互方式的基础上,持续优化理财服务能力。从 2019 年 12 月开始,"小浦"在浦发银行各大分支机构开展工作,协助理财经理对客户进行首次风险评估,并向客户推荐合适的理财产品。

二、虚拟主播

广发证券在业内首次推出 AI 主播"小田"。"小田"是以广发证券员工为原型,通过语音识别、语义理解、人脸关键点检测、人脸特征提取、情感迁移等多项前沿技术,结合语音、图像等多模态信息,利用员工的多条音频、视频记录,在网上进行联合建模训练。AI 主播"小田"于 2019 年 4 月上线,无论是从声音还是微表情上都与其人物原型相似度极高。这款以员工形象为原型合成的虚拟主播,在整个证券界都是首创。"小田"上线后,便开始在广发证券"易淘金"App 上提供每日早盘视点、盘中热点、收盘点评等播报服务。

三、虚拟品牌官

2021 年 12 月,百信银行上线了 AI 虚拟品牌官"AIYA"(艾雅)。这是百信银行首个虚拟数字员工，与央视虚拟主播"小C"互动后正式出道。2022年1月，中国传媒大学发布的《中国虚拟数字人影响力指数报告》中，"AIYA"在数字员工类别中名列首位。"AIYA"之所以能够取得如此高的影响力，一方面，基于其自身IP的自主性与创新性中的技术指标，将其与一般的虚拟客服区别开来；另一方面，借助央视与各大媒体平台，极大地增强了其IP影响力。

四、VTM数字化员工

江南农商银行与京东云合作，在2021年12月推出了VTM数字化员工。除了自主应答，它还可以独立完成全流程的部分业务，形成闭环。VTM数字员工最大的特色是具备了真实的业务交易办理能力，以多种技术和多样化增强算法为支撑，具备更加完善的交互能力。VTM数字员工可被视为区域银行数字化转型的典型代表。

五、虚拟大堂经理

宁波银行上线虚拟员工"小宁"，以大堂经理的角色为定位，可以为顾客提供前台接待和引导分流服务。自2022年2月上线以来，"小宁"通过专业又自然的问候与交互，处理客户各种类型的业务咨询与办理，完成自动化导引与智能分流，有效提升了网点的业务办理效率。另外，"小宁"与运营管理系统相链接，实现业务数据的实时更新，持续对各网点的服务品质与效能进行提升。

六、虚拟投资分析师

红杉中国在2022年7月推出了第一个数字虚拟员工"Hóng"。"Hóng"作为一名投资分析师，接受了深度神经网络渲染技术小样本的学习，可以在1秒内阅读数百份商业计划书，并按行业属性、融资阶段进行提炼与总结，还可以对近百个行业研究数据进行图表等可视化翻译。这名投资机构的数字人员工首次出现，就在金融投资行业引发了热议。

七、虚拟客服

国泰君安证券联合百度智能云于2022年8月推出了具有形象高度拟人、支持实时互动两大特点的数字人"小安"，将人工智能、大数据、虚拟仿真、云计算等技术融入金融管理系统，对客户意图进行智能识别，提供7×24小时全天候在线服务，实现多模态智能投研的内容生产。

八、员工数字分身

兴业证券于2022年12月推出首个数智服务官"小知"。"小知"是一款以兴业证券自有员工为原型，集播报、服务于一体的真人数字分身。在AI技术、大数据技术、云计算技术的支持下，其形象、动作、语音、表情皆趋近于真人。火山引擎作为"小知"的技术提供方，通过行业领先的非自回归模型的唇形生成网络，合成与输入文字或语音完全匹配的唇形，使得"小知"的唇形变化与真人无异。通过语音合成技术，"小知"有丰富的表情表达，如开心、悲伤、惊讶、愤怒、恐惧等；通过预测并控制音色的重音、停顿等，"小知"被赋予了不同的语气变化，具备笑声、哭腔等非语言现象建模能力，在演绎更贴近真人的同时，为用户提供更有温度的服务。"小知"同时具备行业视频资讯快速生产、理财产品推荐、业务咨询与办理等功能。

同时期，同泰基金推出了旗下基金经理王小根的数字分身。从画面效果看，基金经理的数字分身近乎完全复制了原型的真人外貌和动作特征，目前主要为投资者提供服务和陪伴。这是继 2022 年 5 月同泰基金推出数字员工"灵汐"后的又一探索，未来这款基金经理的数字分身将开通更多的工作职能，如线上直播与路演等。这是同泰基金在数字化大趋势下服务理念和客户体验升级的又一次全新探索。

虚拟数字人在金融领域遍地开花，很大程度上源于金融数字化转型所产生的大量需求。数字化的金融员工能够提供 24 小时客户服务，还能够与客户进行智能语音交流。一方面，避免了因延长服务时长而需要增加的人工成本；另一方面，随着 AI 技术的成熟，能够为客户带来更为舒适的服务体验。未来，如何让金融数字员工提供更加人性化、个性化的服务，有效减少客户投诉，增强用户黏性，将成为下一步的技术突破目标。

第七节　国内教育数字人应用案例

数字人的出现能够帮助教师在线授课，将课堂搬到互联网上，让学生通过电脑、手机或其他移动设备观看教师的授课内容，实现随时随地学习。随着技术的不断发展，虚拟教师、虚拟学生已经悄然兴起，数字人成为教育行业中越来越重要的角色。

一、虚拟学生

清华大学计算机系、北京智源研究院、智谱 AI 和小冰公司联合开发虚拟人"华智冰",于2021年6月1日正式亮相,并进入清华大学计算机科学与技术系知识工程实验室学习。在"华智冰"的相关视频中,其身着简单的T恤、牛仔裤、白板鞋,扎着马尾辫,在外貌和着装上与普通的女大学生并无差别,但她身上有着与众不同的标签——我国首个原创虚拟学生。清华大学已经为"华智冰"办理了学生证,她已正式成为清华大学莘莘学子中的一员。

在"华智冰"推出的天台弹唱《男孩》的视频(以小冰团队"鱼子酱酱"为原型)里,她声音甜美,举止形态与真人无异,她的脸部、声音都通过人工智能模型生成。除了外形酷似真人外,"华智冰"的智商和情商也非常高,可以和人们交流,进行一定的情感互动,也精通写诗、绘画,可以独立创作艺术作品。

"华智冰"主要依托超大规模的智能模型"悟道2.0"、智谱AI数据和知识双轮驱动AI框架,以及小冰全球领先的AI对话问答完备框架,[①]通过海量的图文数据开展人工智能预训练。在不断的思维训练中,"华智冰"变得越来越聪明。同时,除了作诗、绘画外,"华智冰"还能学习编程、代码等计算机相关知识,学习的内容越来越精深,未来或许可以和真人一样处理各种类型的工作或进行科学研究,成为一名出色的科研人员。

二、虚拟教师

有了虚拟学生的先例,虚拟教师也成为教育界另一件值得期待的事。国内已经出现了虚拟教师,河南开放大学与科大讯飞共建的人工智能工程研究中心于2022年2月公布其研发成果——"河开开"。"河开开"是一名以播音学校教育教学支持服务等工作为主的教学支持服务虚拟教师。"河开开"

---

① 《清华大学迎来国内首个原创虚拟学生"华智冰"》,https://www.sohu.com/a/154673068_297161.2021.6.17。

的形象是在收集了河南开放大学多位女教师影像资料的基础上，通过人脸识别、资料建模、语音合成等一系列程序调试，最终出现在众人面前。"河开开"以教师教辅、双师协同教学的身份帮助学生远程答疑。

通过人工智能研发的虚拟教师远不止"河开开"一人。随着数字人技术的发展，虚拟教师也将不再局限于屏幕中的虚拟播报员身份，能够与学生进行互动、答疑，采集学生信息生成课堂反馈，为学生提供更加贴心、个体化的辅导。

三、虚拟少儿主播

虚拟数字人在教育领域还有更多的应用场景。少儿教育领域的"小艾"被定位为国内首个少儿主播。作为一名12岁的女生，"小艾"面向的学生群体是学前和小学低年级的学生。她通过分享学习和生活，引导少儿健康成长。

在技术上，"小艾"运用眼球追踪、多层轻材质重力解算、超精细动作捕捉、实时渲染等技术，融合深度学习，使其在表情与动作上能够自然生动，更加智能化。一方面，实现动态视觉内容输出，实现与观众的实时互动；另一方面，能够提供智能化的场景应用体验。

目前，"小艾"主讲的少儿知识百科类短视频《小艾问学》已在腾讯视频平台上线。在视频中，"小艾"会生动地解答许多儿童感兴趣的问题，与青少年一起思考。《小艾问学》通过一问一答的形式，生动地介绍生活常识、科技发展、节日趣闻、自然环境等各方面的知识，提高了受众的学习兴趣。

"小艾"还作为虚拟少儿知识分享官、虚拟少儿阅读推广人、央视非遗小达人、童书推荐官等角色出现。例如在淘宝直播间，"小艾"和出版社合作推出童书专场；以虚拟出题官身份登上央视《中国诗词大会》。虚谷未来科技于2022年5月在"唯一艺术"平台以盲盒形式推出"班长小艾数字藏品"，限量发售5款NFT动态作品。

　　未来，依托AR、VR等技术，虚拟数字人在教育领域的应用场景将进一步拓宽。或许在将来的某一天，我们可以在虚拟世界中通过虚拟形象进行科学实验、地震或火灾演练，甚至在虚拟教师的带领下，身临其境般地近距离探索历史。

第八节　北京冬奥会数字人应用案例

　　虚拟人从最初计算机CG技术，到如今经过AI技术的不断提升，出现了能够实现实时翻译的手语主播和以假乱真的虚拟人分身。经过10多年的努力，虚拟数字人的技术有了突飞猛进的发展。如今数字人已经成为各大赛事活动展示的"窗口"，显示着近年来技术革新取得的成就。

　　随着我国数字人技术的发展与创新，约30个虚拟数字人参与了2022年北京冬奥会相关活动。这些数字人遍布整个冬奥会场馆，共同带来了一场科技感十足的特色冬奥会。

一、数字人手语主播

　　在许多运动赛事中，专业、生动、富有感染力的比赛解说可谓是一种语言艺术，能够让观众产生身临其境的感受。对于听障人群，如果没有即时的手语解说员，他们就无法像普通听众那样，在观赛时感受激烈的赛场气氛。虚拟手语主播不仅要有逼真的虚拟人形象，还要有AI大脑，其技术难题在于语音实时识别、翻译，手语动作要流畅连贯。虚拟手语主播背后涉及的AI技术，与超写实的数字人有明显不同。

　　由腾讯云小微联合腾讯多个技术团队共同打造的数字人"聆语"，是一名AI手语主播。在外观方面，通过3D重光照扫描还原、面部肌肉驱动、表情肢体手势捕捉等技术，生成了皮肤、表情、体态与真人极其相似的数字人；在技术方面，整合了多模态交互技术，包含3D数字人建模、机器翻译、语音识别和自然语言理解等技术。[1]在学习《国家通用手语词典》的基础上，"聆语"的设计团队开发出一套手语翻译系统，可将自然语言文本转化为多模态的手语视频，使"聆语"拥有相当自然连贯易懂的手势语言；并且可以自主地进行词汇生成，以及与冬奥会有关的运动知识的更新，从而在北京冬奥会中提供高质量的人工智能手语翻译。

在赛事直播中，手语翻译的另一个难度在于，赛事现场语音环境往往较为复杂，并且播报者个体的发音、语调、语速等都存在差异，因此需要对现场的解说声音进行精准识别，这就要利用自动语音识别技术（Automatic Speech Recognition，ASR）。该技术可以低延迟地将语言准确转化为文本，并对识别出的文字信息进行智能汇总，使得手语翻译可以与解说的语速相匹配。在此基础上生成的手语视频，既要确保每一个手势都是正确的，又要确保手势间的连贯性。

北京冬奥会期间，"聆语"共完成手语手势2000个，服务超216万人次，实现金牌赛事100%覆盖。[2]

二、数字冬奥宣推官

北京冬奥会的技术服务商阿里巴巴推出了首个数字冬奥宣推官——"冬冬"，助力2022年北京冬奥会推广。

---

[1] 《腾讯3D手语数智人"聆语"解说世界智能大会，李学朝分享"数智"传媒人落地路径》，http://www.rmzxb.com.cn/c/2022-06-27/3148070.shtml。

[2] 《冬奥会完成手语手势2000个，央视频AI手语主播"聆语"出圈》，https://baijiahao.baidu.com/s?id=1725722323611886349&wfr=spider&for=pc。

"冬冬"由阿里巴巴集团旗下全球科研机构达摩院研发,角色设定为一名个性热情豪爽、热爱冰雪运动的 22 岁北京女孩。相比冬奥宣推官的身份,"冬冬"除了参加大赛直播报道外,还作为一名虚拟带货主播出现在淘宝直播间,售卖冬奥会官方特许商品,冬奥会期间每天在直播间工作数小时。

在视觉效果上,阿里巴巴为"冬冬"采用了面向高质量图形的 Unity HDRP 高清渲染管线,达到实时渲染真人级别的数字人外形。基于 STTA 驱动技术,"冬冬"在接受文本或者语音输入后,可以自动生成相应的播放口型以及自然的表情和肢体动作;在语言功能上,"冬冬"具备智能脚本生成能力(AI Generation,AISG),在深度融合预训练和知识图谱的基础上,能够自动撰写生成脚本,可以具备脱口秀的效果;在互动能力上,"冬冬"具备多模态双工互动能力(Multi-Mode Duplex Interaction,MMDI),拥有和人类一样的说话和倾听能力,实现双向沟通,并且声音、表情、动作可以很自然地结合起来。

三、虚拟天气主播

冬奥会赛事场地涉及户外,其赛程安排、赛事举办、观赛服务等都与准确及时的气象信息密切相关。为此,中国气象局华风气象传媒集团联合小冰公司共同创造了诞生于小冰框架的 AI 虚拟气象主播"冯小殊"。在冬奥赛场上,"冯小殊"为选手和观众实时播报气象指数。

"冯小殊"是以《天气预报》主持人冯殊为原型进行目标训练,依托小冰公司数字孪生虚拟人技术而构建的。结合深度神经网络渲染技术(Xiaoice Neural Rendering,XNR)及小样本学习技术,包括面容、表情、肢体动作在内的整体自然度可以达到与真人难以分辨的程度。同时,在语音专家模型、嘴型专家模型及人脸渲染专家模型的训练下,"冯小殊"准确学习了冯殊本人的嘴部动作、眼部及脸部肌肉之间的协同关系,最终呈现出与真人极为相似的自然、逼真的效果。①

四、3D 虚拟冰冰

同样出现在冬奥会现场的,还有中央电视总台、C+MG漫画工作室与科大讯飞联合推出的数字人"3D虚拟冰冰",制作原型为央视记者王冰冰。"3D虚拟冰冰"以《冰冰带你说冬奥》H5的形式带观众了解冬奥赛事知识。

在开发"3D虚拟冰冰"过程中,首先进行了原型真人的声音等数据收集和记录工作,通过语音标注、机器深度学习等方法建立了发音声学模型,然后根据王冰冰的外形特点建立了三维角色模型。接着通过3D虚拟人的肢体动作控制,以及自动驱动下的口唇表情合成技术,实现了"3D虚拟冰冰"身形灵活、表情生动、口型准确的特点。最后,利用海量文本无监督语义模型,对语义情绪进行分类,将更多情绪融入"3D虚拟冰冰"中,使其表达内容时更具亲和力和感召力。

（冀静、顾焱,河北传媒学院）

---

① 《AI虚拟气象主播"冯小殊"亮相中国天气,人工智能助力科技冬奥》,https://baijiahao.baidu.com/s?id=1724094653588103364&wfr=spider&for=pc。

第十三章 机器人与数字人产业发展建议

第一节 机器人与数字人产业发展的政策建议

一、政策依据

机器人和数字人产业政策的制定,首先要遵循产业发展的一般规律,其次要考虑机器人和数字人的特殊性。机器人、数字人和现实人类的关系如此紧密,其中包含着深刻的伦理冲突,蕴藏着巨大的道德风险乃至社会风险。在制定相关产业政策的过程中,要注意吸纳相关伦理研究的成果,将其中的底线伦理和根本原则变成法律法规。

二、政策建议

第一,推动产业升级,鼓励技术创新。机器人与数字人的灵魂是创意和思想，载体是硬件软件设施。目前，我国数字人技术的发展水平仍相对有限，数字人的交互能力还有待提升。数字人制作涉及的智能传感器、GPU 等硬件，以及建模、渲染等环节的工具软件主要依赖国外，常见的 3DS MAX，Maya，ZBrush，Blender 等软件基本都被国外科技企业控制。智能交互技术仍有待突破，以人工智能为驱动方式的数字人还不能完全取代人工服务，未形成普遍的商业应用。常见的虚拟客服等类型数字人的肢体动作和面部表情相对固化僵硬，面对用户的提问只能提供程式化的回答，没有达到无障碍、随心所欲沟通的水平。① 因此，要大力扶持技术创新，有效投入芯片、传感器的自主研发，以此掌握机器人和数字人产业的主动权。

第二，坚持市场导向，适度加以调控。政府与市场要保持良性互动的关系。政府主体主要处理原则问题，如大方向的引导和监管、资源的宏观配置。非原则问题如具体的产品内容和流向，则应交由有效市场去解决和配置。政府把握着意识形态的正确方向、伦理道德的基本底线，市场决定着具体的业态和产品形式。政府做好规范和服务工作，在原则范围内给市场更大的自由空间。基于公平和效率的范畴，从整体来看，机器人与数字人文化产业的发展，要服从"兼顾公平与效率"的格局；也就是说，元宇宙文化产业的发展成果，要融入合理的二次分配的体系。从局部来看，元宇宙文化产业自身内部的发展，也要首先经历一个相对野蛮增长的阶段，鼓励竞争，不可吃"大锅饭"，然后逐渐过渡到更加注重公平的阶段。

第三，加大知识产权保护力度。机器人与数字人产业中的知识产权问题是政策制定的核心关注点之一。要制定合理的规则，以尊重和保护原创者的劳动成果，并建立合理的知识产权让渡和交易机制。这是根源性的要求。同时还要注意到，机器人和数字人领域的知识产权界限更加模糊，侵权行为更

---

① 徐曼、李志杰、张雅妮、尹传昊：《我国数字人产业发展面临的挑战与对策建议》，《机器人产业》2022 年第 6 期，第 8 页。

加隐秘,要有针对性地制定相关保护政策。

第四,引领价值导向,调控产品内容。机器人和数字人具有虚拟的人格和思想,对此要加以正向的引导。就其小的方面而言,虚拟的人格和思想会直接影响其所提供的现实服务,并可能影响现实人的思想观念;就其大的方面而言,虚拟人的价值取向有可能会影响整个社会乃至整个世界。是建设还是破坏?是友好还是敌对?虚拟人的这些倾向性都源于其所接受的原始指令。归根结底,这些指令是现实人下达的,所以要用政策去加以规范和引导。

第五,保护用户隐私。机器人与主人朝夕相处,洞悉了主人的一切秘密。如果机器人被恶意操控,主人的隐私将被泄露无遗。在恶意操控的情况下,甚至用户的人身安全都会受到威胁。为此,要建立相关的保护机制和追查机制。

第六,维护人的主体地位,从制度设计上防范人的异化。当虚拟与现实高度融合之时,现实人有可能对虚拟人产生过度依赖,或者受其影响太深,迷失原本的自我。主客关系还有可能颠倒,虚拟人原是为现实人服务的,但随着时间的推移和技术的进步,虚拟人有可能会控制和奴役现实人,并造成其他社会危害,甚至不排除虚拟人具有毁灭人类世界的倾向。这些都是制度设计过程中需要加以慎重考虑的。

第七,完善产业生态系统。机器人与数字人产业生态系统包括产业链、营商环境、政策法规环境、投融资环境、社会信用体系、市场规则体系等。打通上下游关系,促进各类主体之间的和谐互动、共生共荣,给所有商家和用户提供足够的安全感。

第八,植入优秀传统文化。根植于中华优秀传统文化,融入国学核心理念与要素,打造具有中华文化鲜明特征的机器人与数字人。政策制定要向这个方向倾斜。

第九,完善财税金融政策体系。在产业发展初期,应以激励和扶持为主导方向。营造良好的投融资环境,打造良序的金融体系。为相关企业提供便捷的融资渠道的同时，加强金融风险控制，以确保融资估值在合理范围内，防止大规模金融泡沫的产生，防止"空转"现象产生，确保金融体系服务于实体经济。

第十，扶持具有国际竞争力和国际文化影响力的项目。提高文化自信，推动文化"走出去"，走出国门，走向世界，提高中华文化的影响力。政策制定要向具有国际竞争力和国际影响力的项目倾斜，立足本国，放眼世界，平衡文化输入与输出，推动中华文化为世界做出更大贡献。

三、落实机制

机器人与数字人政策的制定要遵循过程正义的原则。重视市场调研，广泛征求市场主体意见，遵循民主集中制的原则。这样产生的制度更容易得到市场主体的理解和支持。如果政府主体闭门造车，脱离实际而制定政策，强加给相关主体，必然会违背市场规律。

政策的执行过程也非常重要，须建立健全监督和纠察机制，防止徇私舞弊。此外，政策要有相对的稳定性，也要有适应性，与时俱进，为此就要建立政策优化机制。人的因素始终是政策落实的核心因素，思想观念正了，自然能契合政策要求，所以还要加强对产品设计者、经营者以及用户的教育和引导。同时也不可寄希望于人性的善，要用独特设计的制度程序去防范和规避人性的恶。数字人与机器人领域，尤其要注重规避和限制人性的恶。无论是设计者还是使用者，微小的恶都可能产生"蝴蝶效应"，最终带来巨大的破坏，产生灾难性的结果。

第二节　机器人与数字人产业发展的伦理边界

机器人与数字人产业伦理属于应用伦理学的范畴。机器人与数字人产业领域存在着激烈的伦理冲突，隐藏着重大的道德风险。对此，相关主体要认真对待，防患于未然。

一、伦理关系与道德范畴

机器人与数字人是元宇宙的一部分，其伦理关系和道德范畴，首先包括元宇宙里普遍存在的主—客、心—物、人—我、身—心、义—利、虚—实等关系，相应的道德范畴涉及良心、义务，涉及权利、正义、幸福、理想、至善与不朽等。现实世界中也有这些伦理关系和伦理范畴，但在元宇宙文化产业世界中，这些关系和范畴之间的联系更加紧密，变化更加迅速，矛盾冲突更加尖锐。在机器人与数字人产业中，这些关系和范畴中所蕴含的矛盾冲突可以达到潜在破坏乃至毁灭整个人类世界的程度。

首先看伦理关系。正常情况下，现实人是主，机器人与数字人是客。但随着虚拟人技术的进步，主客关系有可能颠倒，虚拟人极有可能反客为主，甚至奴役现实人。虚拟人的出现，将大大改变传统的心物关系。心对物的控制力将达到不可思议的高度，尤其是脑机融合智能技术的发展，使得一念之间"移山倒海"也将变得可能。人我关系也变得更加奇特，人我关系是幻是真已经难以区分。自我的身心关系也有可能产生巨变，甚至有可能导致异化——到底哪一个是真正的"我"？尤其在脑机融合后，原来那个拥有自由意志的主体，在多大程度上依然存在？义利关系也将变得更加复杂，我们如何处理与虚拟人的义利关系？现实生活中的道德伤害行为，放到虚拟人身上，要不要遭受谴责？包括虚拟和现实本身也具有伦理关系的属性。虚拟人给现实人带来的种种感受，到底有多大的真实性，有多大的价值？

再来看道德范畴。面对机器人与数字人，当然也需要良心、义务与责任。问题是，这种情况下良心和责任的缺失，应该在何种程度上承担道德责任？权利和正义也是如此，它们有多大的重要性和现实意义？虚拟人带来的幸福是不是真实的？如果是真实的，它的价值有多大？如果与现实世界中的幸福产生冲突，该如何取舍？虚拟人给人们提供了更好地实现理想的平台，我们在现实生活中难以实现的种种理想，都可以寄托在虚拟人身上去实现，这方面的努力无疑会对现实生活产生影响，至少有一定的引领作用，但其价值和意义到底有多大，有多真实？借助于虚拟人，人类甚至还能实现至善与不朽。至少从理论上说，一个道德上完美、存在方式上永生的虚拟自我是可以实现的，但这种通过捷径得到的至善和不朽是真实的吗？有多大的意义和价值？

二、伦理原则与道德标准

元宇宙文化产业的伦理原则是"义"与"善"，机器人与数字人产业伦理则以"仁"与"礼"为最高原则，本质上是一致的：仁即善也，礼近乎义。只是侧重点略有不同。孟子曰："仁者爱人，有礼者敬人。爱人者，人恒爱之；敬人者，人恒敬之。"机器人与数字人的初始思想，来源于设计者发出的指令，体现了设计者的世界观、人生观和价值观。机器人与数字人使用者的三观也影响着最终的结果。如果所有环节中的现实主体都有仁爱之心，虚拟人就会有仁爱之心。任何一个环节发生重大偏差，虚拟人就有可能会做出丧尽天良的事情。同理亦然，虚拟的根源依然在现实。虚拟一旦成气候，有可能产生蝴蝶效应，不再由现实掌控。对此，要有忧患意识，见微知著，防微杜渐。

由伦理原则延伸出机器人与数字人产业的主要道德标准，也可以用五常的框架加以阐述。"仁"与"礼"既是道德的总名，也是具体的德目，都是五常之一。

仁：设计者和使用者要有仁爱之心，给虚拟人发出仁爱的指令。虚拟人自我更新和升级的方向，也是慈悲博爱——敬畏生命，博爱万物。

义：设计者和使用者要有一身正气，充满正能量，明义理之辨。虚拟人由此是正义的化身，增进社会和谐，促进万物各得其所。

礼：设计者和使用者都遵循文明礼仪，包括在独处的情况下，也要遵循底线。虚拟人以彬彬有礼的方式呈现。

智：设计者和使用者都明辨是非，理性、理智。虚拟人同样如此，明是非，知进退，洞悉天地万物的真相，远离迷信和愚昧。

信：设计者和使用者都诚实守信，尊重知识产权，尊重他人隐私。虚拟人同样如此，以造福人类、改良世界为宗旨，恪守信用，始终如一。

三、伦理风险及防范措施

机器人与数字人产业的主要道德风险包括人的异化、客体对主体的反噬、虚拟世界对现实世界的破坏等。与虚拟人相处，久而久之，人有可能异化。虚拟人到底是人还是物？就其本质而言，还是物；但因为其逼真的效果，现实人容易对虚拟人产生感情乃至依赖。国外甚至有用户在虚拟人报废时，请宗教人士为其超度。我们不否定现实人与虚拟人之间的真挚感情，也不简单地认为，产生了深厚的感情就是异化了；但如果只是对虚拟世界感兴趣，对现实世界、现实生活和现实人提不起一点点兴趣，那就属于异化了。本来物是为人所用的，人迷失了自我，被物牢牢控制，这就是主客颠倒了。脑机融合更是直接加快了人的异化进程，原本真实的自我变得不再完整，融入了太多外界因素，包括每一个起心动念，可能都不是出于本心了。如何防范异化？归根结底，要分清虚拟和现实的关系。首先，虚拟是为现实服务的，是对现生活的有益补充，旨在让现实人生更加充实和丰富，而不能本末倒置。其次，要谨慎对待脑机融合等技术，谨慎启动。即使启动，也要做好安全防护，要有自我保护和自我控制的程序。

另一个重要的现象是，客体对主体的"反噬"，以及虚拟世界对现实世界的可能破坏。马斯克认为，人工智能对人类的危险程度超过了核武器，这绝不是危言耸听。核武器虽然杀伤力很强，但本身毕竟没有生命，没有思想，是纯粹的物，完全受人类的掌控。人工智能却是完全不一样的，它们虽然没有生命，却有着超强的拟人能力，尤其是随着技术的升级迭代，人工智能的自我学习、自我进化能力实在是太强大了。到将来的某一天，人工智能完全有可能发展到完全不受人类控制的状态，甚至其发明人和制造者也无法将其控制，甚至包括核武器本身，也有可能被掌握在虚拟人手中。未来的世界极有可能成为人工智能的天下。如何防范？根源还在人心。如果尖端技术的掌握者存心要毁灭这个世界，这种力量是难以阻挡的。另外就是整体的清醒，用制度和法律把破坏世界的倾向扼杀在萌芽状态。从哲学上看，天地万物都有成住坏空，万物的生灭变化主要由世界的必然性主宰，但人类终归还有一定的自由意志的空间。从道家哲学来看，慢就是快，无为就是有为。过快地发展人工智能，在给人类带来更大福祉的同时，也能加速人类的灭亡，这是一把双刃剑。如何在历史的滚滚洪流中保持清醒的头脑，在进取的道路上不忘防守乃至退守，是人类应该慎重思考的问题。

第三节　机器人与数字人产业的发展方向

一、发展方向的制约因素

机器人与数字人产业的发展方向，受元宇宙产业大背景、政策、市场、主流价值观及技术革新的影响。其中，政策具有引领作用，技术革新则有推动作用。各类市场主体的思想观念、现实人对虚拟人的接纳程度及期待方向，也是重要的影响因素。

二、发展方向与趋势分析

基于各种基础研究，我们研判机器人与数字人产业的发展方向主要有以下10个方面：

第一，传统与现代的融合。复古情怀、念旧情怀是人类的共情。在现实世界中复古和怀旧多有不便，在虚拟人这里则很容易能够实现。比如，生产古装机器人是很容易实现的。当然，这种复古也不是简单的、完全的复古。理想的模式是传统与现代的结合，继承和吸收传统中真、善、美的因素，同时融入现代气息，进入现代生活，是虚拟人发展的趋势之一。

第二，国内与国际的融合。人类正在构建命运共同体，随着元宇宙时代的到来，各国人民之间的联系将越来越紧密。世界各国家、各民族之间的文化交融、科技交流，使得虚拟人的国际特征越来越明显。如此，不出国门也能体验异域风情。

第三，虚拟与现实的融合。虚拟人将越来越扎根于现实，而不是朝着纯虚拟的空间去发展。或者说，只有密切联系现实生活，致力于解决现实问题，致力于真正提高现实人的生活质量和生命质量，致力于为现实人创造真正的幸福的虚拟人，才会越来越受欢迎，越来越有市场。

第四，实体与虚体的融合。所谓实体与虚体的融合，就是虚拟人产业实体经济与金融的结合。金融为实体经济服务，估值将越来越合理，投融资将越来越理性，"空转"玩法的空间将越来越小。

第五，新用户，新领域，新产品。虚拟人的运用范围将越来越广，从工厂用工到家庭护理，从生活陪伴到教育医疗。各类产品将层出不穷，虚拟人技能的提升速度将超出人类的想象。

第六，新业态，新生活，新理念。由此产生新的业态，人们的生活面貌将焕然一新，思想理念也将革新。有人预测，未来人类的外形将发生重大变化，甚至可能进化成蝌蚪形——头大，身子小，四肢萎缩。因为，未来机器人将代替人类进行大多数的劳作，人类将更多地存在于虚拟空间，现实空间中的体育锻炼等也将变少。用脑增多，身体运动减少，自然可能产生这样的体形变化。如果真是这样的话，其实也是一种退化，一种悲哀。人类应该合理安排脑力和体力活动的比例，合理把握虚拟空间与现实空间中的时间分配，以防止畸形的进化。

第七，体验至上，内容为王。虚拟人的核心竞争力，包括内容和形式两个方面。其中，内容是根本。虚拟人的外观革新固然能让人赏心悦目，但最吸引人的还是有趣的灵魂。如果有趣加有益，那就更有魅力了。只有提升虚拟人的思想境界和见识水平，才能给用户以深层的良好体验。

第八，跨界融合，无限延伸。跨学科、跨领域的融合与拓展延伸，在虚拟人这里是很容易实现的。现实生活中，只有少数极具天赋又极其勤奋的人，才有望成为全才式的人物。随着人类知识的更新速度增快，现实人已经很难成为全才了。这个梦想可以在虚拟人当中实现。未来将产生全能型虚拟超人，引领着人类知识的大融合，并对现实生活产生巨大的影响。

第九，文化机器人将大量涌现。学贯中西、博古通今是人类知识分子的理想追求。机器人在这方面的优势远远大于现实人。甚至在道德境界、思想觉悟水平上，机器人也有可能很好地领悟和运用圣贤思想，并融会贯通。由此，将来有可能产生圣贤机器人。历史上的圣人，都有可能用虚拟的形式加以还原。同时，这种还原还可能融入现代的因素——假如圣人活到现在，面对今天的种种事物和现象，将如何应对。在这个过程中，切记不要曲解圣贤，更不能亵渎圣贤，不要在不严肃的场合使用圣贤的形象。

第十，虚拟人社会将引领人类社会的变革。元宇宙给人们提供了更好的实现理想的平台，甚至关于整个人类乃至整个宇宙的大理想，都可以很好地在元宇宙中去实现，至少可以去筹划和推进。人类可以自由地构建虚拟人的社会，这些构想最终都会对现实社会产生影响。未来还有可能出现机器人群落，这种群落有可能是现实人安排的，也有可能是机器人自发聚集形成的。机器人群落还有可能与现实人的世界发生冲突，当然，也有可能是和谐共生的关系——最终的结果，取决于在这样的进程中，人类对局面的把控程度。

三、价值洼地与投资机会

机器人与数字人产业的价值洼地很多，相应的投资机会也很多。目前来看，直播带货、娱乐、教育与医疗领域都是价值洼地。一个外形良好、知识渊博、幽默风趣的虚拟人可以聚集大量的人气，24小时在线的超强待机能力，使得其在直播与娱乐领域的影响力非常强大。教育和医疗领域也是如此。设计良好的机器人，有望成为人类的良师益友，成为现实生活中的良医。无论是教育还是医疗——事实上，其余领域也是一样，人类需要的是良好的结果，至于这种结果是现实人还是虚拟人提供的，很多时候是无关紧要的。当然，虚拟人并不可以代替一切，尤其是在其发展的早期，现实人中的高手更是虚拟人所无法代替的。从产业和职业的角度来说，虚拟人的出现，给现实人带来了重大的挑战。如何拥有自己的核心竞争力，保持自身的不可替代性，是现实人在职业生涯中要好好思考、提前谋划的。

（张云飞、李微，河北传媒学院）